그림자

우리 마음속의 어두운 반려자

이부영
분석심리학
3부작

I

그림자

우리 마음속의 어두운 반려자

한길사

Rhi Bou-Yong's Analytical Psychology Trilogy

Shadow
Our Inner Dark Partners

by Prof. emeritus Bou-Yong Rhi, M.D. Ph. D

Published by Hangilsa Publishing Co., Ltd.
Seoul, Korea, 1999, 2021

카를 구스타프 융(Carl Gustav Jung, 1875~1961). 스위스의 정신의학자이며
분석심리학의 창시자인 그는 인간정신의 신화적 근원과 무의식의 창조성을 제시함으로써
전체정신인 본연의 자기를 실현할 수 있는 길을 열어놓았다.

마리 루이제 폰 프란츠(M.L. von Franz, 1915~98). 융의 수제자로, 융의 심리학을 충실히 계승하고 발전시킨 그녀는 신화, 민담, 해석, 연금술의 상징, 동시성론에서 독보적인 업적을 남겼다.

(위) 고야의 「몽둥이 싸움」(1819년). '검은 그림' 계열에 속하는 이 그림에는
인류 태초부터 내려오는 대극의 갈등이 극명히 그려져 있다.
(아래) 고야의 「전쟁의 참화 76호」(1808년?). 전쟁의 재난은 괴물과 같다.
그 괴물은 인간 마음속에 있는 그림자의 원형상이다.

(위) 인간의 마음속에 있는
여러 개의 인격을 암시하는 듯,
여러 개의 얼굴을 겹쳐서
그린 한 정신과 환자의
그림이다.

(아래) 박서보가 그린 「허상」.
마치 현상하기 전의 사진
건판을 그대로 묘사한 듯
실상과는 반대의 그림자면서
이목구비를 생략한 검은
얼굴로 실상보다 더 강렬한
이미지를 표출했다.
흔히 허상이라 부르던
그림자는 심리학적으로나
민속학적으로 살아 있는
실체다.

우리나라 만성 정신분열병 환자(청년)가 그린 히틀러 초상. 여기서 히틀러는 녹색의 자연신 같은 풍모를 띠고 있는데, 사람들은 제각기 색다른 모습의 히틀러상을 마음속에 품고 있다.

중세 독일에서 마녀를 고문하던 기계.
마녀는 대부분 정신병자였는데, 중세의 수도승들은 이들에게
마녀라는 낙인을 찍어 온갖 잔인한 방법으로 고문하고 불태워 죽였다.
마녀는 중세 서양인들의 무의식에 억압되었던 색정적 그림자였으며,
이들은 자신의 그림자를 환자들에게 뒤집어씌웠다.

강력한 지도자는 때로는 매력적이며 숭배의 대상이 된다.
독수리의 발톱, 스바스티카 등 신화적·종교적 상징으로 스스로를 장식함으로써 지도자는
신격화되며, 민중의 무의식에 잠든 원형상을 자극한다. 강력한 지도자의 신격화가
어떤 해악을 끼치는지는 역사가 되풀이해서 가르쳐주고 있다.

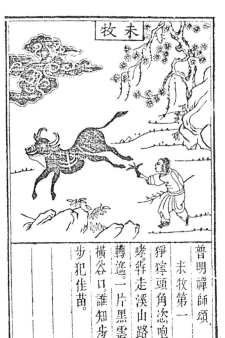

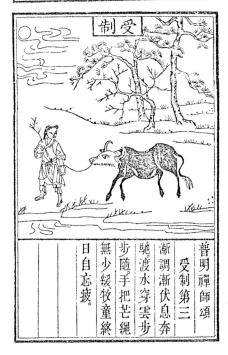

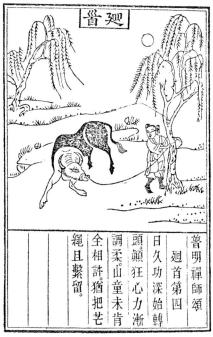

17세기 중국의 보명선사가 송(頌)을 쓴 「목우도」(牧牛圖) 중 일부(전체 10개). 소를 잡고 조정하고
기르는 동안 검은 소가 점차 흰 소로 바뀌어가는 과정이 제시되어 있다. 검은 소가 흰 소로 바뀌는 것은

馴伏

普明禪師頌
馴伏第五
綠楊陰下古溪
邊放去收來得
自然日暮碧雲
芳草地牧童歸
去不須牽。

無碍

普明禪師頌
無碍第六
露地安眠意自
如不勞鞭策永
無拘山童穩坐
青松下。一曲昇
平樂有餘。

任運

普明禪師頌
任運第七
柳岸春波夕照
中淡烟芳草綠
茸茸饑飡渴飲
隨時過。石上山
童睡正濃。

相忘

普明禪師頌
相忘第八
白牛常在白雲
中人自無心牛
亦同月透白雲
雲影白。白雲明
月任西東。

어두운 무의식을 의식화시켜감으로써 전체정신을 실현해가는 과정을 비유한 것이다.
「십우도」로도 불리는 이 그림은 선 수행 때 교육용으로 쓰였던 것이다.

깨달음을 방해하려는 마왕의 무리를 제압하는 붓다.
붓다가 손으로 땅을 가리키자 지신(地神)들이 일어나 마왕의 군사를 물리쳤다고 한다.
그림자원형은 의식에 동화시킬 수 없고 오히려 의식에서 멀리 떼어놓아야 한다.
이때 자아의 지략이 아니라 마음의 본바탕인 자연의 창조력을 동원할 필요가 있다.

(위) 우리의 탈춤에는 파계승, 거드름 피우는 양반 등
권위자의 위선을 야유하는 대목이 많다.
이처럼 그림자를 드러내놓고 표현하는 것은
탈춤의 한 가지 기능이었다.

(아래) 병굿 중 무당이 환자의 몸에서 악귀를
내쫓는 장면.

이경윤(李慶胤)이 그린 「고사탁족도」(高士濯足圖).
자기의 그림자를 통합하여 도를 통한 선비의 모습처럼
자유롭고 담담한 자세가 엿보인다.

I

우리 마음속의 어두운 반려자

그림자

우리 마음속의 어두운 반려자

인간의 내면을 성찰하는 시간

▌프롤로그

카를 융(C. G. Jung) 생존 당시인 1959년, 영국방송공사 텔레비전에서 진행된 존 프리먼과의 대담에서 프리먼이 지나간 세계대전과 당시의 세계정세에 관한 의견을 물었을 때 융은 사람들의 무의식에 나타난 불안과 공포가 무엇을 가리키는지는 확실히 모르겠으나 인류의 심리학적 자세에 장차 엄청난 변화가 일어날 것이라 단언했다. 그 이유를 묻자 융은 이렇게 설명했다.

"왜냐하면 우리는 좀더 많은 심리학을 필요로 하기 때문입니다. 우리는 인간의 본성을 좀더 이해할 필요가 있습니다. 유일한 위험은 인간 그 자신이기 때문입니다. 인간이 큰 위험인데도 우리는 너무도 그것을 모르고 있습니다. 우리는 인간을 모릅니다. 아는 게 너무 적습니다. 우리는 그의 정신을 연구해야 합니다. 왜냐하면 다가오는 모든 재앙의 근원은 바로 우리 자신이기 때문입니다."

그로부터 40년이 지났다. 그동안에도 많은 심리학설이 나왔다. 뇌신경과학의 눈부신 발전은 인간행동의 생물학적 근거를 밝혀내고 있다. 의식심리학이 확대되고 현실적인 심리학적 전략이 개발 보급되었다. 이념을 위한 투쟁은 사라지고 사람들은 보다 실리를 추구하게 되었다.

그러나 과연 우리는 그로 인하여 우리 자신을 더 많이 알게 되었는가? 그래서 우리는 얼마나 더 현명해졌는가? 마음의 심층에 대한 탐구는 그 표층에 대한 연구, 생리심리학적, 수리통계학적 작업에 가려서 보이지 않는다. 광야의 예언자나 영웅, 개척자나 위대한 정신적 지도자는 사라지고 물질적 풍요를 신봉하는 대중집단의 시대가 열렸다. 비록 제1·2차 세계대전 같은 큰 규모의 전쟁은 일어나지 않았으나 세계 도처에서 종교적 이념이나 인종 간 대립 또는 살상이 끊이지 않고 있다. 인간은 여전히 증오와 상호비난의 수렁에서 헤어나지 못하고 있다.

20세기가 저물어가는 전환의 시대에 인간의 내면, 특히 그 어두운 측면을 성찰하는 시간을 갖는다는 것은 하나의 축복일지 모른다.

나는 이 책에서 융의 그림자 개념을 통하여 우리의 마음과 우리의 사회, 우리의 전통사상을 비추어보고자 했다. 이것은 융의 분석심리학에 관한 보다 심층적인 일련의 연구 가운데 하나다. 구체적으로는 앞으로 나오게 될 제2부 『아니마와 아니무스』, 제3부 『자기와 자기실현』을 포함한 '분석심리학의 탐구' 중 제1부가 되는 셈이다.

이 책은 분석심리학에 대한 기본지식을 갖춘 사람들에게 보다 깊은 이론과 그 응용을 가르치는 전문교육을 목적으로 한 것일 뿐 아니라 그림자에 관계된 그간의 연구를 토대로 새롭게 탐구한 연구서의 성격을 띠고 있다. 그러나 분석심리학을 접해보지 않은 독자들도 이해할 수 있도록 서론 부분에서 분석심리학에서 보는 마음의 구조와 기능에 관한 기본 설명을 하는 등 전체적으로 쉽게 쓰려고 했으나 이론 부분의 설명이 어려운 것은 어쩔 수 없는 일이다.

　모든 재앙의 근원이 인간에게 있다고 한 융은 사실 인간의 마음속에서 그 재앙의 근원뿐 아니라 이른바 '구원'의 근원도 발견한 사람이었다. 그리고 그러한 생각은 동양의 전통 속에 오래전부터 있어온 것이었다. '그림자'의 인식은 인간이 전체정신을 실현하는 자기실현의 첫걸음이다. 나는 융의 이러한 정신을 충실히 대변하기 위해 노력했다. 그림자가 세계와 우리의 사회현실과 전통문화에 어떻게 관계되는지를 제시할 뿐만 아니라 그러한 사회적 현상의 근원이 각 개인의 마음의 심층, 무의식에 있음을 제시하고자 했다.

　무의식은 모든 정신현상과 문화현상에 표현되지만 궁극적으로 중요한 것은 개개인의 마음속에서 자기의 그림자를 발견하고 그것을 의식화해가는 작업이다. 이 책에서 되풀이하여 강조하고 있는 부분이다.

　끝으로, 이 책의 출판을 쾌락하고 세상에 나오게 한 한길사 김언호 대표님께 감사의 마음을 드린다.

　1999년 9월, 한국융연구원에서
　지은이 이부영

제1부

마음의 세계와 그림자

1. 마음의 세계

아는 마음과 모르는 마음

이제부터 우리는 분석심리학의 창시자 스위스의 카를 구스타프 융(C.G. Jung, 1875~1961)이 말하는 '그림자'의 현상을 집중적으로 살펴보고자 한다. 그러기 위해서는 먼저 융의 분석심리학에서 '마음'의 구조와 기능을 어떻게 보고 있는가, 그 가운데서 그림자라는 개념이 차지하고 있는 부분이 무엇인가를 정리하고 지나가야겠다.[1]

분석심리학에서 말하는 마음이란 엄청나게 큰 세계다.

우리는 보통 우리가 '우리의 마음'이라고 알고 있는 것, 우리가 '남의 마음'이라고 알고 있는 것이 마음의 전부인 양 생각하며 살고 있다. 그러다가 다른 사람과의 관계에서 어떤 오해를 받거나 믿었던 사람에게 실망하거나, 혹은 자기도 모르게 실수를 저질렀을 때 우리는 "나도 모르는 내 마음" "나도 어쩔 수 없는 내 마음"을 한탄하고 "열길 물 속은 알아도 한길 사람의 마음속은 모른다"고 실토한다. 이로써 우리는 나와 남이 모두 가지고 있으나 평소에 모르고 지내는 '속마음'이 존재한다는 사실을 일시적이나마 시인하는 것이다.

어떤 사람에게는 말이나 표정으로 표현되지 않은 마음은 존재하지 않는 것과 같다. 이들에게는 밖으로 표현되지 않은 마음을 보는 것이 쉽지 않다. 외향적인 서양인은 "나는 당신을 사랑합니다"라고 말해야 사랑하는 마음이 존재하는 것으로 인정한다. 말하지 않은 감정, 말하지 않은 마음은 주목할 만한 대상이 되지 않는다. 그래서 그들은 항상 되풀이해서 "아이 러브 유"라고 말함으로써 사랑의 마음을 확인한다.

그러나 동양인들은 대체로 마음과 마음이 말없이도 통한다는 이심전심(以心傳心)의 '비언어적 소통'의 전통을 가지고 있다. 그래서 말 뒤에 숨은 뜻을 생각하고 말없는 깊은 마음을 존중해왔다. 그러나 그렇다고 해서 자기 마음이나 남의 속마음을 항상 정확하게 알고 있는 것은 아닌 듯하다. 지레짐작으로 잘못 판단하고 오해하는 일도 많기 때문이다.

무의식의 발견

외향화된 서양 근대문명 속에서, 우리가 가지고 있으면서 모르고 있는 마음의 세계에 주목한 것이 유럽의 정신의학자들이었다는 사실은 흥미로운 일이다. 이들은 일찍이 시인과 철학자와 예술가들이 그 '모르는 마음'의 존재를 그들의 작품과 사상에서 암시하여온 낭만주의 사조의 흐름을 이어받은 과학자들이다.[2]

모르는 마음의 존재와 작용은 일찍이 동서의 사상사와 문예사에서 발견되었고 불교의 유식(唯識)사상처럼 체계적인 고찰의 대상이 되기도 했으나 그것을 자연과학의 대상으로 삼고 본격적으로 탐구하기 시작한 것은 지크문트 프로이트(S. Freud, 1856~1939)였다. 물론 프로이트 이전에도 무의식의 존재를 말한 철학자들이 있었다.[3] 그러나 프로이트에 이르러 '무의식'이 강력한 힘을 가지고 의식에 영향을 준다는 사실이 임상사례를 통해 증명된 것이다.

그런데 프로이트로 하여금 무의식의 심리학을 정립하도록 도와준 것은 1900년 당시 프로이트가 브로이에르(Breuer)와 함께 연구한 히스테리 환자들이었다.[4] 정신적인 해리상태에서 환자들은 알고 있는 마음과는 전혀 다른 엉뚱한 마음의 단편들을 내보였고 자기도 몰랐던 마음을 기억에 떠올려 이를 표현하면 병이 깨끗이 낫는다는 사실을 연구자들에게 가르쳐준 것이다. 환자를 심리학적으로 이해하고 치료하는 정신요법의 여러 학파는 이와 같이 임상경험을 통한 경험심리학적 방법으로 인간심리를 탐구해왔다. 융이 초기에 프로이트의 정신분석에 크게 공감한 것도 그의 학설이 체험을 바탕으로 한 것이라는 데 있었다.

그러나 경험심리학은 경험하는 주체의 인격의 특성, 그의 관점과 태도, 경험의 폭과 깊이에 따라 각기 다른 가설에 도달할 수 있는 만큼 프로이트와 융의 학설, 특히 이들의 무의식에 관한 견해는 자연히 차이를 나타낼 수밖에 없었다.

프로이트와 융의 무의식관

프로이트가 처음 환자들 가운데서 발견한 무의식의 내용은 현실의 도덕규범과 맞지 않아서 의식에서 무의식으로 억압된 여러 가지 충동이었다. 특히 억압된 성적 욕구와 유아적 충동, 여기에 더하여 지나치게 엄격한 도덕적 감독 기능을 하는 부분이 무의식 속에서 발견되었다. 프로이트는 처음에는 억압된 성적 욕구를 무의식의 주된 특성으로 여겼으나 뒷날에는 '삶의 본능' '죽음의 본능'이라는 이름으로 사랑의 욕구와 파괴적 욕구의 양면이 무의식의 충동을 이룬다고 보았다. 그는 또한 무의식은 사람이 태어나 의식이 생긴 뒤 거기서 떨어져나간 내용으로 이루어지며 무의식 속에 신화적이고 고태적인 요소가 엿보이기는 하나 그것은 진화(進化)의 과정에서 남은 낡은 흔적에 불과하며 그 자체가 어떤 큰 작용을 하는 것은 아니라고 보았다.

융은 처음에 프로이트의 정신분석운동에 적극 가담하여 프로이트의 학설에 따라 환자를 이해하고 치료했으나 그 과정에서 그의 학설과 일치하지 않는 현상들을 목격하게 되었다. 무의식에는 억압된 성적 충동뿐 아니라 그밖의 여러 가지 다른 충동과 심리적 요소가 있고 현실에서 받아들여지지 않아 억압된 충동뿐 아니라 단순히 잊어버린 것들이나 자극이 약해 의식까지 미치지 못하는 내용들이 있다는 사실을 알게 되었다. 이와 같이 태어난 이후 개인이 살아오면서 이루어진 무의식의 층을 융은 개인적 무의식(the personal unconscious)이라 했다. 프로이트 초기학설의 무의식은 여기에 포함된다.

융은 더 나아가 이미 태어날 때부터 마음의 토대를 이루고 있는 무의식의 층이 있다는 사실을 발견했다. 그것은 개인의 특수한 생활사에서 나온 무의식의 층과는 달리 태어날 때부터 갖추어져 있는 인간 고유의 원초적인, 그리고 인간이면 누구에게나 있는 보편적인 특성을 나타내는 무의식의 심층으로 이것을 융은 집단적 무의식(the collective unconscious)이라 이름했다.

융의 이와 같은 가설은 환자뿐 아니라 많은 건강한 사람의 꿈과 원시종족의 심성, 신화와 종교, 서양사상과 인도·중국 등 동양의 사상을 비교하여 고찰한 결과다. 개인생활의 경험자료뿐 아니라 인류의 태곳적부터 끝없이 반복되어 경험되는 일정한 인간적 체험의 조건들을 갖추고 있는 무의식은 수많은 신화적 상징으로 표현되고 경험되며 모든 의식된 마음에 활력을 주고 그 기능을 조절하여 의식과 무의식이 통일된 전체정신을 실현시킬 수 있는 원동력을 가지고 있다. 한마디로 무의식은 충동의 창고, 의식에서 쓸어낸 쓰레기장이거나 병적인 유아기 욕구로 가득찬 웅덩이에 불과한 것이 아니라 마음을 성숙케 하는 창조의 샘이라는 결론을 내린 것이다.

이렇듯 프로이트와 융은 경험론자로서 다 같이 살아 있는 무의식의 존재를 인정하면서도 그 내용과 작용에 대하여 상당히 큰 견해차이를 보였다.

특히 융의 무의식관은 무의식이 자율성을 가진 창조적 조정능력을 지닌 것이라는 점에서 프로이트와는 근본적으로 다르다. 또한 인간의 원초적 행동유형의 조건들을 갖추고 있다고 보는 집단적 무의식에 이르러서는 그것이 의식의 뿌리를 이루며 정신생활의 원천이라고 보는 만큼, 진화의 흔적으로 보는 프로이트의 생각과는 크게 다르다.

프로이트 이후의 정신분석학파 중 호나이(K. Horney, 1885~1952), 프롬(E. Fromm, 1900~1980), 설리번(H.S. Sullivan, 1892~1949) 등 문화학파는 프로이트의 성욕설을 수정하고, 인간관계에서의 사회문화적 요인의 중요성을 강조하면서 각기 다른 인간관과 무의식관을 내세웠다.

다른 한편 제2차 세계대전 이후 정신분석은 무의식적 충동을 다루는 이드(id) 심리학에서 자아심리학(ego psychology)[5]으로 이어지면서 차츰 무의식의 존재나 그 기능과 상징성에 관한 관심이 약해지고 자아의식과 대인관계에 더 무게를 싣는 경향이 있다. 이것은 자아의 여러 기능에 관한 지식을 확대하고 의식심리의 발전에 크게 기여했으나 이런 경향은 경우에 따라서는 무의식의 살아 있는 작용을 간과함으로써 심층심리의 귀중한 발견을 소홀히 하게 될 소지를 안고 있다.

오늘날 심층심리학파의 학자 가운데 진정으로 무의식의 존재와 그 작용을 진지하게 살피는 사람은 그리 많지 않다. 더욱이 자율성과 창조성을 인정하고 무의식이 의식의 자아와는 다른 완전한 객체정신(Objektpsyche)이라는 학설을 제창한 것은 융에게서 비롯되었으며, 융의 분석심리학의 가장 큰 특징이 여기에 있다.

마음의 구조와 기능

마음이 어떻게 생겼는지를 우리는 모른다. 그러나 옛날 철학자나 심리학자는 즐겨 둥근 공으로 표시했다. 전체정신을 설명하는 데는 이것이 가장 적절하다. 우리의 마음은 우리가 알고 있는 마음, 즉 의식(consciousness)과 모르고 있는 마음, 즉 무의식(the unconscious)으로 이루어지며 무의식은 개인적 무의식과 집단적 무의식으로 구분될 수 있다. 의식과 무의식계를 자세히 들여다보면 그 특성과 기능에 따라 의식계에서는 '나'(Ich, ego)를 볼 수 있고 무의식계에는 '그림자' '아니마'(Anima) 또는 '아니무스'

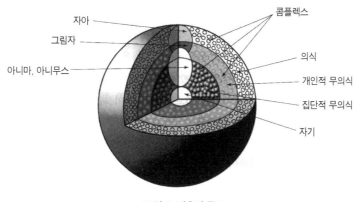

〈그림 1〉 마음의 구조

(Animus) '자기'(Self)라 부르는 독특한 요소가 있다.

의식과 무의식을 막론하고 우리의 정신은 심리적 복합체, 콤플렉스로 이루어지며 이 가운데 집단적 무의식을 구성하는 콤플렉스는 다른 말로 원형(Archetype)이라 부른다(〈그림 1〉).

이제 그 개념들을 살펴보기로 하자.

자아(ego)와 의식

자아(自我) 또는 '나'는 의식의 중심에서 의식된 마음을 통솔하고 또한 무의식의 마음과도 관계를 맺을 수 있는 의식의 특수한 콤플렉스다. 그래서 자아 콤플렉스라고도 한다. 내가 아는 모든 것, 내가 기억하는 모든 것, 나의 생각, 나의 지각, 나의 느낌으로 알고 있는 모든 것을 우리는 의식, 또는 자아의식이라 한다. 의식의 내용은 모두 나와 연관되고 나는 나의 의식의 영역을 넓히기도 하고 좁히기도 하며 무의식의 작용을 받아들이거나 거부하기도 한다.

나는 우리가 외부세계와 관계를 맺는 중요한 창구인 동시에 내면세계와도 통할 수 있는 것이다. 그러므로 나의 태도는 우리의 인격의 성숙, 즉 정신의 전체성의 실현에 매우 중요한 역할을 한다.

우리는 태어나면서 곧바로 나를 인식하지 못한다. 물론 갓난아기에게도 나와 비슷한 지각과 반응과 표현이 있다. 그러나 그것은 아직 인식의 주체라기 보다 무의식적 형태 속에 가려진 잠재력의 한 표현이다. 태어날 때 우리는 무의식상태에 있다. 무의식에서 '나'가 탄생한다. 무의식 속에 나의 싹이 있고 그것은 아이가 자라면서 싹트고 성장한다. 그러므로 나에는 극히 미약한 지각상태에서 고도의 의식성에 이르기까지 여러 단계의 수준이 있다.

자라면서 나는 사회생활 속에서 취해야 할 일반적인 행동규범을 배운다. 나는 사회의 일원으로 일정한 역할을 한다. 그러면서 자아의식을 강화하고 그 영역을 넓히며, 이로써 의식과 무의식계의 대립과 긴장이 일어나게 된다.

집단사회의 행동규범 또는 역할을 분석심리학에서 '**페르조나**'(Persona : 고대 그리스에서 연극할 때 쓰던 가면)라 부른다. 그것은 집단정신에서 빌려온 판단과 행동의 틀이다. 집단이 개체에 요구하는 도리, 본분, 역할, 사회적 의무에 해당하는 것, 그 집단에서는 누구나 그렇게 생각하고 느끼고 행동해야 할 여러 유형이다. '나'는 '페르조나'를 배우고 여러 종류의 '페르조나'를 번갈아 쓰면서 사회 속을 살아간다. 그러나 그 '페르조나'는 어떤 일정 사회집단에만 통용되는 화폐나 지폐와 같은 것으로 그 집단 밖에서는 인정될 수 없는 경우가 많다는 점에서 인간의 보편적·원초적 행동유형과 반드시 일치하는 것은 아니다.

의식계를 보면 집단정신, 즉 집단적 의식 이외에 그 개인의 특수한 선천적 성향이 있는데 이것은 자라면서 어느 정도 변화한다. 이것이 뒤에 설명할 융의 심리학적 유형(Psychological Type) 학설이다.

의식과 무의식의 경계는 항상 일정한 것이 아니다. 오늘의 의식이 내일의 무의식이 될 수 있고 혹은 무의식이 의식의 내용으로 바뀔 수 있다. 나는 의식의 중심, 나를 둘러싼 의식계의 둘레에 망막한 바다와 같은 무의식의 세계가 있다. 그러므로 자아의식은 바닷속의 섬과 같다. 바다 같은 무의식은 자아의식이 그 속에 있는 보배들을 발견하고 이용하기를 기다리고 있는 처녀지와 같다. 자아의식은 무의식계의 내용들을 의식화함으로써 그 영역을 넓혀 나간다.

무의식의 내용과 의식화 과정

무의식(the unconscious, das Unbewußte)이란 무엇인가. 글자 그대로 '의식되지 않은 것'이다. 우리가 가지고 있고 시시각각 의식생활에 영향을 주고 있으면서도 모르고 있는 마음의 세계는 모두 무의식이다.

무의식의 상당부분은 우리가 적극적으로 인식함으로써 의식의 내용에 동화시킬 수 있다. '인식'이라는 말을 철학적인 인식과 혼동하지 않도록 하려면 의식화(Bewußtwerdung)라는 말을 쓰는 것이 좋다. '의식화'는 '깨달음'이다.

무의식의 적극적인 성찰의 한 방법은 분석가에게 가서 자기의 무의식을 살펴보는 과정인 분석(Analyse)작업이다. 종교적 수행은 어떤 면에서는 무의식의 의식화를 통한 인격의 창조적 변환에 기여한다. 왜냐하면 종교는 일상적인 자아의식을 초월하는 '신성한 힘', 누미노제의 세계와의 접촉을 통해 마음의 변화를 시도하기 때문이다.

그러나 사람은 물론 그러한 종교적 수행이나 무의식의 분석작업을 하지 않아도 무의식을 깨달아 나갈 수 있다. 그것은 무의식 자체가 그 사람의 의식을 변화시키고자 하는 의도를 가지고 끊임없이 작동하고 있기 때문이다. 무의식이 그 자체의 자율적인 의지에 의해서 의식을 자극하여 무의식을 깨닫도록 하는 능력을 가지고 있다는 생각은 결코 범상한 생각이 아니다.

20세기 초, 아니 오늘날까지도 대부분의 심리학자와 정신의학자, 심지어 심층심리학자조차 무의식이 그러한 능력을 가진 존재라고는 생각하지 못했다. 인격의 변환과 성숙은 오직 자아의식의 힘에 의해서만 이루어진다고 생각했다. 물론 자아의식의 역할은 무의식의 의식화에 절대적이다.

그러나 무의식은 자아가 무의식을 경시하고 그것과의 대면을 피할 때, 자아로 하여금 그것을 보지 않을 수 없도록 자극함으로써 무의식의 경향을 의식화할 수 있는 '기회'를 자아에게 준다. 그리하여 인간의 삶 속에서 우리가 무수히 겪고 지나가야 하는 시련, 고통, 갈등, 절망, 상실의 아픔이 자기성찰의 귀중한 기회이며 성숙에의 의미 있는 고통이듯이 우리는 언제나 무의식에서 올라오는 창조적 자극의 영향 아래 있고 때로는 그것이 고통스런 체험, 심지어 신체적·정신적 병고의 시련으로 표현된다. 자아가 그 고통의 의미를 알아차리느냐 모르고 지나가느냐 하는 것은 순전히 자아의 문제다.

이와 같은 무의식의 창조적 작용은 융의 심리학적 용어로는 **자**

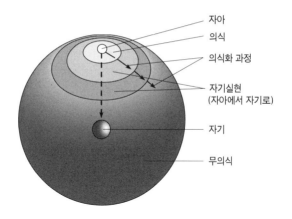

자아

의식

의식화 과정

자기실현
(자아에서 자기로)

자기

무의식

〈그림 2〉 자기실현—무의식의 의식화를 통한 의식의 확대

율성(autonomy)과 **보상작용**(compensation)으로 표현된다. 마치 자율신경계가 외부에서 오는 스트레스에 대응하여 신체기능의 균형을 유지하기 위해 자율적으로 신체생리를 조절하는 것과 같다. 이를테면 피가 모자랄 때 피가 부족한 피를 체내에 많이 공급하기 위해서 심장이 자동적으로 빨리 뛰는 것과도 같다. 무의식은 자아의식이 외곬으로 나가면 그렇게 되지 않도록 의식의 방향과는 다른 방향의 이미지를 활발히 보내서 그것을 보상한다.

그리하여 지나치게 이성적인 남자의 꿈속에서 그로 하여금 매우 비합리한 행동을 하게 하거나 평소와는 달리 열렬한 사랑을 나누게 만든다. 혹은 지나치게 소심한 사람의 꿈에서 깃발을 들고 데모행진의 선두를 달리는 영웅상을 보여준다. 이것은 욕구충족을 위해서가 아니라 의식의 일방성을 깨우치고 의식이 소홀히 하고 있는 것이 무엇인지를 알려주기 위한 무의식의 의도를 드러낸 것이다.

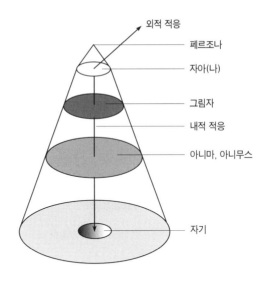

외적 적응

페르조나

자아(나)

그림자

내적 적응

아니마, 아니무스

자기

〈그림 3〉 자기실현—무의식의 의식화 과정

　무의식이 자율적으로 보상작용을 발휘하므로 누구든지 의식화할 수 있는 기회를 갖게 된다고 해서 적극적으로 자기를 인식하려는 노력을 소홀히 해도 좋은 것은 아니다. 자기인식의 작업을 소홀히 하면 할수록 무의식의 보상작용의 강도가 높아지고 무의식의 과보상(overcompensation)은 결국 의식의 기능을 일시적으로 마비시키거나 교란시켜 노이로제의 증상이나 생리적 이상을 일으키기 때문이다. 그러므로 우리는 무의식을 깨달아 나가야 하고 그 가운데 무의식의 중요한 내용들인 '그림자' '아니마' '아니무스' '자기'라고 부르는 것들을 만나게 된다(〈그림 2 · 3〉).

그림자

여기서 다루게 될 '그림자'는 의식에 가장 가까이 있는 무의식

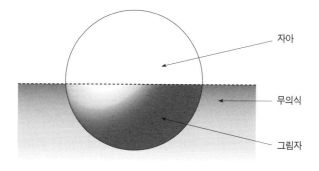

자아

무의식

그림자

〈그림 4〉 그림자

의 내용이다. 무의식의 의식화과정에서 제일 먼저 만나는 것이 그림자라고 부르는 심리적 내용들이다.

그림자의 정의와 개념에 관한 융의 설명에 관해서는 뒤에 자세히 제시하게 될 것이므로 여기서는 다만 간략하게 적는다.

그림자란 무의식의 열등한 인격이다. 그것은 나, 자아의 어두운 면이다. 다시 말해 자아로부터 배척되어 무의식에 억압된 성격측면이다. 그래서 그림자는 자아와 비슷하면서도 자아와는 대조되는, 자아가 가장 싫어하는 열등한 성격을 지니고 있다. 자아의식이 한쪽 면을 지나치게 강조하면 그림자는 그만큼 반대편 극단을 나타낸다(〈그림 4〉).

그림자는 본래 의식에 가까운 개인적인 무의식의 내용이다. 그래서 그림자가 다른 사람에게 투사될 때는 나와 비슷한 부류의, 나와 같은 성(性)의 대상에 투사되며 거기서 그는 자기가 가장 싫어하는 사람들을 본다.

그런데 융은 그림자라는 말을 때때로 집단적 무의식의 내용에도 적용시킨다. 모든 원형상(原型像)에는 밝은 면과 어두운 면, 창조와 파괴의 양면이 있다고 생각한다.

우리의 무의식에는 의식과 무의식을 하나로 통합하고자 하는 핵심적인 원형이 있다. 이것을 **자기원형**(Archetypus des Selbst)이라 하는데 이 또한 그림자를 가지고 있다고 한다. 원형적 그림자는 개인적 무의식의 내용으로서의 '나'의 그림자에 비해 엄청나게 강력한 에너지를 가지고 있다. 그것은 신화적인 상(像)을 띠는 파괴적이고 부정적인 모습을 하고 있으므로 그러한 원형적 그림자상이 외계로 투사되면 그 대상에 대해서 사람들은 일상적인 대인관계에서 느끼는 감정과는 비교가 안될 정도의 강한 증오감, 혐오감, 공포감 등을 느끼게 된다. '마귀' '사탄'이라 부르는 것들이 자기원형의 그림자 상이 될 수 있다.

개인적 무의식의 내용으로서의 그림자는 의식화해서 의식에 동화하면 의식의 시야가 넓어지고 그림자의 부정적인 작용은 건설적인 기능으로 바뀐다. 그러나 집단적 무의식의 그림자는 그대로 의식에 동화할 수 없다. 그림자원형뿐 아니라 아니마, 아니무스 등 모든 원형은 그 존재를 인식할 수는 있어도 의식의 일부로 동화할 수는 없다. 그것이 지닌 강렬한 에너지는 감정적 충격의 형태로 의식에 작용하여 의식의 기능을 지배해 버리기 때문이다. 그러나 우리가 우리의 마음속에 전율할 만한 파괴적 충동이 존재한다는 사실을 인식하는 것만으로도 우리는 우리 자신과 인류를 위해 큰 공헌을 한 것이다. 그러한 인식은 무의식의 원형적 그림자에 사로잡히지 않는 면역력을 주기 때문이다.

아니마, 아니무스

일반적으로 그림자가 의식화되면 그 다음 단계로 아니마, 아니무스를 인식하게 되고 이것이 인식되면 자기, 즉 마음의 전체를 실현하는 마무리 단계에 도달한다고 생각한다. 그러나 이것은 어디까지나 일반적인 순서일 뿐 언제나 이렇게 일직선상으로 전체정신을 실현하는 것은 아니다. 그림자문제는 전체분석기간 중 되풀이해서 나타난다. 그러면서 아니마, 아니무스의 문제에 부딪치는 수도 있다.

아니마, 아니무스란 무엇인가? 아니마는 독일어의 제엘레(Seele, 심령)에서, 아니무스는 가이스트(Geist, 심혼)에서 빌려온 라틴어 용어다. 제엘레니 가이스트니 하는 말이 가리키듯 그것은 우리 마음속의 혼과 같은 것이다. 혼이나 넋, 또는 심령이란 모두 자아의식을 초월하는 성질의 표현이며 '나'의 통제를 받기보다는 고도의 자율성을 지닌 독립된 인격체와 같은 것을 시사하는 말이다. 융은 인간의 무의식 속에 그와 같은 독자적 인격이라 할 만한 것이 존재한다고 보았다. 그는 이를 **내적 인격**이라 불러 집단사회에 적응하는 가운데 형성된 **외적 인격**인 페르조나에 대응하는 무의식적 인격이라고 보았다.

그런데 외적 인격이 타고난 성에 따라 남성성과 여성성의 특성을 나타내듯이 내적 인격도 남성과 여성에 따라 각기 다른 특성을 나타낸다는 사실을 융은 발견했다.

남성의 무의식의 내적 인격은 여성적 속성을, 여성의 무의식의 내적 인격은 남성적 속성을 띠게 된다는 것이다. 이 경우의 여성적, 남성적 속성이란 집단사회의 전통적 여성관, 남성관과 같은 것이 아니다. 그것은 인류의 역사 속에서 남성이 여성에 관해 체험한 모든 것의 침전, 여성이 남성에 관해 체험한 모든 것의 침전으로 우리의 꿈, 신화, 민담에 상징을 통해 인지된다. 반드시 여신과 영웅신, 선녀와 같은 인격적인 이미지로만 나타나는 것이 아니라 새, 사슴, 바람처럼 비인격적인 이미지로 표현되는 수도 있고 심지어 물질, 이념에 투사되기도 한다.

원초적 여성성은 여러 가지 다양한 성질을 나타내지만 남성들이 남성의 페르조나 때문에 소홀히 하기 쉬운 감성(pathos)과 예감능력으로 표현될 수 있다. 또한 원초적 남성성은 여성들이 소홀히 하기 쉬운 생각하는 힘(logos)과 지혜의 특성을 가지고 있다. 그러나 현실적으로 우리가 관찰할 수 있는 내적 인격의 표현은 남성에서는 주로 기분(mood)으로, 여성에서는 의견(opinion)으로 나타난다.

내적 인격, 아니마, 아니무스는 우리가 그 존재를 인식하지 않은 채 내버려두면 다른 모든 무의식의 내용처럼 미숙한 상태로 남아 있게 된다. 이때 우리는 아니마, 아니무스의 부정적 작용을 목격하게 되는데 남성에서는 남자다운 남자의 변덕스러운 기분과 짜증 섞인 잔소리로, 여성에서는 융통성 없는, 따지는 버릇으로 표현된다.

아니마, 아니무스는 원형이지만 무의식의 원형 중에 특수한 원형이어서 자아의식을 무의식의 심층, '자기'에게로 인도하는 인도자(psychopompos), 또는 매개자의 역할을 하는 것이다. 그러므로 아니마, 아니무스의 인식을 통한 인격의 통합과 분화는 자기실현의 매우 중요한 과제가 된다.

자기(Self, Selbst)

'자기'란 자기실현의 종착점이자 시발점이다. 자기란 전체정신, 의식과 무의식이 하나로 통합된 전체정신이다. 그것은 인격성숙의 목표이며 이상이다. 그것은 의식의 중심인 '나'(자아)를 훨씬 넘어서는 엄청난 크기의 전체정신 그 자체, 혹은 그 전체정신의 중심이며 핵이다. 우리가 자아실현이라 하지 않고 자기실현이라 하는 이유가 여기에 있다. 전체정신의 중심핵이라는 뜻에서 자기를 말할 때 우리는 특별히 이것을 자기원형이라 한다.

많은 원형 중 가장 핵심적인 것, 의식과 무의식의 조화로운 통합을 위해 스스로 조정하고 질서 지우는 우리 정신의 내적인 방향타(方向舵)이며 나침반이며 고등종교에서 최고의 신, 최고의 진리라고 생각하는 것의 상징, 마치 태양계의 많은 혹성의 배열을 결정하며 운행을 조정하는 알 수 없는 궁극의 원리 같은 것——그것이 자기원형이다. 한마디로 융은 인간무의식 속에서 하느님과 같은 신상(神像)을 발견한 것이다. 하느님이 하늘 위의 빛나는 왕좌에 계시고 안 계시고는 심리학의 한계를 넘는 형이상학의 물음이니 심리학자가 여기 대해 말할 입장이 아니다. 그러나 융은 인간의 무의식 속에 인간들이 신이라 부르는 대상에 해당되는 것이 발견된다는 사실을 확인한 것이다.

이런 가설은 많은 기독교 신학자를 찬반의 소용돌이에 몰아넣었고 비판자들의 오해를 불러일으켰다. 형이상학과 과학으로서의 심리학은 한 평면에서 비교할 수 있는 것이 아니었는데 비판자들은 융이 신의 존재를 부인하고 심리주의화했다고 오해한 것이다. 그러나 분석심리학은 신앙이 아니기 때문에 신 그 자체를 논하지 못한다. 융이 확인한 것은 무의식에서 발견되는 신의 상(像)이

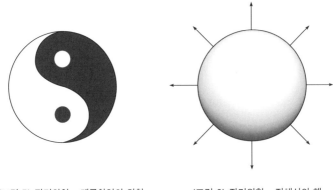

〈그림 5〉 자기원형—대극합일의 원형   〈그림 6〉 자기원형—전체성의 핵

었다.

　그런데 이런 융의 발견은 이미 동양사상 속에 오랫동안 계승되어왔다. '모든 사람이 부처다'라고 말하는 대승불교의 여래장(如來藏) 사상과 진여(眞如, tathatā)의 관념은 분석심리학의 자기원형과 일치되는 것이다. 또한 음양이 합쳐 도(道)를 이룬다는 것은 밝고 어두운 심리적 대극의 합일로서 전체정신에 도달한다는 융의 대극합일, 즉 자기실현의 상징과 일치한다(〈그림 5·6〉).[6]

　"우리는 원형 그 자체를 모른다. 그것은 인식 불가능한 것이다." 융은 이렇게 말한다. 따라서 우리는 자기원형 그 자체를 인지할 수 없다. 우리가 인지할 수 있는 것은 자기원형의 상(이미지)이다. 그것은 여러 가지 상으로 인간의 꿈, 환상, 신화, 민담, 종교적 표상 속에 나타난다. 그리스도상, 붓다상 등 인격적인 신의 상에서, 금강석, 장미 등 꽃, 빛, 기하학적 구성, 혹은 원과 사각으로 에워싸인 중심이 강조된 만다라상 속에서 자기원형은 표현된다. 그것은 흩어진 마음을 합쳐주므로 치유의 능력을 가지고 있다.

원형이란 지리적·인종적 차이, 문화, 시대사조의 차이에 관계 없이 언제 어디서나 시간, 공간을 초월하여 인간이면 누구에게나 갖추어져 있는 인간행태의 원초적 조건이다. 그러므로 자기원형이란 모든 인간의 무의식에 그 사람의 마음을 통일하여 숨은 능력을 남김없이 발휘하도록 하는 가능성이라고 할 수 있다.

그런데 무의식의 의식화 작업을 통하여 그림자와 아니마, 아니무스를 의식화하고 자기를 실현한다고 해서 무의식의 세계가 낱낱이 밝혀지고 완전한 인간이 되는 것은 아니다.

무의식은 궁극적으로 무의식적이다. 자아가 전일(全一)의 경지인 자기의 경지에 근접할 수는 있으나 그것과 완전히 일치할 수는 없다. 왜냐하면 자기는 언제나 자아보다 크기 때문이다. 그러므로 자기실현이 완성되었다 하더라도 언제나 그곳에는 미지의 세계가 남아 있게 된다. 그러므로 우리는 자기실현을 통해서 완전한 인간(vollkommener Mensch)이 아니라 온전한 인간(vollständiger Mensch)이 되는 것이다. 끝없는 무의식 앞에서 자아가 취해야 할 겸허한 마음의 자세를 암시하는 융의 이와 같은 견해는 선불교에서의 해탈의 선언과는 다소 그 모습을 달리한다.

그러나 자기원형과 동일시함으로써 야기되는 자아의 팽창(Inflation)은 결코 자기실현의 진정한 증거가 아니라는 융학파의 자각은 단지 도가 통했다는 느낌, 해탈의 감정만으로는 진정한 득도(得道)나 해탈이라 할 수 없다는 대승불교의 자각과 같은 것이다.

심리학적 유형

심리학적 유형설은 사람의 의식특성이 사람마다 다를 수 있다는 사실을 지적한 것이다. 그러므로 이 학설은 의식을 설명할 때 필요할 것 같지만 반드시 그렇지도 않다. 의식은 항상 무의식과 관계를 가지고 있으므로 의식의 기능과 무의식의 기능 사이의 관계를 살펴보지 않을 수 없기 때문이다. 이 학설은 그러니까 전체 정신을 실현하는 **자기실현**, 또는 **개성화과정**(Individuation)을 의식과 무의식의 관계에서 보다 구체적으로 설명한 학설이라고 할 수 있다. 또한 이 학설은 우리의 정신은 대극(對極)으로 구성되고 대극의 합일로써 자기실현이 이루어짐을 가리키고 있다. 이와 같이 분석심리학설은 그 개념의 어느 하나를 놓고 보아도 정신의 전체성과 반드시 연계되지 않을 수 없는 특징을 가지고 있다.

심리학적 유형설은 융의 초기학설에 속한다. 이는 융 자신과 프로이트와의 관계, 프로이트 학설에 일찍부터 반대하여 그를 떠난 아들러와 프로이트와의 관계 등, 인간관계에서의 갈등과 견해 차이가 왜 일어나는가 하는 회의를 계기로 시작되었고 많은 사람의 의식·무의식의 관찰을 통한 융 자신의 체험내용을 살피고 인류의 정신사(精神史)에 반영된 유형과 이에 관한 학자들의 연구를 거울 삼아 만든 가설이다.

선천적으로 사람은 삶을 살아가는 데 두 가지 서로 다른 일반적 태도와 입장을 가지고 있다. 이를 내향적 태도·외향적 태도라 하고 이 둘 중 어디에 더 많이 의지하며 사느냐에 따라 각각 내향형·외향형이라 이름한다. 또한 사람의 정신에는 사고·감정·직관·감각의 네 가지 기능이 있다. 이를 판단기능에 관여하는 사고·감정기능을 한 묶음으로 하는 합리적 기능과 직관·감각을 한 묶음으로 하는 비합리적 기능으로 나눌 수 있다.

정신의 네 가지 특수기능에는 또한 사람에 따라 특히 발달된 우

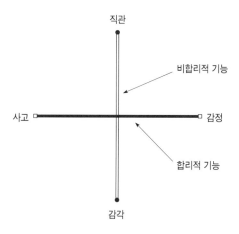

〈그림 7〉 정신의 네 가지 기능과 합리·비합리의 묶음

월한 기능이 있고 열등한 기능이 있다. 그 사람이 평생을 주로 어떤 우월기능을 좇아 살아가고 있는가에 따라 사고형, 감정형, 직관형, 감각형이라 부른다. 이것을 내향형, 외향형에 따라 내향적 사고형, 외향적 사고형 등으로 구분하면 여덟 가지 유형이 생기고 가장 잘 발달된 주기능 다음으로 발달된 제2기능이 어느 것이냐에 따라 다시 두 경우로 구분되어 최소한 열여섯 종류의 심리학적 유형을 생각해 볼 수 있게 된다. 남녀의 의식이 다르다고 보고 이를 심리학적 유형분류에 적용한다면 서른두 유형이 된다. 물론 사람의 개성은 저마다 다르기 때문에 심리학적 유형을 아무리 많이 만든다고 하더라도 그것만으로 한 개인의 성격 전체를 파악할 수는 없다. 그러나 유형론을 무의식의 열등기능(제4기능)과의 관계에서 살펴보고 열등기능을 발전시키는 작업은 자기실현에 매우 유익하다(〈그림 7〉).

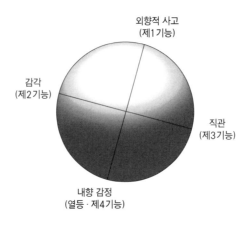

외향적 사고
(제1기능)

감각
(제2기능)

직관
(제3기능)

내향 감정
(열등·제4기능)

〈그림 8〉 외향적 사고형의 열등기능

 융의 유형론의 묘미는 그것으로 어떤 인간을 어떤 유형에 명확하게 분류하는 것에 있지 않고 자기와 다른 사람의 의식의 전제와 무의식의 투사현상을 성찰하고 정신의 내면세계를 살펴나가는 그 모색의 과정에 있다. 유형설은 그런 의미에서 원형적 가설, 즉 아직 불확실한 것의 최선의 표현이고 또한 그것으로서 남아 있을 때 우리의 자기실현에 도움을 준다. 심리학적 유형에 관한 검사도구를 이용하여 연구할 수도 있고 이를 자기인식의 참고로 삼을 수도 있을 것이다. 그러나 검사결과로 그 사람의 진정한 개성을 알 수는 없을 뿐더러 안다고 자만하는 것은 자기실현에 도움이 안 된다.

 우세한 의식의 태도나 기능은 그 반대극의 무의식의 태도나 기능에 의해 보상된다. 내향형의 사람이 지나치게 내향적 태도에 집착하면 무의식에는 의식에서 배제된 외향적 경향이 억압되어 의식과는 상반된 경향을 띠게 되고 그러한 의식의 일방성이 지속되고 외향적 경향의 억압이 계속되어 활동하지 못하면 무의식의 외향적 경향은 미분화된 열등한 상태에 있게 된다.

이와 마찬가지로 외향형의 무의식에는 열등한 내향적 경향이 있고 사고형은 열등한 감정기능을, 감정형은 열등한 사고를 무의식에 가지고 있게 된다. 외향적 사고형에서 흔히 볼 수 있는 무의식의 경향은 열등한 내향적 감정이다(〈그림 8〉).

무의식의 열등기능은 의식에 대한 보상작용을 일으켜 의식을 자극하여 의식의 일방성을 제지한다. 혹은 그것은 외계로 투사된다. 그 보상작용의 정도가 적절한 경우에는 열등기능이 의식계로 떠올라 활성화됨으로써 의식과 무의식 사이의 균형 있는 발전이 저절로 이루어질 수 있다. 열등기능이 외계로 투사되면 그 대상에 대한 부정적인 감정을 느끼게 된다. 내향형은 외향형더러 속에 든 것 없이 겉치레만 좋아한다고 흉보고, 외향형은 내향형을 고집불통의 독선가, 비현실적인 이상론자라고 비난하게 된다.

그러나 열등기능을 찾아서 그것을 살리고 발전시키면 그것은 이미 열등기능임을 그친다. 그리고 모든 정신기능을 가능한 한 골고루 발전시킨다는 것은 전체정신을 실현하는 데 필수적인 작업이다. 열등기능의 의식화 ─ 그것이 중요하다.

그리하여 자기실현이 상당히 진행되면 각 유형간의 차이가 점점 줄어든다. 이를테면 내향성을 존중하는 외향형이, 또는 외향성을 발휘할 줄 아는 내향형이 된다.

2. 마음의 세계에서 차지하는 그림자의 자리

이상에서 우리는 마음의 구조와 기능과 그 성숙과정에 관한 분석심리학의 관점과 견해를 살펴보았다. 우리가 여기서 주로 보고자 하는 '그림자'는 전체정신의 어디에 위치하는가. 그것은 우리가 그림자의 개념을 얼마만큼 넓게 잡느냐에 따라 다르다. 그림자는 일차적으로 개인적 무의식의 열등한 인격, 자아 콤플렉스의 무의식면의 여러 가지 열등한 성격경향이다. 그런 점에서 그림자는 전체정신, 전체 무의식의 일부를 차지하며 이 경우 '그림자'는 무의식의 전부가 아니다. 그림자는 의식에 가까이 있으면서 자아가 모르고 있는 무의식의 일부분을 차지한다. 그것은 우리가 무의식을 의식화하면서, 다시 말해 우리가 가지고 있으나 모르고 있는 인격부분을 깨달아가면서 성숙해 가는 과정, 즉 자기실현의 과정에서 처음으로 만나는 무의식의 요소다. 그것은 성숙한 마음에 이른 첫 관문에 버티고 있는 수문장이다.

우리는 그 험악한, 비굴한, 또는 야비한 자신의 그림자의 모습을 보고 기겁하여 도망칠 수도 있다. 그러나 그렇게 해서는 자기실현의 길로 들어설 수 없다. 용기를 가지고 그림자를 대면하고 이를 통과하고 지나가야 비로소 자기실현의 다음 과제인 아니마, 아니무스를 의식화할 수 있는 조건이 다소라도 생길 수 있다.

물론 자기실현의 첫 관문을 통과했다고 해서 그림자문제가 완전히 해결되어 다시는 그림자의 의식화를 할 필요가 없어지는 것은 아니다. 살아 있는 한 그림자는 만들어지게 마련이고 그림자문제는 계속된다. 다만 그림자는 인식하기가 비교적 쉽고 자기인식의 첫걸음이기 때문에 무의식의 다른 내용에 앞서 그림자문제부터 다루게 되는 것이다.

그런데 그림자의 개념을 확대하여 집단적 무의식의 원형적 그림자까지 포함해서 생각한다면 그림자의 문제는 실로 전체 무의식의 영역에 미치게 된다. 이런 관점에서 '그림자'를 다루려면 무의식 전체를 의식의 그림자로서 다루어야 할 것이다. 의식을 '빛'이라고 간주하는 한 무의식은 분명 의식의 그림자라고 할 수 있기 때문이다. 그러나 무의식을 자세히 관찰하면 그곳에 어두운 그림자 — 파괴적·부정적 열등성 — 만 있는 것이 아니고 창조적 능력, 즉 빛의 원천이 있음을 발견하게 된다. 정신의 전체성이란 빛과 그림자의 융합으로 이루어진다. 겉보기에는 열등한 그림자 속에 또한 창조와 성숙의 씨앗이 있다는 점을 융은 강조하고 있다. 대부분의 그림자는 상대악적(相對惡的) 위치에 있어 그것이 의식화하여 의식에 동화할 때 그것은 분화하여 창조적 기능으로 바뀌는 것이다. 따라서 그림자를 의식화해 나가노라면 우리 정신의 어둡고 밝은 면을 모두 다루게 될 것이다.

그림자의 인식 또는 의식화는 아니마, 아니무스를 바르게 인식하는 데도 매우 중요하다. 왜냐하면 그림자는 보통 아니마, 아니무스를 감싸고 있는 커다란 어둠으로 아니마, 아니무스를 명확하게 볼 수 없게 만들기 때문이다.

그림자는 또한 심리학적 유형설의 열등기능과 밀접한 관계를 가지고 있다. 열등기능은 우월기능의 그림자라고 할 만한 것이다. 열등기능은 의식화로써 분화 발달시킬 수 있다. 그런데 열등기능을 방치해 두면 그것은 고태적인 양태를 보이고 그림자 원형층의 성격을 띠게 된다.

그림자는 바다 표면 가까이 뜬 해초와 같으나 일단 끄집어내기 시작하면 정신의 가장 밑바닥에 놓인 보배, 또는 비밀을 건드리게 된다.

다음에 우리는 그림자가 어디서 어떻게 나타나는지 그 현상을 살펴보기 전에 먼저 문명이 발달하기 이전 인류의 조상들이 그림자에 대하여 가지고 있었고 현재도 남아 있는 그림자의 원시적 관념을 제시하고 융이 그림자의 개념을 어떻게 생각했는지 알아보기로 하자.

제 2 부

그림자의 원시적 관념과
분석심리학적 개념

1. 살아 있는 그림자─원시심성과 민속에 표현된 그림자

원시인에게 살아 있는 그림자

현대인에게 그림자는 아무것도 아니다. 빛이 있고 나의 몸이 있으니 땅에 생기는 것이다. 나의 몸이 없으면 그림자는 없다. 그러니 그림자는 몸에 부수된 것일 뿐, 그 자체로 존재할 수도 없고 살아 있는 것은 더구나 아니다. 그렇게 보면 분석심리학의 '그림자'라는 용어를 단지 '빛의 결여', 빛의 수반현상으로서 의식의 찌꺼기(융은 '혜성의 꼬리'라고 표현했다)에 불과한 것으로 잘못 이해될 가능성조차 있다.

그러나 분석심리학에서의 그림자 이미지란 살아 있는 것이다. 살아 있기에 무시할 수 없고 의식화해야 하는 것이다. '살아 있는 그림자'로서 그것은 원시종족의 그림자관과 맥을 같이한다. 어떻게 보면 원시종족은 우리가 오늘날 무의식의 그림자라고 하는 것을 본능적으로 알고 있었던 듯하다. 다만 그들은 그것을 그들의 정령관(아니미즘)에 따라 다른 구체적인 언어로 인지한 것이다.

원시인은 그림자 또는 거울이나 물에 비친 영상(映像)을 그들의 영혼이라고 보았다. 프레이저(Frazer)는 그의 유명한 저서, 『황금의 가지』(Golden Bough)에서 다음과 같이 말한다.

흔히 그(야만인)는 그의 그림자나 영상을 그의 영혼이라고 보거나 어쨌든 자신의 살아 있는 부분으로 간주했으며 그런 만큼 그것은 그에게 위험의 근원이기도 했다.[1]

그러니까 그림자를 밟히거나 찔리거나 하면 원시인은 마치 자기 자신의 몸에 상처를 입은 듯이 느꼈던 것이다.[2] 네팔에는 위대한 신, 라마(Lama)가 하늘로 날아오른 폭풍의 신, 산카라(Sankara)의 그림자를 찌르니 떨어져서 목이 부러졌다는 이야기가 있다.[3] 만약 그림자가 그로부터 완전히 없어지면 그는 죽을 것이라고 생각한다.[4] 인도네시아에서는 그림자가 없거나 아주 희미한 그림자를 가진 사람은 곧 죽는다고 생각한다.[5]

중국에서는 입관시 관뚜껑을 씌우려 할 때 가장 가까운 가족 이외의 문상객들은 모두 몇 발자국 뒤로 물러서거나 다른 방으로 간다. 왜냐하면 산 사람의 그림자가 관속에 들어가면 그의 건강을 위협한다고 믿었기 때문이다. 관을 무덤 속에 내려놓을 때도 대부분 참관자는 그림자가 무덤 안으로 비치지 않도록 조금 뒤로 물러선다고 한다.[6] 말라야의 다도해 사람들은 그림자가 무덤, 나무, 기타 혼이 살고 있는 대상에 떨어져서는 안 된다고 믿는다. 그것들이 그림자를 흡수해서 그림자의 임자를 죽음으로 이끈다고 믿기 때문이다.[7]

페락(Perak)지방에서는 달팽이가 그들의 그림자를 통해서 가축의 피를 빨아들인다고 믿고 있으며 고대 아라비아에서는 하이에 나가 사람의 그림자를 밟으면 사람의 말하고 움직이는 힘을 빼앗아간다고 믿고 있었다.[8] 이렇게 그림자는 사람이나 짐승의 살아 있는 부분이며 그들의 생명과 같은 것으로 간주되었다.

그림자는 살아 있는 것이라는 생각에 그림자가 커지거나 작아지는 현상은 사람들에게 큰 충격을 준다. 그림자가 줄어들면 고독과 근심 때문에 그림자 주인의 생기 있는 에너지가 감소할 징조라고 본다. 그림자의 상실은 물론 죽음을 의미한다.[9] 적도(赤道)에 가까운 과거 홀란드령이던 암보이나(Amboyna) 섬과 율리에이스(Uliase) 섬에서는 한낮에 그림자가 없어지거나 매우 짧은데 이곳 사람들은 대낮에는 밖에 나가지 않는다. 왜냐하면 영혼의 그림자를 잃지 않기 위해서다.[10] 말레이반도에서도 대낮에 죽은 자를 묻는 것을 금한다. 이 시각에는 그림자가 작아져서 사람들이 단명할 것이라 믿기 때문이다.[11]

그리스 신화의 판(Pan : 염소 모습의 목신[牧神])에게 뜨거운 한낮의 고요는 그의 시간이다. 그의 휴식을 조금이라도 방해하면 크나큰 재앙을 받는다. 이 시간은 그림자가 없어지는 때이기도 하다. 패닉(panic), 공황(恐慌)이라는 말은 판 신이 내리는 재앙에서 유래되었다.

'살아 있는 그림자' '영혼으로서의 그림자'라는 관념은 유럽 대륙과 그밖의 지역에도 널리 퍼져 있는 생각이다. 고대 이집트의 관점에서 볼 때 사람은 세 종류의 몸을 가지고 있다. 육신(肉身, flesh), 짝(double) 그리고 그림자다.

서아프리카에서는 사람은 네 개의 영혼을 가지는데 그중 하나가 그림자라고 생각한다. 결과적으로 그림자의 영혼을 잃지 않으려면 대낮에는 그늘에 있어야 한다.[12] 영혼은 해가 진 뒤에 쉬고 아침에는 새로운 힘을 가지고 나온다.

그림자의 주술

그림자는 주술적인 힘을 가진 것으로 간주되었는데 예를 들면 그림자 주인의 성격에 어울리는 힘을 가지고 있다고 믿었다. 적(敵), 죽은 자, 장모, 전쟁터에서 돌아온 오염된 전사(戰士), 애도하는 자 등의 그림자는 매우 위험한 영향력을 가지고 있다고 생각했다.13) 그림자에 접촉하면 해를 입을 수 있다는 것도 원시인 사이에 널리 퍼져 있었던 생각이다. 슈스왑(Shuswap) 인디언은 상(喪)을 당한 사람의 그림자가 다른 사람 몸에 던져지면 그 사람이 병을 앓는다는 생각을 가지고 있다. 뱅크스 섬에는 '먹는 귀신'이 살고 있는 돌이 있다. 그림자가 그 돌에 비치면 그의 영혼을 빨아들인다.14) 아프리카의 쿠르나족은 여성의 그림자가 자기 몸에 떨어지면 체중이 감소하고 게으름뱅이나 바보가 되며, 사위의 그림자가 장모에게 떨어지면 이혼사유가 되고, 월경 중인 여인의 그림자는 꽃을 시들게 하고 나무를 망친다는 믿음을 가지고 있다. 여성, 특히 장모의 그림자, 상 중의 여인, 월경 중인 여인의 그림자는 특히 해롭다.

영국령, 콜롬비아에서 슈스왑 인디언 과부의 그림자는 누구에게나 떨어져 병을 만든다. 자바 사람과 말레이 사람은 영혼물질이 소비되지 않도록 하려면 사람의 그림자가 떨어진 음식은 먹어서는 안 된다고 믿는다.15) 그러나 게르만족 사이에서는 반대로 베드로의 그림자가 환자에게 닿으면 병이 낫는다는 믿음도 있다.16)

그림자에게 징벌을 가함으로써 속죄를 하게 하는 그림자배상

(Schattenbuße)도 성행하였고 그림자가 밟힌 사람은 제외되는 아이들의 그림자놀이가 남부독일에 남아 있었다.[17]

사람뿐 아니라 나무의 그림자도 종류에 따라 좋고 나쁜 작용을 하는 것으로 생각하는 경우도 있고 물건의 그림자도 좋고 나쁜 마력을 지닌 것으로 생각하는 경우도 있다.[18] 즉, 해방을 상징하는 나폴리에 있는 어떤 청동말의 그림자는 병든 말을 고치기도 하고, 수도원의 그림자는 주변 토지를 풍요롭게 하나 교수대의 그림자는 매우 해롭다고 생각한다.

흥미로운 것은 '그림자'는 보물을 발견하는 능력을 가지고 있다는 생각이다. 고대에서 중세를 거쳐 내려오는 한 이야기에는 어떤 특정한 날, 특정한 시간에 어떤 사물이 던지는 그림자는 숨어 있는 보배를 찾게 한다는 것이다. 그림자가 주술적인 힘을 가지고 있다고 믿는 것이다.[19]

질병과 죽음이 그림자의 약화 또는 소실과 관계가 있다는 것은 원시인들 사이에 널리 퍼져 있었던 생각이지만 환자가 그림자를 던지면 치유희망이 있다는 관념이 스위스 일부 지방과 아이슬란드, 스웨덴에서도 보고되고 있다. 터키 사람들에게는 "그대의 그림자가 결코 적어지지 말고 결코 그대로부터 떠나지 말지어다"라는 인삿말이 있는가 하면 "그대는 이제부터 어떤 그림자도 던져서는 안 된다"는 저주의 말도 있다.[20]

미묘체로서의 그림자

그림자에 대한 중국인의 철학적인 관념 등을 보고하면서 슈발리에 등은 그림자가 그 개인의 '미묘한 존재'를 대변함을 말하고 있다.

　인간의 그림자에 관계된 주술행위나 인도네시아의 그림자
극장은 다른 관점을 마련한 것이다. 그림자는 이 경우에 개체
의 완전한 묘체(妙體, Subtle being)를 위탁하고 있다고 간주된
다.[21]

많은 아프리카 종족은 그림자를 사람들이나 사물의 제2의 성
(性)으로 보며 일반적으로 죽음에 연계된 존재로 본다. 흑인인 세
망족은 죽음의 왕국에서 자신들은 사물의 그림자를 기르면서 그
림자 같은 삶을 살게 된다고 믿는다. 북부 캐나다의 인디언들은
죽을 때 그림자와 영혼이 나누어지고 둘다 신체를 떠난다고 믿는
다. 영혼은 서쪽에 위치한 늑대의 왕국을 여행하고 그림자는 무덤
속에서 서성댄다. 그것은 살아 있는 사람과 관계를 유지하는 그림
자이고 그러므로 무덤에 제물을 바치는 것은 그림자에 대한 것이
다. 영혼은 돌아올 수 있고 그림자와 합침으로써 육신적 존재가
된다. 이렇게 두 번째로 태어난 사람은 때로 이전 존재에 대한 꿈
을 꾼다.
　남부 아메리카 인디언은 대부분 '그림자' '영혼' '초상'(肖像)을
하나의 말로 표현한다. 중앙아시아 야쿠트족(Yakut)은 그림자를
인간 세계의 영혼의 하나로 본다. 그림자는 존중되며 아이들을 그
림자와 놀지 못하게 한다. 퉁구스족(Tungus)은 다른 사람의 그림
자를 밟는 것을 피한다. 영혼을 악마에게 판 사람은 그 또는 그녀
의 그림자를 잃는다.[22]
　그림자가 영혼이라는 관념은 자연히 그림자 신탁의 근거가 되

고 있다. 독일 미신사전에 의하면 그림자의 움직임으로 그 사람의 운명을 본다는 생각은 중국뿐 아니라 벤트 지방에서도 발견된다. 그림자의 결손이 죽음을 예고한다는 믿음은 이미 언급했다. 건물을 지을 때 희생물을 바치는 풍습과 관련하여 사람 대신에 지나가는 사람의 그림자를 이용하는 경우가 있다.[23) 그림자를 잰 자를 주춧돌에 묻는 풍습이 있고 그림자 길이를 측정받은 사람은 얼마 안 가 죽는다고 생각한다.[24)

그림자 없는 존재

귀신들은 신체가 없으므로 오직 그림자만 볼 수 있다는 것도 널리 퍼져 있는 생각인데 다른 한편 귀령의 세계에 속하는 존재는 그림자가 없다는 관념도 많이 발견된다. 성인(聖人)은 그림자를 던지는 법이 없다.[25) 모하메드는 순수한 혼으로서 그림자가 없다. 고대 그리스에서는 사람이든 동물이든 제우스의 신전에 들어가는 자는 그림자를 던지지 않는다고 한다. 빛의 신이 든 성소(聖所)는 빛의 기원 그 자체다. 그러나 그 빛 밑에 놓인 것만은 그림자를 던진다. 죽은 자는 그림자가 없다는 믿음이 있는가 하면 죽은 자는 오직 그림자로서만 관측된다는 믿음이 고대 그리스뿐 아니라 유대, 중국, 헝가리, 미국의 원주민에게서 발견된다.[26)

에버하르트(Eberhard)도 중국인이 그림자를 영혼과 동일시함을 지적한다. 죽은 자의 혼령은 그림자가 없다고 했다. 대문 바로 뒤에 있는 짧은 울타리는 '그림자 울타리'라 부른다. 나쁜 귀신이 방으로 들어오는 것을 막는 것인데 귀신은 직선으로만 갈 뿐 울타리를 삥 둘러서 갈 수 없기 때문이다.[27)

슈발리에 등은 그림자를 중국의 음양설에서 음(陰)에 관한 설명으로 시작한다. 그것은 골짜기의 그늘을 말하며 밝은 면과는 대조되는 것이다. 중국문헌에서 발견되는 '그림자의 결여'란 세 가지 방식으로 설명된다. 몸의 정화(淨化)가 이루어져 투명해진 탓이거나 신체적 존재의 한계를 벗어났기 때문이다. 이 두 가지는 모두 불사(不死)의 선인(仙人)의 경우다.

혹은 태양이 중천에 높이 떴을 때 신체가 바로 그 밑에 있듯이 중심에 위치하기 때문인데 그것은 바로 황제의 위치다. 왕도(王道)가 상승과 하강을 거듭하는 건목(乾木), 세계의 축 아래에는 그림자도 없고 메아리도 없다. 이러한 중심적 위치, 일식(日蝕)과 대낮의 위치는 영혼이 아무런 그림자도 던지지 않는 때, 마귀 이블리스(Iblis)가 그림자를 던지지 않는 때, 즉 내적인 평화의 순간이다. 그것은 이스마엘의 비교(秘敎)가 목표로 하는 자리이기도 하다.[28]

생명의 정수로서의 그림자

앞에서 언급했듯이 생명의 정수로서의 '혼'이 그림자 속에 있다는 믿음은 호주 타스마니아 섬, 아프리카, 남북아메리카, 아시아, 유럽 등지에 퍼져 있다. 생사람, 처녀, 아이를 집의 벽 속에 넣어서 제물로 바치는 민담이 많은데, 이는 집을 튼튼하게 한다고 생각한다. 현대 그리스 건축에서도 동물을 죽여 그 피를 주춧돌에 붓거나 살아 있는 사람의 그림자를 건물 속에 넣는 관습이 있다. 또한 신축건물 곁은 지나지 말라, 그렇게 하면 그림자를 빼앗긴다는 믿음이 있고 그림자의 주력(呪力)을 믿는 마음에서 그림자의 홍정과

거래가 이루어진다는 이야기도 있다.

그림자가 독자적인 삶을 산다고도 믿는다. 영국에서는 "아무도 자신의 그림자로부터 도망갈 수 없다"고 말하기도 한다. 루시안(Lucian)의 설명에 의하면 우리가 죽을 때 그림자가 우리의 박해자가 될 것이라고 했다. 반대로 그림자는 우리 몸을 떠나는 일이 없으니 믿을 만하다고 여긴다.[29)]

그림자뿐 아니라 물에 비친 영상도 그 사람의 영혼으로 간주되어 그림자-영혼처럼 위험에 노출되어 있다는 생각이 뉴기니아, 뉴칼레도니아, 줄루 등 원시종족 사이에 퍼져 있다. 악어가 강을 건너는 사람의 그림자를 빼앗아 죽음에 이르게 한다고 믿는다. 또 줄루족은 어두운 연못을 들여다보는 것을 금하는데 그 까닭은 짐승이 그림자를 빼앗아 그 사람을 죽게 한다고 생각하기 때문이다. 프레이저는 고대 인도나 고대 그리스에서 사람들이 물속을 들여다보는 것을 극도로 금지하고 그리스인이 자기의 영상을 보는 것을 죽음의 징조라고 생각한 까닭이 여기에 있는 듯하다고 하였다.[30)] 또한 사람이 죽은 뒤에 거울을 돌려놓거나 포장을 씌우는 풍습도 사람들의 모습이 거울에 비추어졌을 때 귀신이 그것을 채갈 것을 두려워하기 때문이다. 이와 유사한 관계를 우리는 사람의 초상(肖像)에서 볼 수 있다.[31)]

그림자는 살아 있으며 그것으로 보물을 발견할 수 있다는 것, 결코 그림자로부터 떠나 있으면 안 된다는 것 — 이와 같은 여러 나라의 그림자에 대한 믿음은 분석심리학에서 보는 그림자의 개념과 매우 유사한 의미를 제시하고 있다. 그림자와 떨어져 있다는 것은 무의식과의 분리를 의미하고 그림자를 통해 보배를 찾는다든가 병을 고친다는 관념(상당히 드물기는 하나)은 그림자가 해로운 영향뿐 아니라 매우 긍정적인 치유의 능력을 가지고 있으며 그림자의 인식을 통하여 보다 깊은 무의식의 '뜻'을 발굴할 수 있는 기회를 마련한 분석심리학의 설명과 유사하다.

한자어권(한·중·일)의 그림자(影) 용법

독일어의 '샤텐'(Schatten)은 한자로 영(影)이라 표현된다. 그늘이라는 뜻으로 음(陰 또는 蔭)이라는 단어도 있다. 샤텐이라는 말은 그림자도 그늘도 다 포함하지만 융이 말하는 샤텐의 개념은 대체로 '그림자'에 가깝다. 그러나 앞에서도 본 대로 음·양 할 때의 음도 그림자 개념에 들어 있다.

그런데 영(影)은 어떤 형체의 그림자뿐 아니라 거울이나 물에 비친 영상(映像), 초상, 가상(假相), 허깨비 등 다양한 뜻을 가지고 있다. 우리나라에서 영지(影池)의 그림자는 물에 비친 탑의 영상을 말한다. 중국문헌상에 인용된 영(影)의 여러 용례를 보면 그림자신(影神), 옛부터 있어온 그림자놀이(影戲), 죽은 조상의 위패를 모신 영당(影堂) 등이 있는데 그림자가 죽은 자의 영혼임을 암시하고 있다.[32] 불교에서 영상(影像)은 신불(神佛) 또는 인형 모양을 본뜬 나무조각상이나 그림의 상이며, 영공(影供)은 신불(神佛)이나 고인의 상에 제물을 바쳐 공양의 마음을 표시하는 것이다.[33]

중국에는 자기 그림자에 놀라서 죽은 남자 이야기가 전해온다. 이와 비슷한 이야기가 아이슬란드의 민담에도 있는 것을 보면 보편적인 주제에 속하는 것인지도 모르겠다.[34] 에버하르트는 죽은 사람은 그림자가 없다는 중국의 이야기를 소개하기도 했다. 한자로는 그림자(影)가 '그림자'이면서 동시에 가상(假相)이라는 뜻인 점에서 그림자 영(影)자를 조상의 넋이나 죽은 자의 모습으로 표현하는 까닭을 짐작할 수 있다.

일본어의 '가게'(かげ, 影)라는 말에는 빛, 그늘, 모습, 다른 사람의 은혜라는 뜻이 있다.[35] 본래는 '츠키가게'(月かげ, 달그림자), '히가게'(日かげ, 해그림자) 등으로 빛을 가리키는 말이었을 것이라는 설[36]은 중국, 한국에 모두 공통되는 듯하다. 그리하여 빛에 늘 따라다니는 모습을 그림자라는 말로 쓰게 되었다고 한다. 인간의 모습을 '가게'라 하는 것도 혼이 머무는 곳으로서의 형상을 뜻하는 것으로 보인다는 것이다.

일본 에도(江戶)시대에는 '그림자의 병'에 관한 믿음이 있었는데 병자의 모습이 둘로 쪼개져서 본래 몸과 분신(分身) 사이의 진위(眞僞)를 알 수 없게 되는 병이라는 것이다. 이는 혼이 머물던 육체에서 유리하여 생긴 이혼병(離魂病)이라고 생각했다. 그림자를 취하는 연못(影取池, 影取沼)이 여러 곳에 있어 물속의 괴물이 그림자를 삼키면 죽는다는 전설도 내려오고 있다.[37] 원한을 가지고 연못에 몸을 던져 자살한 한 어머니의 영혼이 사람을 유혹하여 끌어들인 뒤 죽이는 연못이 있는데 이것을 영취연(影取淵)이라 했다고 한다.

원귀에 그림자를 빼앗기면 그 사람은 죽는다는 믿음에 얽힌 물속의 요괴를 '가게도리'(影取 : 그림자 잡아먹는 자)라 했다. 그 원혼을 위로하고자 가게도리야마(影取山)에 신사(神社)가 세워져 있다.[38] 이 모두는 유럽 여러 지방이나 원시종족 사이에서도 잘 알려진 보편적인 주제다. 또한 『일본서기』(日本書紀)나 『만엽집』(萬葉集)에 따르면 지배자는 그림자가 센 사람이고 가치가 무시되던 민중은 그림자가 약한 사람이라는 믿음이 있다고 한다. 또한 그림자의 병은 '히토요부네'(一夜船) 이야기나 '소로리'(曾呂利) 이야기 등 민담에 전해지고 있다고 한다.[39]

우리나라에서도 그림자는 영혼, 또는 제2의 자아로 간주되어온 듯하다. 이곳에도 '사람은 그림자가 있으나 도깨비는 그림자가 없다'는 믿음이 있다. 살아 있는 그림자에 관한 믿음은 '스승의 그림자도 밟지 말라'는 말이나 민속놀이 중 그림자밟기에서 술래에게 그림자를 밟히면 진다고 하는 데서 나타난다. 우리나라 말에 '그림자조차 찾을 수 없다' '그림자를 감추다' '그림자도 없다'고 할 때의 그림자란 그 실체의 최소한의 존재 근거를 말하는 듯하다.[40] 또한 우리나라에도 그림자극이 있었던 것 같고 그림자점도 있었던 것 같다. 우리의 역사·문학에서 무영탑(無影塔)의 명칭에 얽힌 이야기 등으로 미루어 그림자는 부처님이 보살펴 이끄는 방편으로, 또는 허상으로, 혹은 소망의 표현으로 언급되고 있다.[41]

지금까지 우리는 원시종족 및 고대인 또는 문명사회의 민간에서 그림자의 이미지를 어떻게 생각해왔는지를 살펴보았다. 지금까지의 전개를 전체적으로 종합하면 그림자는 구체적인, 살아 있는 존재, 그 주인의 분신이고 영혼이며 나아가 주인의 생명이나 힘까지도 대변한다는 것이다. 그림자는 원시사회에서 영혼의 위기(perils of the souls)로 알려진 것처럼 여러 가지 위험에 처할 수 있는 존재로서 각종 주술적 행위대상이 되었다. 그림자를 가지고 있다는 것은 살아 있다는 증거이며 그림자와의 분리, 또는 소실은 죽음을 말한다는 생각은 분석심리학의 그림자 개념과 비슷한 데가 있다. 또한 그림자를 소중히 해야 하며 아무데나 던져서는 안 된다는 개념도 비록 원시적 정령관념에 의한 것이기는 하나 그림자의 투사가 빚을 수 있는 문제성에 비유될 수 있다.

무엇보다 그림자의 상실이 죽음을 의미한다는 생각은 심리학적인 무의식의 '그림자'가 정신적 삶에서 얼마나 중요한 것인가를 강조하는 분석심리학의 관념을 다른 말로 표현한 것처럼 보인다. 전체로서의 인간의 정신은 의식의 대자(對者)인 그림자, 즉 무의식을 필요로 한다. 심리학적 의미의 '그림자 없는 사람'은 사실 분석심리학에서는 무의식으로부터 분열된 사람, 인간으로서 살아 있는 실체가 없는 사람이기 때문이다.

인간의 마음속에 신적(神的)인 것이 있을 뿐 인간이 곧 신은 아니다. 우리는 무의식을 의식화해서 의식의 영토를 넓히고 전체정신에 접근해 가는 작업을 부단히 할 필요가 있다. 그러나 그러한 자기실현의 과정이 성취된다 하더라도 무의식은 완전히 없어지는 것이 아니다. 왜냐하면 이미 언급했듯이 전체정신인 자기(Selbst)는 항상 자아(Ich)를 넘어서는 것이기 때문이다. 그러므로 그림자를 무의식으로 확대 해석할 때 그러한 의식의 그림자를 남김 없이 의식화하는 것은 불가능하다. 그림자의 의식화 작업을 통하여 인간은 신과 같이 완전무결한 존재가 아닌 인간으로서의 원만성을 갖추게 된다. 그런데 자기의 그림자를 보지 않으려는 나머지 그것을 누르고 마치 그것이 없는 듯이 선의 얼굴로 행동하여, 그래서 도덕적으로 완전한 인격체처럼 행동하여 '그림자 없는 사람'임을 자처하거나 지향한다면 그는 결국 자기 자신으로부터 소외된 신경증적 해리상태에 머무르게 될 것이다. 원시적 관념에서의 '죽음'이란 생명력의 상실, 생명으로부터의 유리에 비길 수 있는 것이다.

귀신은 그림자가 없다고 하면서 동시에 그림자(影)로서 표현하는, 얼핏 보아 모순되는 두 가지 관념은 귀신의 그림자가 사람이나 물체의 그림자와 달리 투명에 가까운 것, 혹은 그림자 같이 희미하고 미묘한 것이라는 관념으로 통일될 수 있다고 본다. 그런 점에서 그러한 해탈자, 신격(神格)의 그림자는 미묘체(subtle body)이며 그것은 곧 영혼의 모습을 말하는 것이다. 다시 말해서 동양의 민간에서 말하는 '그림자 없는 존재'란 오랜 수련 끝에 해탈하여 투명해진 사람, 그림자를 남김없이 의식화한 사람이며 그림자를 억압하여 완벽한 도덕군자처럼 행동하는, 그림자로부터 분열된 자아상과는 다른 것이다.

물론 원시적 관념은 매우 소박한 영혼의 위기에 대한 두려움을 바탕으로 엮어지고 있어 그림자의 의식화, 의식적 동화과정과 같은 현대의 분석심리학의 통찰에 비길 만한 것이 아니다. 그러나 그림자를 덮어놓고 백안시하거나 경시하여 그 위험성이나 위력을 애써 외면하는 현대 '문명사회'의 사람들에 비해서 원시종족이나 민간의 자연스러운 본능적인 지각과 생각들이 인간심성과 인간의 삶의 본질을 얼마나 현실감 있게 표현하는지를 알 수 있다.

2. 그림자의 분석심리학적 개념

그림자의 정의

융의 수제자, 마리 루이제 폰 프란츠(M.L. von Franz, 1915~98)는 취리히의 융연구소에서 행한 '민담에 나타난 그림자와 악(惡)'이란 강의 중에 융이 말하는 그림자의 개념을 다음과 같이 설명했다.

> 융심리학에서 우리는 대개 그림자를 무의식적 인격의 한 측면으로서 자아 콤플렉스에 보태질 수 있으나 여러 가지 이유로 그렇게 되지 못한 부분이라고 정의한다. 그러므로 그림자는 자아 콤플렉스의 어두운, 아직 살지 못한, 억압된 측면이라고 말할 수 있다. 그러나 이런 정의는 단지 부분적으로 타당할 뿐이다.[42]

그녀는 또, 융은 사람들이 경험의 토대도 없이 어떤 용어를 글자 그대로 따지고 그 개념에 매달리는 것을 싫어했다고 말했다. 그리하여 융은 토론 중에 이런저런 견해들을 다 무시하고 이렇게 말했다고 한다. "모두 쓸데없는 소리! 그림자는 다만 전체 무의식이오!" 사람들이 그림자가 어떻게 발견되었고 개개인이 어떻게 그것을 경험했으며, 특히 우리가 항상 환자의 그때그때의 상황을 생각해야 한다는 사실을 잊어버리고 있음을 지적한 것이다. 폰 프란츠는 이에 덧붙여 설명했다.

만약 심리학에 대해서 아무것도 모르는 사람이 분석시간에 들어왔다면, 그에게 사람들이 알지 못하는 마음의 과정을 설명하고자 할 때 그 모르는 마음의 과정이 바로 그 사람들의 그림자다. 그러니까 무의식을 보는 첫 단계의 시작에서 그림자란 내가 직접 모르는, 내 안에 있는 모든 것을 가리키는 '신화학적'인 이름일 따름이다. 오직 우리가 우리 인격의 그림자 영역 속으로 파고 들어가 여러 측면을 살펴갈 때, 작업을 시작하고 얼마 후 꿈에서 그 꿈을 꾼 사람과 같은 성(性)의 인격화된 무의식의 이미지가 나타난다.[43]

그러므로 시작단계에서의 그림자란 우리 마음속에 있는 우리가 모르는 마음을 말한다. 대체로 우리가 계속 살펴나가면 그것이 부분적으로는 개인적이고 부분적으로는 집단적인 요소로 이루어진다는 사실을 알게 된다. 처음에 우리가 그림자를 만날 때는 실제로 무엇이 개인적이고 무엇이 집단적인지를 구분할 수 없을 만큼 여러 측면의 요소가 섞여서 뭉쳐진 상태에 있다.[44]

폰 프란츠의 이와 같은 설명은 융이 말하는 개념의 기본정신을 매우 정확하게 대변하고 있다.

융은 여러 곳에서 그림자는 일차적으로 개인적 무의식의 내용

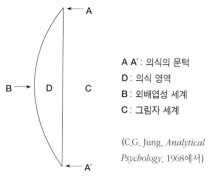

A A´ : 의식의 문턱
D : 의식 영역
B : 외배엽성 세계
C : 그림자 세계

(C.G. Jung, *Analytical
Psychology*, 1968에서)

〈그림 9〉 자아와 그림자

으로서 무의식의 의식화에서 비교적 쉽게 경험될 수 있는 것이라
는 설명과 함께 그러나 원형으로서의 그림자는 꿰뚫어보기가 어
렵다는 말을 함으로써 그림자 개념이 개인적 무의식뿐 아니라 집
단적 무의식에도 적용됨을 명시했다.[45]

　　그림자는 그것이 개인적인 성질인 한 약간의 자기비판으로
어렵지 않게 꿰뚫어볼 수 있다. 그러나 원형이 문제가 될 때는
아니마나 아니무스의 경우와 똑같은 어려움을 겪게 된다. 다른
말로 그 성격의 상대적 악을 인식하는 것은 가능할 수 있다. 그
러나 절대악을 직면하는 것은 드물기도 하려니와 충격적인 경
험을 의미한다.[46]

　　이미 1935년 영국의 타비스톡(Tavistock) 병원에서 행한 분석
심리학에 관한 일련의 강의에서 융은 그림자의 세계(Shadow-
world)에 대해 언급했다. 그는 심리학적 유형설에서 말하는 정신

의 네 가지 기능 중 가장 발달되지 못한 열등기능이 항상 우리 자신의 고태적 인격과 연결되어 있고 분화된 기능의 측면에서 보아 우리는 문명인이지만 열등기능에서 보면 미개인이라는 것이다. 이어 융은 의식의 내배엽성(內胚葉性) 정신기능(endopsychic function)을 거론했다. 그것은 '자아 밑에 있는 것'을 가리키는데, 자아란 어두운 것들이 포함된 큰 바다에 떠 있는 의식의 단편일 뿐이다. '어두운 것들'은 내적인 것이며, 우리가 알고 있는 정신세계를 가리키는 외배엽성 정신세계(ectopscyhic world)를 잇는 의식 문턱 저 너머 그림자의 세계라는 것이다(〈그림 9〉).[47]

그곳에서 자아는 약간 어둡다. 우리는 그 속을 들여다볼 수 없다. 우리는 우리 자신에게 수수께끼다.[48]

내배엽성 정신의 측면에는 의식기능의 '주관적 요소'들이 있는데 이들은 우리가 낯선 사물을 대할 때 항상 끼여들어 그것을 제대로 보지 못하도록, 또는 부정확하고 부당하게 보도록 한다. 그런데 사람들은 이런 현상을 인정하지 않는다. 우리는 그런 주관적인 부적절한 반응을 그림자 속에 버려둔 채 자기 자신은 늘 완벽하고 친절하고 성실하고 솔직하며, 단지 너무 의욕적일 따름이라고 생각한다. 융이 '주관적 요소'라고 말한 것이 그림자의 개념에 해당됨은 다음의 말에서 짐작된다.

실체로서의 그림자—그림자를 잃은 사람들

또한 그는 신체가 우리 정신의 그림자세계일 수 있다는 사실도 지적했다.

그것들은 우리 자신의 내면과의 관계에서 매우 중요한 부분을 차지하고 있다. 여기서 그것은 분명 우리의 신경을 건드리는 것들이다. 우리가 자아의 그림자세계에 들어가기 싫어하는 이유가 여기에 있다. 우리는 우리 그림자의 측면을 보기를 좋아하지 않는다. 그래서 우리의 문명된 사회에는 그림자를 모두 잃어버린 사람, 그림자를 제거해 버린 사람들이 많다. 이들은 오직 이차원적인 존재다. 그들은 제3의 차원을 잃어버렸다. 그럼으로써 그들은 신체를 잃어버린 것이다. 신체는 가장 의심쩍은 친구다. 왜냐하면 그것은 우리가 좋아하지 않는 것을 만들어내기 때문이다. 몸에 대해서는 말로 언급할 수 없는 것이 너무나 많다. 몸은 자아의 이런 그림자의 인격화다.[49]

그림자는 낡은 방식들(old ways), 낡은 인격(old personality), 안일한 것들(easygoing things),[50] 인격의 열등한 부분,[51] 부정적 측면[52]이며 감추어진, 바람직하지 않은 성질의 총화, 잘 발전되지 못한 기능들[53]이며, 강렬한 저항에 의해서 억압되고 있는 것으로 정의된다. 물론 융은 그림자가 예외적으로 긍정적이고 새로운 이미지로 나타날 수도 있음을 시인하고 있지만 적어도 우리의 꿈속에 나타나는 그림자의 모습이나 투사에 의해서 자기 밖에서 보는 그림자의 대부분은 자아의식의 눈으로는 부정적이며 열등한 성격을 띤다. 그림자가 무의식에서 긍정적인 모습으로 나타나는 경우란 대개 그 사람의 자아가 지나치게 자기의 인격을 낮추어보는 경우뿐이다.

다른 한편으로 그림자는 무의식의 '다르게 하고 싶은 마음' (Anderswollen)이며 그 '열등한' 인격 속에는 의식생활의 법과 규칙을 따르지 않으려는 온갖 '불순종'(不順從)이 들어 있다고 융은 말한다. 그런데 우리가 우리 속의 그러한 경향을 비판적으로 시인하고 실현시킬 수 있을 때 그림자의 의식과의 통합이 이루어지며, 그런 작업은 곧 불순종과 분노를 유도하는 동시에 우리에게 필요한 자립성을 갖게 한다. 그것 없이는 개성화(Individuation)를 생각할 수 없다. 만약 윤리(Ethik)가 의미를 가지려면 유감스럽게도 다르게 하고 싶을 수 있음(Anderswollen können)이 살아 있어야 한다는 것이다.[54]

1928년부터 1930년까지 영어로 행한 꿈의 분석 세미나에서 융은 한 회사사장과 그의 매부와의 관계가 드러난 꿈을 해석하면서 그림자는 항상 '뒤따르는 자'(followers)라고 했다.[55] 고대인들은 그림자를 영혼과 동일시했는데 심리학적인 그림자의 개념은 고대 그리스인이 시노파도스(Synopados, 뒤에 따르는 자)라는 말로 표현한 관념을 내포하고 있다는 것이다. 그리스인들은 만질 수는 없으나 그럼에도 살아 있는 현존감(現存感)을 표현하기 위해서 이런 말을 썼다.[56] 그러면서 왜 우리는 그런 모습을 그림자라고 번역해야 할까 하고 반문한다.[57]

사람이 빛을 향하면 향할수록 뒤의 그림자는 커진다. 혹은 사람이 의식의 빛에 눈을 돌리면 돌릴수록 등뒤에서 그림자를 느낀다. 그림자라는 용어는 고대의 관념과 완전히 일치한다.

그림자는 우리의 탄생의 별을 지배하는 동반자, 즉 태어나면서

인간이 갖게 되는 것 ─ 융은 그림자의 원초성, 초개인성에 대해서도 언급했다.[58]

희고 검게 변하는 얼굴을 가진 신, 그것은 모든 사람 안에 있는 모순된 측면을 가진 '신령'이다.

그는 영화나 책에서 볼 수 있는 그림자 없는 사람을 언급하면서 그림자의 상실은 곧 인간존재의 구체적 현실의 상실이며 무의식으로부터 분리된 상태임을 시사했다.

우리가 세계에서 보는 것은 전체성과는 거리가 멀다. 그것은 단지 표면일 뿐이다. 우리는 세계의 실체(substance)를 보고 있는 것이 아니다. 다른 말로, 칸트가 '물(物) 그 자체'(Ding an sich)라고 한 것을 보고 있지 않다.
그러므로 우리는 세계의 다른 반을 필요로 한다. 즉 그림자의 세계, 사물의 안쪽을 말이다.[59]

그러면 그림자는 인간이 짊어지고 다녀야 할 영원한 숙명이고 인간은 다만 그림자의 나쁜 영향을 어떻게든 모면하고자 발버둥칠 수밖에 없는 존재인가. 무의식의 욕구라든가, 죽음의 본능 등 위험한 충동만을 가지고 있다는 관점에서 본다면 나쁜 영향을 승화하는 길밖에 없을 것이다.
그러나 앞의 인용에서도 볼 수 있듯이 융의 그림자 개념은 성악설(性惡說)이니 성선설(性善說)이니 하는 이원적(二元的) 개념과는 거리가 멀고 고정된 죽은 개념도 아니며, 불변의 심리적 조건도 아닐 뿐더러 움직이고 변할 수 있는 살아 있는 실체다. 그림자는 열등하게 보이고 또 그렇게 나타나지만 개인적 무의식의 그림자는 의식화로써 분화 발달되고 창조적으로 변환될 수 있는 것이며, 원형적 그림자인 경우 비록 그것이 불변의 충격적인 인간속성을 표현한다고 하더라도 그에 대한 인식은 인간본성의 전체성을 인식하는 데 필수적이다.

그림자의 인식

융의 정신구조에 관한 모든 개념이 그러하듯, 그 구조와 기능을 설명하는 용어는 용어로서의 이론적 가치보다 실제 삶의 현장, 정신치료의 현장에서 적용하고 체험하기 위한 도구로서 중요한 것이다. 그림자에 관해서도 융은 언제나 그림자의 개념과 함께 그 의식화, 그 인식과정의 중요성을 강조하고 있다. '그림자'라는 말이 그런 의미에서 얼마나 적절한 것인가를 융은 지적하고 있다.

'열등한 인격 부분의 인식', 그것의 앎을 지성주의적 현상으로 얼버무려서는 안 된다. 왜냐하면 그것은 전체인간에게 미치는 체험과 고통을 의미하기 때문이다. 통찰하고 동화하여야 할 성질은 '그림자'라는 말을 가진 시적인 언어를 너무도 적절하게, 너무도 생생하게 표현하고 있어 이 어휘의 사용을 무시한다는 것은 거의 불손하다고까지 말할 수 있을 정도다. '열등한 인격 부분'이라는 말 자체가 벌써 적절하지 않고 잘못 다루어질 여지가 있다. 이에 대해서 그림자라는 용어는 내용상 결정할 만한 아무 것도 가정하고 있지 않다. '그림자 없는 사람'이란 통계적으로 가장 흔한 인간유형으로, 자기가 자신에 관해 알고 있는 그런 존재를 유지하고 있다고 착각하는 사람들이다. 유감스럽게도 이른바 종교적인 인간이나 과학적인 입장에 서 있다는 사람들도 이 법칙의 예외가 아니다.[60]

1935년 타비스톡 병원 의사들에게 행한 강의에서 융이 그림자를 포함한 내배엽적 정신세계, 즉 자아 밑의 세계를 아직 미지의, 앞으로 인식해야 할 새로운 인격의 한 부분으로 지칭한 것은 매우 중요하다.

거의 해마다 우리는 전에는 몰랐던 어떤 새로운 것이 우리 속에서 모습을 나타내는 것을 본다. 우리는 늘 이젠 우리의 내면적 발견이 끝났다고 생각한다. 그런데 그렇지가 않은 것이다. 우리는 계속 우리가 이것이라는 것, 우리가 저것이라는 것, 또는 그밖의 다른 것임을 발견하고 때로는 깜짝 놀랄 만한 경험을 한다. 이것은 바로 언제나 거기에 아직 무의식적인 우리 인격의 한 부분이 있다는 것, 그것은 지금도 이루어지고 있다는 것, 우리는 미완성이라는 것, 우리는 자라고 변화한다는 것을 드러내는 것이다. 그러나 우리가 여러 해를 거쳐 이루게 될 미래의 인격은 이미 그곳에 있다. 다만 그것은 아직 그림자 속에 있을 뿐이다.[61]

이것은 융의 인간인식을 단적으로 나타내는 매우 인상 깊은 통찰이다. 우리 속에 있는 "미래의 인격은 아직 보이지 않으나 우리는 그 미래의 인격 주변을 맴돌고 미래의 존재를 보게 되는데 그렇게 할 수 있는 잠재력은 물론 자아의 어두운 측면에 속한다"고 융은 말한다.

　　우리는 우리가 무엇이었는지를 잘 안다. 그러나 무엇이 될 것인지는 모른다.[62]

우리가 무엇이 될 것인지를 아는 출발의 첫 단계에 그림자가 있다.

그것은 대부분 의식된 뒤 의도적으로 제거된 '반사회적 요소'의 몫을 차지하는 통계적 범죄자다. 그러나 의식되어 있다가 단지 억압된 요소들은 그리 뚜렷이 나쁜 성격을 가지고 있지 않으며 또한 진정으로 '반사회적'인 것도 아니다. 그것은 인습에 꼭 맞지 않고 사회에 어울리지 않을 뿐이라고 융은 말한다.[63] 억압하는 이유도 마찬가지로 분명치 않다. 어떤 사람은 단지 겁쟁이어서 그렇게 하고, 다른 사람은 인습적인 도덕규범 때문에, 또 다른 사람은 남의 평판 때문에 억압한다.[64]

상대악 또는 절대악으로서의 그림자

개인적 무의식의 내용으로서 그림자가 가지고 있는 상대악으로서의 의미에 대하여 융은『종교와 심리학』에서도 비슷한 말을 하고 있다.

　　그림자는 대개 단지 낮은 것, 저급한 것, 미개한 것, 적응이 안 된 것, 다루기 힘든 것일 뿐 절대적으로 악한 것이 아니다. 그것은 또한 원시적인 성격을 내포하고 있으며 인간적 실존을 어느 정도 활성화하고 풍성하게 만들어줄 수 있는 것이다.[65]

융은 『아이온』(Aion)에서도 겉보기에 낮고 열등한 성격을 띠는 그림자가 사실은 창조적 성질을 가지고 있다는 사실을 지적한다.

우리는 무의식적 인간, 즉 그림자가 도덕적으로 비난할 만한 경향으로만 이루어진 것이 아니라 일련의 좋은 성질, 즉 정상적인 본능, 창조적 충동 등도 나타내고 있음을 발견할 수 있다. 이러한 인식단계에서 악은 그 자체로는 자연스러운 사실의 왜곡, 변형, 곡해, 무분별한 적용으로 나타난다. 이와 같은 찢김과 희화는 마침내 아니마와 아니무스의 특수한 작용으로서, 후자는 악의 근원자이며 원조로서 나타난다.[66]

의식에서 억압되어 이루어진 개인적 무의식의 내용으로서의 그림자는 이른바 크게 해롭지 않고 의식화하여 분화된 태도로 변화할 수 있는 상대악이다. 그러나 절대악이라 부를 만한 집단적 무의식의 원형적 그림자는 다른 원형과 마찬가지로 의식이 그것을 수용하기가 결코 쉽지 않다. 그만큼 엄청난 파괴력과 무자비함과 충격적인 반응을 일으킬 수 있는 것이다. 그러나 원형층이 인간 무의식의 원천을 이루고 있는 살아 있는 것인 이상 우리가 원형적 그림자를 존재하지 않는 것처럼 무시할 수 있는 것은 아니다. 언제나 개인적·사회적 재앙은 우리 안에 무서운 것이 존재하느냐 존재하지 않느냐를 따지는 일에 달려 있지 않고 그것을 인식하느냐 인식하지 않느냐에 달려 있다. 그 성질과 그 실체를 용감하게 직면하는 것 — 그럴 때 인간은 세계를 위해 무엇인가 기여하는 것이라고 그는 말한다.

　　그림자를 인식하는 것은 보통의 정도를 넘어서는 도덕적 능력을 의미한다.[67]

"그림자는 자기 인격의 전체를 동원하도록 요구하는 도덕적 문제"라고 융은 말한다. 현저한 도덕적 결단에 의거하지 않고는 아무도 그림자를 인식할 수 없기 때문이라는 것이다. 자기 인격의 어두운 측면이 자기 안에 존재한다는 인식은 모든 자기 인식의 필수적인 토대를 이루지만 그러한 인식은 늘 커다란 저항에 부딪치게 마련이다. 그림자를 형성하는 어둡고 열등한 성격의 경향을 자세히 살펴보면 통제할 수 없는 자율성과 강박적인 집착성, 격정이 개입한다는 사실을 발견한다. 그런 강박적 격정은 항상 적응이 가장 덜된 부분에서 일어나며 적응의 약화, 인격의 낮은 수준을 노출시킨다.[68]

　그림자는 통찰과 선한 의지로 어느 정도 의식된 인격에 통합할 수 있으나 도덕적 통제에 완강하게 저항하여 거의 영향을 입지 않는 경우가 있는데 그것은 대개 그림자가 투사되어 있는 경우다. 그림자는 자신의 인격의 부정적 측면이므로 쉽게 남에게 투사되어 자신 속에는 없는 것처럼 여기게 되므로 투사를 거두는 데 상당한 저항을 보이는 것이다.

　불행히도 인간은 전체적으로 볼 때 그가 상상하거나 그러기를 원하는 만큼 좋은 것이 아님은 의심의 여지가 없다고 말한 융은 "누구나 그림자를 거느리고 있고, 개인의 의식된 삶 속에 실체화되어 있는 정도가 낮으면 낮을수록 그림자는 더욱 검고 더욱 진해진다"고 했다.[69] 그런데 그 열등성이 의식화되면 그 열등함을 교정할 기회가 생긴다.

우리는 우리의 과거를 함께 걸머지고 있다. 즉 원시적이며 탐욕스럽고 격정적인 열등한 인간을 걸머지고 있다. 이 짐을 벗으려면 엄청난 노력을 해야 한다. 그림자의 억압으로 노이로제가 되면 우리는 현저히 강화된 그림자와 직면하게 된다. 환자가 치유되기 위해서는 의식된 인격과 그림자가 함께 살 수 있는 길이 발견되어야 한다.[70]

의식된 인격과 그림자가 함께 살도록 하는 데는 우리의 노력이 필요하지만 그것은 그림자를 포함한 무의식의 고유기능이기도 하다.

그림자는 인격의 살아 있는 한 부분이며 그러므로 어떤 형태로든 함께 살고자 한다. 우리는 그것을 내쫓을 수도 없고 순진하게 궤변을 농할 수도 없다. 이 문제는 비길 데 없이 어렵다. 왜냐하면 그것은 전체인간을 그 구도 위로 불러낼 뿐 아니라 동시에 그 사람에게 그의 절망과 무능을 기억하게 하기 때문이다.[71]

그림자의 실체성, 상대악 및 절대악적 측면, 그림자의 열등성과 창조성, 그림자 인식의 중요성과 어려움은 융의 저작 중 여러 곳에서 되풀이하여 언급되고 있다. 그림자의 문제는 결국 정신의 전체성과 결부된다. 그림자는 좋고 나쁜 것이 아니라 정신생활의 살아 있는 조건이다. 그것이 있음으로써 사람은 사람다워진다. 삼차원의 존재가 된다. 그림자는 강력한 저항 아래 억압되어 있고 억압된 것이 의식됨으로써 정신적 대극(對極)의 긴장이 형성되는데 그것 없이는 어떠한 발전도 가능하지 않다.[72]

의식은 어느 정도 위에 있고 그림자는 밑에 있으며 높은 것은 언제나 깊은 곳을 향하고 열은 냉(冷)으로 향한다. 이와 같이 모든 의식은 정체, 삭막함, 혹은 목질화(木質化)라는 단죄를 받음이 없이 스스로도 예측하지 못한 채 그의 무의식적인 대극을 찾아 나선다. 오직 대극에서 삶의 불이 타오른다.[73]

그림자 개념은 결국 전체정신을 구성하는 어두운 대극, '자기'의 그림자에 귀착된다.

자기(Selbst)의 심리학적 개념은 한편으로는 전체인간의 인식에서 도출되고 다른 한편으로는 저절로 무의식에서 생긴 것으로서 내적인 모순에 의하여 결합된 저 원형적 4위로서 묘사되는 바, 밝은 모습에 속하는 그림자——그것없이는 그 상(像)이 실체성과 인간다움을 잃게 되는——를 무시할 수 없다. 빛과 그림자는 경험적 자기에서 역설적인 통일체(paradoxe Einheit)를 이루고 있다.[74]

자기는 그림자가 있음으로써 하나가 된다. 음과 양이 합쳐 도(道)를 이루는 것과 같다.[75] 『아이온』에서 융은 상위 인간의 4위와 그림자의 4위로 구성되는 정신의 전체상을 밝힌 바 있다.

우리의 경험이 미치는 한 인간성에서의 빛과 그림자는 같은 비율로 배분되어 있는 듯 보인다. 그래서 정신적 전체성은 최소한 오히려 억눌린 빛으로 나타나는 것 같다.[76] 사실 자기뿐 아니라 모든 원형은 본래 이롭고 이롭지 않으며, 밝고 어두우며, 좋고 나쁜 작용을 스스로 발전시키고 있다는 것이 증명되므로 우리는 결국 자기, 혹은 한 대극의 복합(complexio oppositorum)을 묘사한다는 것을 인식하지 않을 수 없다. 왜냐하면 대극 없이는 아무런 현실성도 없기 때문이다.[77]

그림자는 무엇인가. 일차적으로 개인적 무의식에 억압된, 앞으로 의식화되기를 기다리고 있는 열등한 인격의 한 측면이다. 그러나 그 가장 밑바닥 단계는 동물의 충동성과 더 이상 구별할 수 없는 것이다.[78]

그림자, 저 감추어진, 억압된, 흔히 열등한, 그리고 죄 많은 인격, 그 마지막 주자(走者)는 동물 조상의 왕국에 이르며 이로써 무의식의 모든 역사적 측면을 포괄한다.[79]

제3부

그림자의 투사현상

그림자는 어디서 어떻게 볼 수 있는가

1. 그림자의 투사현상

그림자의 이미지

그림자는 무의식의 이미지다. 자아는 자신이 어떤 그림자를 가지고 있는지 모른다. 그것은 자아에게는 보이지 않는 무의식의 그늘에 속하는 인격이기 때문이다. 그것은 오히려 자아의식으로서는 결코 있을 수 없는 성격, 가장 싫어하기 때문에 절대로 그렇게 되지 않으려고 노력해온 바로 그 성격이다. 그러므로 융의 수제자 마리 루이제 폰 프란츠가 그림자의 인식에 관해 다음과 같이 말한 것은 매우 적절하다.

만일 당신의 친구 중 한 사람이 당신의 결점을 비난할 때 마음속에 심한 분노가 끓어오르는 것을 느낀다면 바로 그 순간 당신은 자기가 의식하지 못하고 있는 당신 그림자의 일부를 발견할 것이다.[1]

폰 프란츠는 더 나아가 만약 다른 사람이 아니라 당신 자신의 꿈, 당신 자신의 존재 안에 있는 내부의 심판관이 당신을 비난한다면 무엇이라 말하겠는가 반문한다. 그때야말로 자기 자신의 그림자를 깨달을 수 있는 순간이며 이때부터 그림자를 의식화해 나가는 고통스럽고 지루한 작업이 진행된다고 그녀는 말한다. 앞에서 그림자가 통제할 수 없는 격정을 불러일으키고 가장 적응이 안된 곳에서 노출된다고 한 융의 말은 바로 이와 같은 상황을 지적하는 것이다. 우리가 대인관계에서 버럭 화부터 내는 것은 우리 무의식의 '아픈 곳'이 건드려졌기 때문이며 '아픈 곳'이란 곧 격한 감정을 내포하고 있는 무의식의 콤플렉스인 것이다. 사람들은 누구나 그런 반응을 일으킨다. 다만 무엇에 의해서 마음속의 어떤 부분이 자극을 받느냐가 다를 뿐이다.

차를 운전하면서 항상 경험하는 것이 있다. '나도 모르게' 입에서 욕설이 튀어나오는 때가 있다. 점잖은 처지에 어떻게 입에서 그런 욕설이 나오는지 순간 얼굴을 붉히게 된다. 물론 앞차가 잘못을 했다. 그러나 욕할 만큼 잘못한 것은 아니다. 사소한 계기에 순간적으로 무의식의 그림자가 통제할 겨를도 없이 먼저 튀어나온 것이다.

그림자의 이미지는 우리가 가지고 있는 그밖의 모든 무의식의 내용과 함께 일차적으로 꿈에서 발견된다. 그것은 의식에서는 배제되었고 의식의 입장에서 자기 속에는 있을 리 없다고 부정하는 태만, 불성실, 비겁, 탐욕, 책략 등 온갖 열등한 성격의 한 부분이다. 그러므로 그림자를 보고 그림자를 의식화하려면 무의식의 표현인 꿈을 분석해보아야 한다.

앞에서 폰 프란츠가 말했듯이 자기를 무척 화나게 하는 다른 사람의 지적을 통해서라도 조금만 자신을 돌이켜본다면 자기가 지니고 있는 그림자의 특성을 막연하게나마 알아차릴 수 있게 된다.

전문가에 의한 무의식의 분석을 거치지 않고 스스로 자기의 그림자를 볼 수 있는 방법이 있다. 무의식의 그림자를 밖으로 투사(projection)했을 때 그 투사대상을 향한 자기의 감정을 살펴보는 일이다. 무의식적인 것은 무엇이든 투사될 수 있다.

나쁜 것은 남에게만 있다고 생각함으로써 괴로운 마음을 피하려는 자기방어의 수단으로서만 아니라 자기의 무의식적인 마음의 일부를 의식화할 수 있는 기회를 갖도록 하는 목적으로도 투사현상이 일어난다. 투사는 자신을 돌이켜보고 다른 대상으로 떨어져나간 자기의 분신을 되찾아올 수 있는 좋은 기회가 될 수 있다. 아직 밖으로 투사되지 않은 무의식의 내용도 있다. 꿈의 분석처럼 무의식의 심층을 들여다보는 특수한 방법을 쓰지 않는 이상, 우리는 우리 마음 깊은 곳에 무엇이 들어 있는지 모른다.

그러나 무의식의 내용이 밖에 있는 어떤 대상에 투사되면 우리는 최소한 우리 안에 있는 것을 투사대상 속에서 경험하게 되고 그런 경험을 통해서 자기 마음속의 무의식적 내용을 깨달을 수 있는 기회를 갖게 된다. 물론 사람들은 투사를 통하여 의식이 받아들이지 않는 좋지 않은 성격 경향은 모두 남들에게 있고 자기에게는 없다고 생각하고 싶어한다.

그러므로 투사된 그림자상을 자기 자신의 것으로 되찾아오는 작업에는 많은 노력과 용기가 필요하다. 누가 무슨 그림자를 누구에게 투사하고 있는지는 자신보다도 자신을 잘 아는 제3자의 눈에 더 잘 띄게 마련이다. 그러나 분석작업에 들어가기 전에 심리학적으로 자기의 그림자를 알고자 하는 사람은 투사현상의 특성을 알고 자기 마음을 성찰하는 태도를 가지면 어느 정도 자기의 그림자를 일시적이나마 알 수 있게 될 것이다.

비슷한 세대, 같은 성의 청소년 친구들, 직장동료 사이의 관계에서 우리는 흔히 다음과 같은 경험을 한다. '왠지 모르게 공연히' 싫은 사람, '이유 없이' 내 비위를 거슬리는 동료, 선배, 후배가 있을 수 있다. "그 친구는 주는 것 없이 미워" "사람이 덜되었어" "건방져" "간사해" "여우 같애" "게을러" "사이코야" "사이코패스(정신병질자)!" "더럽고 치사하고 추잡해" "돈만 아는 노랭이" "엉큼하고 능구렁이에 색한(色漢) 같애" "점잖은 위선자" "이중인격자" "거짓말쟁이" "한마디로 속물이지!" "사람이 너무 꼬장꼬장해" "까탈스러워"—이렇게 감정이 섞인 말투로 남을 비평할 때는 그림자의 투사현상이 일어나고 있을 가능성이 크다.

그림자는 보통 부정적이고 열등한 성격의 이미지로 나타나기 때문에 그것이 투사된 인물에게 향하는 감정은 늘 좋지 않은 성질을 띤다.

어떤 사람에게 '나도 모르게' '공연히' '알 수 없는' 거북한 느낌, 불편한 감정, 혐오감, 경멸하는 마음이 일어난다면 분명 그곳에는 무의식의 투사가 일어나고 있고 대개 그 내용은 '자아'의 그림자에 해당된다. 다른 사람과 대화를 나누는 도중 그 사람에 관한 말이 나오면 공연히 기분이 언짢아진다든가 그 또는 그녀에 관한 좋지 않은 평을 꼭 한마디 하고 지나가야만 직성이 풀린다고 할 경우, 여기에도 그림자의 투사가 일어나고 있는 것이다. 물론 왜 싫은지 그 이유를 열거할 수 있는 경우도 있다. 그러나 그를 향한 감정은 필요 이상으로 격렬하여 통제하기 어렵다.

투사현상의 특징

투사란 어떤 대상에 대하여 강력한 감정반응을 일으키고 자아가 그 대상에 집착하게 만든다. 투사가 일어났을 때 자아는 그 대상에 대하여 초연해질 수도 무관심할 수도 없다. 이것이 투사현상의 특징이다. 투사는 무의식적으로 일어나므로 자신은 그것이 투사된 자기의 마음인지를 모른다. 그러나 앞에서도 언급한 대로 그를 잘 아는 사람 눈에는 그가 비난하고 싫어하는 성격의 경향이 바로 그 사람 성격의 일부라는 것이 보인다.

어떤 사람이 한 좌중에서 청렴결백하고 고지식한 누군가가 부정부패의 혐의를 받고 있다는 신문보도 이야기가 나오자 몹시 언짢은 표정으로 "그 사람 너무 독선적이야" "혼 좀 나야 해" "그런 사람이라고 돈에 더럽지 말라는 법 없지"라고 말한다. 그러나 사실 그 자신은 겉으로는 점잖으나 매우 독선적이고 돈에 더러운 것으로 정평이 나 있는 사람이었다. 신문보도에 관한 이야기는 그의 마음속의 그림자를 건드렸고 그것은 인식되기 전에 즉시 다른 대상에게 투사된 것이다.

물론 상대방의 성격 속에 실제로 독선적인 면이 있고 속물근성이 있으며 '위선적'이고 '좋지 않은 면'이 있을 수 있어 사람들이 그것을 정확하게 알아차리고 지적하는 경우도 많다. 그러나 그림자의 투사가 일어날 경우 그런 열등한 성격이 유난히 두드러져 보이고 주관적인 감정에 사로잡혀서 그 사람 성격의 긍정적인 측면을 볼 수 있는 마음의 여유가 거의 없다.

이렇게 다른 사람 속에 있는 열등한 인격의 측면은 자신의 그림자의 투사로써 상대방이 실제로 가진 약간의 성격상의 열등성을 훨씬 과장하여 그를 아주 나쁜 사람으로 만든다. 그런데 '그 나쁜 사람'의 상당부분은 사실 그 사람의 무의식에 자기도 모르게 도사리고 있던 자기 마음속의 그림자였던 것이다. 그리하여 인간은 똥 묻은 개가 겨 묻은 개를 향해 짖듯이 남의 잘못과 나태함과 위선은 질타하면서도 자기 마음속에 든 도둑심리는 보지 않는다.

그림자의 투사와 '거룩한 분노'

그러면 사회정의를 위하여 진정으로 잘못된 것, 인권유린, 부정부패를 규탄하는 마음이 모두 그림자의 투사현상이란 말인가 하는 의문이 생길 것이다. 그럴 수는 없다. 인간이 악에 대하여 갖는, 마음의 밑바닥에서 솟구치는 분노(거룩한 분노, heiliger Zorn)는 당연히 개인적인, 또는 집단적인 그림자의 투사체험과 구별해야 할 것이다. 그러나 우리가 '악'이라고 하는 것이 무엇이냐, '악'을 규탄하는 '선'의 관점이란 무엇이냐를 따져본다면 이는 결코 간단히 단정지을 문제가 아니라는 것을 알게 될 것이다.

'거룩한 분노'는 오직 개인적인 그림자의 투사를 거두고 자기 자신(Self)의 전체정신과 일치된 관점에서 세계를 볼 수 있을 때 나오는 것이다. '의식'과 '무의식', '나'와 '자기'가 하나된 마음의 표현일 때 그것은 진정한 의미의 거룩한 분노일 수 있다. 자신의 마음이 분열된 상태에서 내리는 세계에 대한 판단은 나의 마음과 객체가 뒤섞인 분열된 세계상일 수밖에 없다. 의식과 무의식이 따로따로 노는 것이 정신의 해리상태이고 하나로 합치는 것이 전체정신의 실현이라면 전체정신은 오직 각자의 무의식──자기가 평소에 못 보고 있는 자기의 속마음──을 살펴보는 자기인식을 통해서 이루어진다. 거룩한 분노는 남의 죄를 단죄하기 전에 자기의 잘못을 먼저 반성할 줄 아는 사람만이 가질 수 있다. 그런데 그럴 수 있는 사람이 몇이나 되겠는가?

"너희들 중에 죄 없는 자만이 이 여인을 치라." 간음한 여인을 돌로 쳐죽이려고 모여든 군중에게 예수가 한 말씀이다. 사람들은 하나둘씩 떠나가고 결국 예수와 여인만이 남았다. 내가 보기에는 그 말을 듣고 물러선 당시의 유대인들은 그래도 선량한 사람들이었다. 이 세기말적 광분의 시대, 가치전도의 시대에 누가 그런 말에 자신의 죄를 생각하고 물러나겠는가. 아마 내부의 회의를 보지 않기 위해 한층 더 목소리를 높여 "저 여자를 죽여라!" 하고 외칠 것이다.

그리고 우리는 이미 한국전쟁을 통해 "반동분자 처단하라!"는 구호가 드높이 외쳐진 인민재판의 피비린내나는 조직적·집단적 처단의 현장을 경험한 바 있다. 중국의 문화를 송두리째 파괴한 문화혁명 당시 홍위병들의 문화인 처단도 그림자의 집단투사를 바탕으로 빚어진 사건이다. 비록 그 정도에는 차이가 있다고 하겠으나 비슷한 집단적 단죄는 세계 도처에서 일어나고 있고 뒤에 언급될 여러 크고 작은 사회사건을 만들어냈다.

편견, 선입관념, 속단……'틀림없이 나쁜 생각을 가지고 있을 거야'에서 곧장 '나쁜 놈'의 단죄가 유도되는, 우리 사회에 만연하는 흑백판단과 불신풍조는 건전한 사회의 발전을 저해한다. 이런 풍조를 고치지 않고 사회의 성숙한 발전은 기대할 수 없다. 이것을 고치려면 비난하고 욕하고 헐뜯는 대상에 투사된 우리 마음의 반쪽·그림자가 어떤 것인지를 알고 우리 자신으로 되돌려 받는 개개인의 의식화 작업이 필요하다. 그림자가 무엇인지를 아는 작업은 그래서 중요한 것이다.

대인관계에서 나타나는 그림자의 문제

이미 앞에서 시사했듯이 그림자의 투사는 상호간의 불신과 반목, 증오와 갈등을 일으키는 계기가 된다. "그는 틀림없이 그런 나쁜 의도를 가지고 있을 거야"라는 터무니없는 선입견을 서로 상대방에게 가지고 있으면 그림자의 상호투사는 두 사람 사이의 오해의 골을 더욱 깊게 만들고 상대방이 조금이라도 투사된 그림자의 내용과 비슷한 행동을 보이면 "그것 봐, 내 말이 틀림없잖아. 그는 그런 사람이야"라고 단정지음으로써 투사를 강화한다.

그림자의 투사는 직장동료나 선후배, 청소년 친구 사이에서만 일어나는 것은 아니다. 모든 인간관계에서 크든 작든 자주 일어난다. 형제 자매는 물론 시누이 올케 사이, 또는 세대간, 아버지와 아들, 어머니와 딸, 시어머니와 며느리 사이 등, 권위적 존재와의 관계에서도 그림자의 상호투사가 일어날 수 있다. 아들은 아버지를 실제 이상으로 무서워하고 며느리는 시어머니를 필요 이상으로 거북하게 느끼거나 어려워하고 시누이 올케 사이에서도 서로 지나치게 예민하게 반응하는 경우 우리는 그림자의 투사현상을 짐작할 수 있다. 사람들 사이의 오해는 항상 무의식적 투사에서 비롯된다. 가족 중에 온 가족이 미워하는 구박둥이이며 '미운 오리 새끼'를 만들어내는 것도 가족성원의 그림자의 투사에서 비롯된다. 이 경우에는 그림자의 개인적인 투사라기보다 집단적인 투사의 결과다.

동반자로서의 그림자의 짝

그런데 때로는 가족관계에서 부모의 그림자를 자식이 대변하는 경우가 종종 있다. 그림자가 투사되기 전 무의식간에 다른 사람에게 옮겨가는 경우다. 딸이 어머니의 그림자를 의식 또는 무의식간에 자기의 삶 속에 받아들임으로써 어머니의 무의식의 그림자를 자극하는 경우가 있다. 기겁을 한 어머니는 어머니대로 자기의 그림자를 보지 못하고 딸에게 투사하여 딸의 잘못된 행동을 야단치거나 몹시 걱정하고 통제하려 든다. 그것은 둘 사이의 관계를 더욱 악화시키다가 결국 둘다 불행해진다.

그림자란 대개 모든 면에서 열등한 성격측면이므로 도덕적으로 열등한 경향을 띠고 있다. 도덕적으로 완벽하며 이성관계에 대해서도 매우 엄격하고 모든 면에서 금욕적 생활을 지향하는 어머니의 무의식에 억압된 자유로운 사랑에 대한 욕구, 육체적 · 감각적 쾌락, 물질적 탐욕, 사치하고 싶은 마음 등 여러 특징을 가진, 그런 그녀의 그림자는 우연처럼 딸에 의해 계승되어 실천으로 옮겨지는 경우가 있는 것이다. 어머니가 잘 숨겨진 그림자를 무의식간에 의식표면에 노출하여 딸이 그것을 눈치채고 실행에 옮기는 수도 있고 이심전심으로 무의식간에 딸에게 전달되는 수도 있고 이를 발견한 어머니가 딸의 '방종한' 행동을 비난함으로써 더욱 그런 행동을 부채질하기도 한다. 이 경우에는 딸의 '부도덕한' 행동을 고치기 전에 어머니의 '부도덕한' 그림자문제부터 해결해야 한다.

아버지와 아들의 관계에서도 비슷한 예를 볼 수 있다. 자타가 공인하는 성직자의 망나니 아들도 이와 같은 그림자의 무의식적 배열 또는 옮김의 결과일 수 있다. 청소년문제를 다룰 때 부모들의 의식뿐 아니라 무의식 또한 살펴볼 필요가 있는 것도 그 때문이다.

  사회적으로 선한 사람이 악한 반려자를 거느리는 경우가 있다. 그는 괜찮은 사람이지만 참모나 비서는 고약한 사람이라든가, 청렴결백한 가난한 학자와 유능한 투기꾼 마누라와 같은 결합을 우리는 현실에서 드물지 않게 발견할 수 있다. 범죄자의 이중인격적 특질에 대해 언급하면서 융은 범죄자가 한편으로는 질병을 앓음으로써 범죄적 충동을 해소하는 경우가 있고 다른 한편으로는 얌전한 모습 밑에 숨어 있는 악한 본능을 다른 사람에게 옮겨서 그 사람으로 하여금 무의식간에 범행을 저지르게 하는 경우가 있음을 사례를 들어 설명했다.[2] '그에게는 결코 정적(政敵)을 죽일 생각이 없었다. 그러나 그의 심복인 정보당국의 책임자가 그의 속마음을 알고 그것을 결행했다'——이런 말로 대변될 수 있는 사건을 우리는 역사적 사실뿐 아니라 문학작품에서도 종종 볼 수 있다.

  러시아의 문호 도스토예프스키의 유명한 소설 『카라마조프의 형제』 가운데 간질을 앓던 음산한 성격의 이복동생 스멜자코프는 교양 있고 학식 높은 허무주의자인 형 이반의 속마음을 읽고 술고래인 망나니 아버지를 살해한다. 그는 이반의 그림자였을 뿐 아니라 가족의 그림자이기도 했다.

  우리의 그림자는 그와 같은 '나'의 어두운 반려자, '나'의 검은 대리인이다. 우리가 우리 자신의 무의식의 그림자를 의식하여 그것을 처리하지 않고 내버려두면 언젠가 그림자의 열등한 성격은 '나'를 사로잡고 내가 규탄하는 오물을 스스로 뒤집어쓰게 된다. 아니면 분열된 그림자가 가까운 사람을 통해 연출됨으로써 곤혹을 치르게 된다. 그러니 인간이 투사 없이 남의 죄를 심판한다는 것이 얼마나 어려운 일이겠는가. 그래서 성경에 '너희는 심판하지 말라' '칼로 심판하는 자는 스스로 그 칼에 망하리라'는 말이 있는 게 아닌가.

그림자의 짝은 물론 그렇게 항상 범죄적 성격을 띠고 나오는 것은 아니다. 세련되고 예리한 두뇌를 가진 사람에게 도덕적으로 큰 잘못이 없으나 어딘가 유치하고 어리석고 둔한 그의 그림자가, 점잖고 의젓하여 신중한 사람에게 경망스럽고 약삭빠르고 조심성 없는 성격의 그림자가 이들의 동반자로서 나타나는 경우도 있다. 내가 잘 아는 매우 지성이 번득이는 어떤 학자는 이상스럽게도 자기와는 전혀 다른, 좀 무디고 미련하고 학문적으로도 사실 별로 신뢰성 없는 사람들을 가까이 하면서 그럴싸하고 진부한 말에 감탄하고 심지어 존경까지 하는 것이었다. 나는 그렇게 '명석한' 사람이 왜 저런 '속물'들과 가까이 하는지 모르겠다고 속으로 불만을 가지고 있었다. 그러나 가만히 생각해보니 그 '속물'은 사실 나의 그림자였고 나는 그 지적인 학자에게 또 하나의 그림자 — 이번에는 긍정적인 '번득이는 지성인'을 투사해온 것을 알게 되었다.

괴테와의 대화를 쓴 엑하르트의 진부함, 괴테 작 『파우스트』에서 철학자 파우스트의 잔시중을 들면서 스승의 말을 하나하나 암기하고 있는 와그너는 그러한 그림자의 하나다. 물론 파우스트의 대자(對者)는 악마 메피스토펠레스라고도 할 수 있다. 그는 죽음의 세계에서의 왕자, 악을 대변하는 원형적 그림자다. 그러나 와그너는 개인적 그림자로서 내향적 사고기능을 주로 우세하게 써온 파우스트의 무의식의 열등한 감정과 열등한 외향적 사고를 대변한다. 개인적 또는 집단적 그림자의 특성은 융의 심리학적 유형

학설에 나오는 열등기능의 특성에 따라 좌우된다.

열등기능과 그림자의 문제 [3)]

심리학적 유형설에 관한 절에서 이미 설명한 대로 사람은 태어나면서 서로 다른 장기(長技)를 가지고 나오지만 그만큼 '약점'도 있게 마련이다. 내향적인 사람은 자기의 마음을 반성하는 데는 탁월한 능력을 가지고 있으나 남들의 마음을 살피는 데는 매우 서투르다. 사고형의 사람은 공사구분을 잘하고 합리적이며 이성의 법칙을 잘 구사하며 살아가는 장점이 있으나 사람과 사람 사이의 인정어린 관계를 형성하거나 깊이 공감하는 마음이 부족할 수 있다.

다시 말해서 사고·감정·직관·감각의 네 기능에 가장 발달된 주기능이 있으면 가장 덜 발달된 열등기능이 있으며 외향, 내향의 두 가지 일반적인 태도 가운데 어느 하나가 우세하면 다른 하나는 열세하다. 물론 무의식의 열등기능은 의식화과정을 통해 분화 발달시킬 수 있고 그렇게 되면 우월기능과 열등기능의 차이가 거의 없는 정도가 되지만 열등기능이 의식화되지 못한 상태에서는 그것이 다른 사람에게 투사되기 때문에 대인관계에서 여러 가지 오해나 반목을 일으킬 수 있다.

열등기능은 우월기능(또는 주기능)의 그림자라 할 수 있으며 또한 그림자에는 열등기능이 들어 있다. 정신의 네 기능(사고·감정·감각·직관)은 자신의 위치를 파악하는 기능이라 할 수 있는데 여기에 결손이 생기면 자기 자신을 제대로 볼 수 없게 된다. 그 결손은 특히 제4기능인 열등기능 영역에서 일어나기 마련인데 무의식에 머물러 밖으로 나오지 않던 제4기능은 시간이 감에 따라 주기능에 대항하여 자율적으로 강박적인 성향을 띠며 의지로써 누르기 어렵게 된다. 그것은 본능이 지닌 '전부 아니면 무'(all or nothing)의 성격을 나타낸다. 이것이 오랫동안 의식화되지 못한 채 억압되어 있으면 온갖 신경증성 해리의 원인이 된다.[4]

열등기능은 주기능의 상대극에 있고 주기능과 쌍을 이루고 있으므로 열등기능을 알려면 주기능이 무엇인지를 아는 것이 도움이 되고 반대로 열등기능을 알면 주기능이 무엇인지 짐작할 수 있다. 예를 들면 내향적 사고형의 무의식에는 열등한 외향적 감정이 있고 외향적 직관형의 무의식에는 열등한 내향적 감각이 숨어 있어 각각 이들 그림자의 특성을 이룬다. 열등기능의 상호투사는 대인관계에서 가치관의 대립으로 나타난다. 어떤 가치가 더 중요한가를 놓고 싸울 때 열등기능의 상호투사가 일어나는 것이다.

● 내향형과 외향형의 관계

극단적인 내향형은 그 무의식에 외향형 그림자를, 극단적인 외향형은 내향형 그림자를 가지고 있다. 무의식에 억압되어 있으므로 모두 미숙하고 열등한 경향이 있다.

극도로 내향적인 사람은 외향적인 사람을 매우 존경하고 과대평가하면서도 그와 함께 있으면 마음이 거북하다. 외향형이 잘할 수 있는 사교성을 부러워하고 용기와 적극적 행동이 가져다주는 성과를 인정하면서도 왠지 편안치 않은 마음이 한구석에 있다. 그것은 기본적으로 외향형이 내향형과 달리 주체에 입각한 가치보다 객체중심의 가치를 중요하게 여기기 때문이다. 외향형은 외부적인 성과, 눈에 보이는 결과, 많은 사람의 평가를 중시하나 내향형은 보이지 않는 정신적 내면에 충실하며, 결과보다는 과정을, 다수보다는 소수의 신념을 중히 여긴다.

〈그림 10〉 내향형과 외향형이 서로 무의식의 열등기능을 상대방에게 투사하면
상대방을 과대 또는 과소평가하게 된다.

　학문적인 대립이나 정책방향을 둘러싼 의견대립은 크게 내향적
태도와 외향적 태도 사이의 대립에서 나온다. 여기에 미숙한 무의
식의 태도가 서로 상대방에게 투사되면 의견대립은 극한 투쟁으
로까지 진행된다. 내향형은 외향형에게 겉치레, 전시효과만 노리
는 속이 빈 사람이며 시류에 영합하고 지나치게 현실주의적이며
지조가 없는 기회주의자이며 잘난 척하고 설치고 돌아다닌다고
비난한다. 반면에 외향형은 내향형더러 현실을 모르는 고집불통
의 몽상가, 이상주의자, 저만 잘났다고 하고 저만 옳다고 우기는
교만한 사람이라고 비난하며 서로 말이 안 통한다고 한다.
　이러한 상호간의 비난은 사실 조금씩은 상대방이 실제로 가지
고 있는 성격이나 특징을 지적하고 있다. 그러나 자신의 그림자,

〈그림 11〉 소심한 내향형 청년들은 흔히 무의식 속에
권력지향적인 그림자를 갖고 있다.

즉 열등기능의 투사 때문에 상대방 성격의 부정적 측면만이 두드
러지게 과장되어 내향, 외향 두 유형이 가지고 있는 건설적인 측
면을 보지 못하게 된다. 그러므로 사물의 실상을 정확히 파악하려
면 자신의 열등기능을 인식하는 일이 매우 중요하다(〈그림 10〉).

지나치게 내향적인 사람들은 꿈속에서 흔히 큰일을 한다. 대통
령과 악수를 나누거나 권력자들과 만찬을 함께 하거나 또 때로는
용감한 투사처럼 데모 군중의 앞장을 서기도 한다. 이러한 권력형
그림자는 경우에 따라 그의 의식을 사로잡고 자기가 비난하던 바
로 그 행동을 스스로 하게 됨으로써 물의를 빚는 수도 있다. 그림
자에 의하여 의식이 사로잡히거나 그림자가 자기도 모르게 의식
을 동화하여 변질시킨 경우다. 물론 내향형이 모두 그러한 길로

가게 되는 것은 아니다. 대부분 스스로 열등한 외향성을 발전시키고 외향형과도 좋은 관계를 갖는다(〈그림 11〉).

외향형도 마찬가지다. 외향적 태도가 지나치면 무의식에 내향적 경향이 억제되고 열등한 상태에 있게 된다. 그것은 열등하기 때문에 보통 내향형이 지닌 건전한 자기성찰보다는 자기 말만 옳다고 우기고 남들이 모두 자기를 위해 봉사해야 한다고 믿는 것처럼 유아적이고 자기 중심적인 경향을 띤다. 외향형이 이 사실을 모르면 그런 성격측면, 즉 열등한 인격은 당연히 내향형에게 투사된다. 의식에서는 공명정대하고 객관적 판단에 능하고 사람들의 요구를 즉시 파악하는 이런 사람이 무의식의 그림자를 투사하면 내향적인 사람에게 '비현실적'이고 '독선적'이라고 흉을 본다.

그러나 항상 개인보다 사회 또는 국가를 생각하는 이들 외향형의 사람들도 무의식의 그림자의 영향을 받아 때로는 본래의 모습과는 달리 매우 유치하고 완고하며 독선적인 사람으로 변할 수가 있다. 대개 이런 사람은 남에게는 더없이 잘해 주나 집에 오면 폭군이 되는 경향이 있다. 무의식의 열등한 내향적 경향이 과보상을 일으킨 증거다. 그러나 무의식의 보상이 평소와는 달리 심리학책을 뒤적이거나 종교에 깊이 심취하거나, 혹은 서투르지만 아마추어 화가로 서화를 즐기고 또한 그러한 자기 자신을 대견해하는 정도라면 적절한 보상의 결과라 할 것이다.

외향형과 내향형 간의 다툼은 원초적인 것이다. 현실주의와 이상주의, 객관주의와 주관주의, 확장과 심화(深化), 실용주의와 원칙론의 양극을 형성하고 때로는 치열한 공방을 일으킨다. 물론 그 공격과 방어의 과정에서 열등기능인 그림자의 상호투사가 일어나게 마련이고 정도에 따라 피비린내나는 혈투가 일어나기도 한다. 그러나 열등기능을 인식하면 상호비방의 강도가 줄면서 건설적인 토론으로 바뀔 수 있고 새로운 발전을 기약할 수 있다.

그런데 한 가지 주목해야 할 것은 열등기능은 때로 우월기능과 구별할 수 없을 만큼 혹은 그 이상으로 보상적으로 강화될 수 있다는 점이다. 내향형은 외향형보다도 더 대담하게 외부세계에 도전하고 객관성을 강조하고 외향형은 내향형 이상으로 내면의 정신세계에 집착하여 거의 신비주의자처럼 보일 수도 있다는 점이다. 그것은 모두 열등기능을 의식하고 발전시키는 과정에서 볼 수 있는 현상이다.

• 합리적 기능의 유형과 비합리적 기능의 유형

만약 어떤 교사가 사고형이고 합리적·이상적 법칙에 지나치게 집착하는 사람이라면 그는 직관형이나 감각형인 학생의 행태를 이해하지 못한다. 머리가 나쁜 것도 아닌데 주의가 산만하고 행동이나 말이 괴팍하고 엉뚱한 질문을 해서 선생을 골탕먹이고, 시험을 치면 어떤 때는 아주 우수한 성적을 보이다가 또 어떤 때는 바닥으로 떨어지는 등 일정치 않은 경우 이 아이들은 직관형이나 감각형과 같은 비합리적인 형인 경우가 있다. 이들은 고도의 섬세한 감각을 지니거나 날카로운 직관을 가지고 있어 훌륭한 시인, 예술가, 또는 정신치료자나 종교인이 될 수 있는 소질을 가졌다.

그러나 합리적 유형에게 그러한 비합리적 행동은 자기의 무의식의 그림자에 해당하므로 그런 행동을 잘 이해하지 못할 뿐 아니라 열등한 것으로 간주하여 과소평가하기 쉽다. 열등한 비합리적 기능을 품행이 방정치 못하다, 타락했다, 퇴폐적이다, 괴짜다, 심지어 병

〈그림 12〉 남을 비난하기는 쉬우나 자기의 그림자를 직면하는 것은 때로 충격적인 일이다.
그것은 자기가 가장 싫어하기 때문에 억압해온 자기 마음속의 열등한 인격이기 때문이다.

적이라고 비난한다. 오늘 우리나라의 교육풍토는 사고력의 발달에
치중한 나머지 정서의 중요성이나 비합리적 정신의 중요성을 인정
받을 만한 구석이 거의 없다. 특히 비합리적 기능을 합리적 기능과
똑같이 중요한 것으로 본 융의 심리학적 유형설은 현대교육이 잃어
버린 매우 중요한 측면을 채워준다는 점에서 시사하는 바가 크다.
　그런데 합리적인 유형 또는 비합리적 유형끼리도 사실 그 열등
기능의 상충 때문에 여러 가지 알력이 일어난다. 그 가장 전형적
인 예가 사고형과 감정형의 관계에서 발견된다.

　• 사고형과 감정형의 열등기능
　사고형의 그림자는 그 열등기능인 미숙한 감정의 특성을 나타내

고 감정형의 그림자는 미숙한 사고의 특성을 나타낸다(〈그림 12〉).

미숙한 감정은 폭발적인 원시적 격정으로 표현되거나 감정의 지연으로 나타난다. 때로는 사람 사이의 감정관계를 지나치게 과장하여 의식의 이성적 태도와는 달리 사적인 인정(人情)에 깊이 휩쓸리는 경우도 있다. 물론 사고형은 이처럼 열등한 감정의 그림자를 보고자 하지 않기 때문에 자기가 그런 줄을 모른다. 거기에 관해 지적을 받으면 내가 언제 그랬느냐고 화를 낸다. 그러나 억압이 지나치면 어느날 갑자기 폭발적인 감정에 사로잡혀서 상대방을 깜짝 놀라게 만든다. 같은 사고형 중에서도 외향적 사고형과 내향적 사고형은 사고의 출발점과 전제가 다른 만큼 서로 다른 열등기능을 가지게 된다.

외향적 사고형에게는 주관적 기준보다 일반적·객체적 기준이 중요하다. 즉 다수의 의견, 외부세계에서 누구에게나 통용됨직한 일반법칙에 따라 생각한다. 이들은 개관적 사실을 종합하고 거기서 일반적 법칙을 만들어내는 능력을 가지고 있어 글을 쓴다면 좋은 개관(槪觀), 종설(綜說), 백과사전류의 박식한 지식의 분류에 능하다. 반면에 이들은 내향적 사고를 소홀히 다루므로 그것은 무의식에 억압된다. 그러나 외향적 사고형의 가장 열등한 무의식 기능은 내향적 감정이다. 이것은 분화가 덜 되어 있으므로 자기 중심적·유아적 감정의 특성을 띤다. 바깥에서는 사회정의에 투철하고 매사에 공정무사하나 집에 돌아오면 잔소리가 많고 요구가 많아 가족들이 시달리게 된다.

이 경우에 우리는 외향적 사고형의 열등한 감정기능과 그의 아니마의 기능을 구별하기 어렵다. 외향적 사고형뿐 아니라 사고형 전체에서 무의식의 열등한 감정기능은 부정적 아니마의 작용과 구별되지 않는다. 왜냐하면 남성의 아니마는 흔히 느낌으로 표현하기 때문이다. 그러나 아니마는 감정기능과 같은 특수기능을 포괄할 뿐 아니라 본능적 쾌락에서 고도의 예감능력에 이르는 여러 가지 인격측면을 포괄한다.

외향적 사고형의 눈으로 볼 때 주관적 사고는 객관성이 없어 '단지 주관적'인 데 불과하고 때로는 '위험한 사고'로 보인다. 그러나 내향적 사고형이 볼 때 외향적 사고형의 주장은 오직 객관적 사실의 무수한 나열일 뿐 줏대가 없는 주장처럼 보인다. 누구나 인정할 만한 평범한 가치판단일 뿐 개성이 없다고도 생각한다. 내향적 사고형은 사고를 객체의 기준에 맞추기보다 주체에 근거해서 분석하고 고찰하는 것을 즐기기 때문에 언제나 그의 논조에는 '자기의 생각'이 표현되고 또한 그래야만 한다. 물론 내향적 사고형은 때때로 무의식의 열등한 외향적 사고 즉 객관적 사고를 의식하고 그것을 발전시키기 위하여 지나치게 열등기능에 집착하는 나머지 외향적 사고형보다도 더 주관성을 완전히 배제한 채 순수하게 '객관적'으로 사물을 보고 그 관념을 살펴보고자 하기 때문에 그 논조가 너무 딱딱하고 경직되는 경우가 있고 다른 사람에게도 그러한 객관주의적 완벽주의를 강요하기도 한다.

감정형은 이성보다는 감정판단에 따라 주로 행동하는 사람이다. 그러므로 그의 열등기능은 사고기능이 된다. 이 유형은 여성들에게 흔하다. 외향적 감정형은 주체보다 객체에 관심이 많고 내향적 감정형은 주체에 관심이 많기 때문에 같은 감정형이라 할지라도 나타내는 행태가 매우 다르다. 외향적 감정형은 쾌활하며 남의 감정을 잘 이해하고 적절한 환경에서 누구나 느낄 만한 보편적인 감정가치에 입각하여 표현한다. 이를테면 파티의 여주인공처럼 사람들 사이를 누비고 다니면서 사람들에게 감흥을 일으키고 사람과 사람을 이어주고 적당한 감정적 지지를 표현할 수 있다. 내향적 감정형은 조용하고 자신의 감정을 드러내는 일이 적지만 깊은 공감능력을 가지고 있어 은연중에 사람들에게 영향을 준다.

감정형은 모두 '사고'를 싫어한다. 어떤 주제를 놓고 논리적으로 따지고 심각하게 분석하는 것은 이들의 무의식에 있는 열등기능에 속하기 때문이다. 사고기능이 열등하면 사물의 뜻을 깎아내리는 경향을 가진 이른바 부정적 사고──불과(不過)사고(nothing-but-thinking)의 특징을 나타낸다. '책 쓰는 것은 돈벌이 수단에 불과하다'는 식이다. 혹은 그럴싸한 사이비과학적 신앙에 빠지기도 한다. 물론 이런 경향은 자아의식이 지나치게 그들의 주기능 즉 감정기능에 의지할 때 뚜렷이 나타나며 열등기능을 의식화해 나가면 상당히 분화시킬 수 있다. 그러나 판단과 행동을 결정할 마지막 근거는 역시 감정에 있다. 감정형이 여성인 경우 열등한 사고기능은 부정적 아니무스의 특성을 닮는다. 무의미하게 따지는 버릇에서 그런 현상을 볼 수 있지만 아니무스의 표현은 실로 다양하여 정신기능만으로 설명할 수 없다.

열등기능은 자아의식에게 부담을 주는 기능이고 자아는 열등기능이 차지하는 정신영역에서 결코 자유롭지 않다. 그것은 꼭 걸어가는 사람의 뒷다리를 잡아끄는 버릇이 있다. 또는 '저는 다리'와 같다. 그래서 자아로 하여금 그것을 붙잡고 극복해보려는 오기를 갖게 하는데 그렇게 해서 어쨌든 열등기능은 어느 정도까지는 발전한다. 열등기능의 그와 같은 과잉보상작용 때문에 밖에서 보면 그 사람의 우월기능과 열등기능을 혼동하는 수가 있고 자기 자신도 그렇게 착각한다.

어쨌든 우리 교육계에서 한때 풍미하던 선다형문제 만능이 주관식 논술고사로 이행되는 과정에서 우리는 외향적 사고와 내향적 사고의 대립과 타협의 과정을 본다. 선다형문제를 절대시하고 오직 그 방법이야말로 가장 객관적이고 공정한 평가라고 신봉하던 사람들이 외향적 사고형이었는지 혹은 내향적 사고형의 과잉보상된 열등한 외향적 사고기능의 발로였는지는 개별적인 사례에 따라 다를 수 있다.

어느 경우나 판정의 기준은 그 방법이 실제로 효과적이냐에 달렸다. 평가란 객관적인 것이므로 좋은 문제를 만드는 데는 외향적 사고와 감각, 직관이 모두 동원되어야 할 것이고 평가의 대상이 인간의 내적 가치를 포함하는 이상 내향적 사고를 중심으로 한 관점이 포함되어야 할 것이다. 외향과 내향은 서로 없어서는 안 될 부분을 가지고 있으므로 서로 모자란 것을 보충해야 한다.

외향적 사고형이든 내향적 사고형이든 사고형의 그림자는 미숙한 감정이고 그 특성이 외향형과 내향형이 다른 것은 사실이지만 이성에 반하는 것, 사적인 인정, 정실(情實), 과장된 동정심은 이들이 소화하기 싫어하는 그림자에 해당된다. 이에 대한 혐오감은 당연히 감정형으로 향하게 된다.

인사행정에서 사고형과 감정형은 항상 대립되는 관점을 노출시킨다. 사고형의 평가기준은 그 사람이 풍기는 느낌보다도 우선 그의 업적과 능력이 중요하다. 감정형에게 중요한 것은 인간관계와 그 사람과 나 사이의 감정반응이다. 그에게는 그 사람이 대인관계가 좋은지 정서적으로 안정되어 있는지가 중요하지만 사고형에게는 사람이 좀 모가 나 보이더라도 '머리가 우수한가' 하는 따위를 더 높이 사는 것이다. 사실 이 두 가지 측면은 모두 사람을 평가하는 데 중요한 기준이고 어느 것도 소홀히 할 수 없다. 사고형은 감정형이 사람의 정서만 보고 능력을 안 본다고 비난하고 감정형은 사고형이 그 사람의 대인관계를 무시한다고 비난하기가 일쑤다.

• 감각형과 직관형의 열등기능

비합리적인 유형 사이의 관계도 서로 상치되는 관점 때문에 이론상 감각형과 직관형 사이의 대립과 긴장이 생길 수 있다. 그런데 감각형과 직관형은 둘다 사물을 직접 파악하는 기능으로 사고·감정 두 유형처럼 표면상으로는 뚜렷한 차이를 보이지 않는 경우가 많다. 그러나 자세히 보면 감각과 직관이 대립된 양극을 형성하고 있음을 볼 수 있다. 한마디로 감각기능은 직관을 방해하고 직관기능은 감각을 무시한다.

다시 한번 사람에 대한 평가를 예로 들면 감각형은 그 사람의 생김새, 그 사람이 드러내는 좋은 인상에 매료되어 사람을 쓴다. 그러나 직관형은 그가 잘생겼는지 못생겼는지 지저분한지 말쑥하게 차려 입었는지 말을 매끈하게 잘하는지에는 관심이 없다. 그는 그의 속을 꿰뚫어본다. 결과적으로 감각형은 감각만으로 사람을 선택해 겉은 멀쩡한데 불성실하거나 속이 텅빈 사람을 고르기 쉽고 그래서 나중에 후회하게 되나 직관형은 진실한 사람을 선택하게 되는데 그의 진실성을 감각형에게 인정받기 위해서는 상당기간 옷차림이나 머리손질을 해서 비교적 일반적인 모습을 갖추려는 노력이 필요하다.

직관형은 말에 두서가 없고 비약이 심해서 처음에는 그 뜻이 다른 사람에게 전달되지 않는다. 그러나 감각형 중 특히 외향적 감각형은 행사의 프로그램을 명확하게 만들고 회의진행도 매우 매끄럽게 한다. 발표 때도 시청각기구를 적당히 이용하고 시간도 정확히 잘 맞추고 설명도 요령 있게 할 수 있는 능력을 가졌다. 외향적 직관형은 다른 사람 속에 들어 있는 가능성, 그것도 외부세계에 미치는 영향을 파악하는 직감이 있다. 이 상품이 장차 크게 팔리게 될 것이라든가, 이 무명의 화가가 장차 큰 화가로 성장할 것이라든가 그 가능성을 보는 눈이 있다. 그러나 내향적 직관형의 눈은 바깥세계에서의 효과보다 내면세계의 진실로 향한다. 자기 마음속 깊은 원형층의 움직임과 이와 이어져 있는 인류의 숙명과 미래의 방향을 감득하는 것이다. 앓는 사람의 마음속에서 움직이는 치유의 작용, 혹은 그를 병들게 하는 파괴적 본능의 징조와 그 의미를 성찰한다.

내향적 감각형과 외향적 감각형도 감각의 방향이 객체를 향하는가 주체를 향하는가에 따라 차이가 생긴다. 외향적 감각형은 외부의 감각자극에 영향을 받아 그 자극을 주는 객체를 향해 시선을 돌린다. 이를테면 화려한 의상, 고상한 옷차림의 사람에게 관심이 쏠린다. 그런데 그들보다도 더 새롭고 더 강한 감각자극을 주는 사람이 나타나면 곧 대상을 바꾸어 새로운 자극을 제공한 사람에게로 접근한다. 자극을 주는 대상이 사람일 필요는 없다. 내향적 감각형은 밖에서 오는 감각을 받아들여 주관적으로 해석하여 흡수한다. 그는 좋은 예술작품의 감상가다. 때로는 탐미주의자라는 말을 들을 수도 있다.

그런데 몇 년도산인지 따지면서 포도주나 코냑을 즐기고 최신 오디오로 음악을 듣고 항상 완벽한 옷차림을 하고 다니는 사람이 감각형이 아니고 직관형인 경우가 있다. 그의 섬세한 감각, 완벽한 옷차림은 어딘가 움직일 수 없는 격식에 매어 있고 자유롭지 못하다. 그 격식에 어긋나는 감각적 향수를 그는 감정적으로 용납하지 못한다. 이런 부자유함으로 미루어 이것은 직관형의 열등한 감각기능의 과보상이라고 볼 수 있다.

직관형의 그림자는 그의 열등기능인 감각기능의 성격을 띤다. 직관형은 감각적 무질서를 견디지 못한다. 책에는 오식(誤植)이 하나도 있어서는 안 되고 책상은 정돈되어 있어야 하고 모든 일은 제 시간에 어김없이 처리되어야 한다. 그렇지 못한 사람을 못마땅하게 여긴다. 그것은 모두 자기의 무의식에 있는 미분화된 기능의 특성을 대변한다. 그런 사람들을 보거나 감각적 무질서를 발견하면 자기 무의식의 그림자가 자극되어 밖으로 투사되는 것이다.

그런데 직관형의 의식의 특성은 사실 감각적 완벽주의에 개의치 않는 것이다. 그것은 직관형의 자연스러운 속성이다. 그러나 감각기능이 오랫동안 무의식에 억압되어 있으면 의식을 위협하기에 이르고 자아는 감각의 노예가 되어버린다. 직관은 무디어지고 감각의 가장 원초적인 신체감각에 강박적으로 집착하여 병적인 신체감각, 공포증, 건강에 대해 강박적으로 걱정하게 된다. 특히 외향적 직관형에서 볼 수 있는 열등한 내향적 감각의 발로라할 수 있다.

내향적 감각형에서 소홀히 다루어진 외향적 직관기능은 분방한 추측, 비현실적인 음산한 배경에 대한 억측, 밖의 대상들, 즉 남들의 시선과 평가에 집착하는 강박관념의 모습으로 의식을 엄습해 들어온다. 외향적 감각형은 비합리적인, 때로는 종교적 색채의 내용을 가진 공포증, 강박증에 사로잡히게 된다.

이와 같이 감각형과 직관형은 비슷하면서도 다르다. 이들이 가진 열등한 직관과 열등한 감각기능이 상호간에 투사될 때 두 유형 간의 갈등과 긴장이 생길 수 있고 사고형과 감정형처럼 서로가 서로의 입장을 이해하지 못하는 답답함을 느끼게 될 것이다. 그러나 이것 또한 서로 보충되어야 할 기능이므로 열등기능의 투사가 열등기능의 인식으로 바뀌어 서로가 자기의 약점과 상대방의 장점을 존중하면서 자기의 약점을 분화 발달시킬 필요가 있다.

  인간은 어떤 '유형'에 속하기 이전에 전체정신을 가지고 있는 개성적 존재다. 유형론은 그 전체정신의 특성을 부각시키는 데 도움을 주는 보조적 관점이다. 유형설을 자세히 보면 전체정신에 이르는 길이 보인다. 가령 내향형이라 하지만 외향적 태도가 무의식에 있어 그것을 의식화함으로써 전체에 접근해야 하고, 합리적 유형이라고 해서 비합리적 기능이 전혀 없는 상태가 아니고 무의식에 비합리적 기능이 대극을 이루어 의식을 보상하고, 비합리적 유형에서는 또한 합리적 기능이 무의식에 있으면서 의식의 기능에 포함되고자 작용하고 있다.

  사고형이라 해서 감정기능만을 무의식에 가지고 있는 것이 아니고 감각과 직관이 제2, 제3의 보조기능으로 사고를 받치고 있다. 다른 모든 합리적, 비합리적 기능유형에서도 주기능인 제1기능 이외에 제2, 제3의 보조기능이 무엇이냐에 따라 의식, 무의식의 기능이 수정 보완된다. 다만 그림자의 성격을 좌우하는 무의식의 열등기능의 의식화가 어느 유형에서나 어렵고 또한 중요한 자기실현의 과제가 되기 때문에 이 장에서는 우월기능과 열등기능의 관계를 집중적으로 살펴본 것이다.

  심리학적 유형 간에 반드시 반목과 대립과 갈등이 필연적으로 일어나야 하는 것은 아니다. 유형간의 긴장은 건설적인 의사소통에 매우 긴요한 만큼 적당한 강도를 유지하는 것이 필요할 때도 있다. 그러나 그러한 긴장이 열등기능의 의식화에 기여하려면 서로가 서로의 관점과 입장을 존중하는 문명된 태도를 갖추고 있어야 한다.

상반된 심리학적 유형을 가진 경우라 하더라도 서로가 서로의 장단점을 인식하고 보충하며 지내는 사람들도 많다. 가령 부부의 한쪽, 즉 남자는 내향적 사고형이고 여자는 내향적 감정형인 경우, 남편이 자기의 미숙한 감정을 알고 아내의 성숙한 감정판단을 존중한다면 그는 자기의 미숙한 감정을 교육할 수 있는 좋은 교사를 만나는 셈이다. 반대로 아내가 자기의 미숙한 사고를 알고 남편의 우월한 사고를 인정하면서 위축됨이 없이 스스로 미숙한 사고를 발전시킨다면 열등기능의 상호투사로 말미암은 부질없는 갈등은 해소될 것이다.

열등기능은 우월기능과 동시에 발전시킬 수 없다. 열등기능을 살리려면 우월기능을 잠시 억제해야 한다. 사고는 감정에, 감정은 사고에, 직관은 감각에, 감각은 직관에 자리를 물려주어야 한다. 그리하여 궁극적으로 우리는 열등기능을 아주 없애버리기보다 전체정신을 어느 정도 실현하여 완전한 인격이 아닌 온전한 인격이 되는 것이다.

이 세상에는 수많은 사람이 수많은 생각과 가치관을 가지고 살고 있다. 심리학적 유형이나 열등기능에 관한 융의 학설은 그 다른 가치체계를 다소나마 체계적으로 설명해본 것일 뿐 이것만으로 모든 인간을 정의하고 분류할 수는 없는 것이다.

정치적·시대적 사건 속의 그림자상

신문과 방송에서 자주 만나는 장면들이 있다. 부정부패를 규탄하는 소리, 검찰조사 발표, 비리척결의 소리, 누가 더 잘못을 저질렀는지를 둘러싸고 벌어지는 정파간의 치열한 상호비난──바다 건너 북미대륙에선 한때 대통령의 성추문이 방송가를 흥분시킨 적이 있다. 인간들은 탐욕스럽게 남의 안방을 기웃거리고 쓰레기통을 뒤지고 킁킁거리는 개들처럼 남의 좋지 않은 가십과 추문과 약점을 캐내 재미있어 하기도 하고 '나쁜 놈'이라고 욕을 하면서 흥분하거나 때로는 정적(政敵)을 때려잡는 자료로 이용하기도 한다.

오늘날 '악'은 대중매체에 없어서는 안 될 보도자료일 뿐 아니라 인간들이 살아가는 데 또한 없어서는 안 될 먹이의 하나가 되었다. '악'은 '선'을 부각시키기 위해서도 필요한 존재였다. 대중매체는 그것을 만들어 제공하고 사람들을 흥분시키며 그림자의 집단적 투사를 조장하기도 한다. 신문에 '살인마! ○○○'라고 대서특필하면 그는 재판도 받기 전에 '살인마'가 된다. 사회적으로 지위가 높고 유명한 인사의 자식이 고액 불법과외를 했다는 폭로는 일단 사람들의 분노와 지탄의 표적이 된다. 이른바 사회지도층에 대한 반감과 불신, 재벌에 대한 좋지 않은 시선 등에는 재산의 사회환원 없이 개인적 이익만을 챙기거나 공익을 위한 희생정신이 결여된 부패한 사람들이 실재해왔기 때문이기도 하지만 여기에는 분명 상대방의 전체를 보지 못하게 하는 그림자의 집단적 투사가 개입하고 있다. 또 이러한 투사는 자신의 잘못을 보지 않게 한다는 점에서 일시적인 '치유'의 효과마저 있다.

그러나 자기 내부의 그림자를 처리하지 않는다면 '지도층'을 규탄하는 사람 또한 지도층의 위치에 올라갔을 때 자기들이 규탄한 바로 그러한 탐욕과 부정부패를 스스로 저지르지 않는다는 보장이 없다.

정권이 바뀔 때마다 우리나라에서는 부정부패 처단의 사정(司正) 선풍이 휩쓸고 지나갔다. 그리하여 부패 관리, 재벌, 정치인들, 지식인들이 줄줄이 구속되고 벌을 받았다. 그러나 정의를 부르짖고 부패를 처단한 5·16 군사정권 이래 네 번의 정권이 바뀌면서 어느 정권도 말기에 스스로 엄청난 부패의 늪에 빠져 국민의 조소와 규탄을 받지 않은 적이 없다. 왜 이런 모순이 생겨나는가. 사정이 집권층 마음속 그림자의 투사를 근거로 진행되고 민중들의 한풀이 쇼로 이용되었기 때문이다.

남을 지탄하기 전에 먼저 자신을 돌이켜보고 사정의 칼을 휘두르는 권력층이 자체의 부정부패를 항상 먼저 검색하는 자세를 가졌더라면 부정부패 척결의 방법론은 훨씬 구체적이고 현실적이고 그만큼 효과가 있었을 것이다. 그랬더라면 사람들은 마음의 여유를 갖고 자기가 성찰한 인간의 약한 마음을 근거로 부패방지를 위한 각종 법률적 조치를 만들 것이며 부패할 수도, 부패할 필요도 없도록 사회적 조건을 마련할 것이다. 그러한 조건은 실천하기에 알맞은 조건이어서 실현성 또한 매우 높을 것이다.

사람이, 그들이 규탄하는 대상이 가지고 있는 것과 똑같은 부정부패의 소인, 즉 그림자를 안고 있는 민중들의 그림자의 집단투사를 통한 찰나적인 한풀이를 부추기고 희생양을 만들고 쾌재를 부르게 하고 박수치게 만드는 것을 목적으로 사정을 한다면, 혹은 부정부패에 대한 거룩한 분노가 아니라 정적에 대한 사적인 복수심이 조금이라도 개입된 사정이라면 진정한 개혁을 이루기 어렵다. 개개인 마음속의 부패심이 없어지지 않는 한 부패는 아무리 법적인 조치를 마련해도 없어지지 않을 것이다.

어쨌든 우리는 정치집단의 상호 비방, 정의구현을 부르짖는 정치권력, 또는 모든 인간집단의 무의식적 투사현상에서 집단적 그림자를 목격할 수 있다. 그뿐 아니다. 사회계층 간의 갈등과 반목, 세대 간의 갈등, 각종 집단의 파벌싸움에는 늘 집단상호 간 그림자의 집단적 투사가 일어나고 있다.

그림자의 집단적 투사란 어떤 집단 성원의 무의식에 같은 성질의 그림자가 형성되어 다른 집단에 투사되는 것을 가리킨다. 이 경우 그림자는 개인적인 특성을 가지기보다 집단적 특성을 지닌다. 그러한 그림자가 생기는 이유는 그 집단성원이 하나의 페르조나, 즉 집단의식과 동일시하고 있기 때문이다. '우리는 한가족' '우리는 동문' '우리는 한마음, 한뜻' '우리는 엘리트들의 모임' 등과 같은 슬로건 밑에 결속을 다짐할 때, 거기에 속하지 않은 집단과의 차별화가 일어나고 이것은 쉽게 배타적이 되거나 다른 집단으로부터 배타적이라는 비난을 받게 된다. 그러므로 지향하는 집단의 목표가 일방적이고 뚜렷한 것일수록 여기에 어긋나는 요소가 억압되어 공통된 그림자를 집단성원이 나누어 가지게 된다. 정의를 위한 모임, 도덕을 위한 모임이 출발 당시의 좋은 뜻을 끝까지 펼치지 못하고 실패하는 것은 이들 집단이 너무 밝은 목표에 치중한 나머지 그 집단성원의 그림자를 보지 않기 때문이다.

전쟁과 그림자의 집단투사

인간집단이 서로 집단적으로 살육을 자행하는 전쟁의 심리는 인간의 원초적 폭력을 중심으로 여러 가지 요인에 의해 발생하는, 인간이 아직 풀지 못한 혹은 풀기 위해 노력해온 사건이다. 전쟁은 흔히 합법화한 집단폭력이지만 그 밑바닥에는 악의 원형, 그림자 원형의 엄청난 에너지가 도사리고 있고 이에 관련된 원형적 배열(archetypal constellation)이 간여하고 있다. 그림자 원형은 적의 집단에 투사되고 그리되면 적은 인간이 아닌 일종의 괴물들로 보이고 죽여도 좋거나 죽여야 할 악한 존재로 보인다. 여기에 영웅신화가 사람들의 무의식에 배열되면 인간집단은 괴물을 죽이고 괴물에 붙잡혀 있는 여인을 구출하는 영웅 원형상과 동일시한다. 그들은 여기서 자기행위의 의미를 나름대로 찾고자 한다.

전쟁도발자는 또한 인간이 살육과 자기희생에 어떤 의미를 부여하고 싶어한다는 심리를 잘 알기 때문에 의도적으로 전쟁의 신, 승리의 신, 영웅의 신 등이 등장하는 신화를 내세워 국민의 집단적 무의식을 자극하여 적의 집단에 대한 그림자 원형의 투사를 촉진시킴으로써 적을 무찌르는 명분을 제시하고 집단적 광분을 부채질한다.

그러므로 전쟁에는 항상 정의와 자유를 위한 성전(聖戰), 민족해방을 위한 혁명, 세계인류의 구제를 위한 정벌이라는 표제가 붙는다. 전쟁은 인간의 근원적인 희생정신, 순교정신, 영웅정신이라는 원초적 조건과 밀접한 관계에서 발생하며 그림자 원형의 간여로 진행되는 집단행동이기 때문에 덮어놓고 평화를 호소하고, 화해를 원한다고 없앨 수 있는 것은 아니다. "평화는 오히려 전쟁을 낳는다"고 융은 말한 일이 있다.

평화는 승리와 패배가 그 의미를 잃을 때 오직 그때라야 가능하다.'나는 평화를 주기보다 칼을 주러 왔노라' 하고 우리의 주님이 말씀하실 때 그는 무엇을 생각했겠는가?[5]

진정한 평화는 다른 말로 개개인이 자기 안에 있는 그림자를 인식할 때, 원형의 매혹적이며 무시무시한 영향에 휩쓸리지 않을 만큼 자각될 때 가능하다. 그러나 인간은 집단 속에서 모두 약한 존재가 된다. 건전한 윤리적 책임감을 가진 사람도 집단 속에 파묻히면 책임감이 느슨해지며 결국 다른 사람처럼 '타락한 폭도' '무자비한 망나니'가 될 수 있다. 집단 속에서 집단적 무의식의 파괴적 세계에 전염되는 것이다.

제2차 세계대전 때 일본 군국주의는 미국과 영국에 선전포고를 하고 "귀축미영(鬼畜米英)을 격멸하자!"고 외쳤다. 당시 일본 식민지 조선의 초등학교를 다니던 나는 미국, 영국사람은 정말 짐승이나 귀신, 도깨비 같은 존재가 아닌가 생각했을 정도로 이 말은 자주 구호로 사용되었다.[6] 전쟁 말기에 그들은 가미카제(神風)라는 자살특공 비행사를 양성한 뒤 온갖 수식어로 이들의 거룩한 자기희생을 찬양했고 이들이 죽자 군신(軍神)으로 야스쿠니신사(靖國神社)에 모셨다. 살아 있는 인간에게 영웅신화를 구체적으로 실험한 것이다.

• 나치 독일의 경우
그림자의 집단적 투사의 가장 극명한 역사적 사례는 나치 독일의 유대인 배척과 학살이었다.

유대인에게 비난을 퍼부었던 나치와 이를 추종했던 독일인들은 유대인더러 "작당한다" "자기네끼리 논다" "돈에 인색하다" "자기

네 전통만 고수하고 남과 섞이지 않는다"라고 욕했다. 그러나 정작 자신들은 어떠했던가. 그들이야말로 아리안족의 순수한 피를 지켜야 한다며 오만했고 스스로 우월감에 젖어서 자기네끼리 작당했으며 그들 자신 또한 매우 돈에 짠 사람들이었던 것이다. 그들은 자기의 그림자를 보려 하지 않고 이를 유대인에게 뒤집어씌웠다. 그러나 나치의 유대인 증오와 학대는 일반적으로 개인적 무의식의 그림자를 집단투사하는 것만으로는 설명할 수 없는 엄청나게 충격적인 현상이다. 왜냐하면 이들에게 유대인은 마음대로 죽여도 좋은 버러지 같은 존재로 보였기 때문이다.

사람이 어떤 사람들을 마음대로 죽여도 좋은 쓰레기 같은 존재로 보았다면 그는 이미 인간이 아니다. 생사여탈권을 마음대로 행사하는 초인이나 신, 또는 악마인 것이다. 그들은 그처럼 스스로를 초인과 동일시하며 그들 자신의 열등하고 병적인 인격, 부도덕한 인격측면, 심지어 비인간적 타락성을 유대인에게 투사했던 것이다. 여기에는 단순히 개인적인 증오감을 넘어선 원형적 '절대악'의 투사가 일어나고 있다. 집단적 무의식의 그림자 원형이 이 투사현상에 개입되고 있는 것이다. 원형은 신화적 상(像)이고 누구의 무의식에나 존재하는 것이므로 그것이 투사되는 곳에서는 대상에 대한 강력한 감정반응이 집단적으로 일어나는 것이다.

나치의 유대인 학살은 갑자기 생긴 일도 아니고 나치집단만의 문제도 아니다. 그것은 히틀러 등장 이전부터 준비되어왔다.

제1차 세계대전이 끝난 뒤인 1918년에 융은 독일인 환자들의 무의식에서 이상한 변화를 발견했다. 환자들의 꿈이 폭력성, 잔인성, 원시성의 특징을 가진 신화적인 상징들로 가득차 있었던 것이다. 융이 '집단적 무의식의 장해'라고 표현한 이런 현상에서 융은 다가오는 미래의 재앙── '금발의 짐승'이 의식을 뚫고 폭발할 징조를 예감했다. 그것은 제1차 세계대전 이후 패전 독일의 우울과 사회적 재앙을 보상하려는 무의식의 시도로 보였다. 그러나 그러한 시도가 얼마만큼 넓은 범위에서 사람들을 지배하게 될지 당시에는 미처 몰랐다. 제2차 세계대전이 끝난 뒤 여러 곳에서 행한 강연에서 융은 독일에서 일어난 엄청난 범죄와 집단 정신병적 현상의 심리적 배경을 설명했다.[7]

무의식적·원시적 세력이 급격하게 집단적으로 의식을 엄습하는 것은 보편적인 현상이다. 그러나 독일의 경우에는 복종을 강조하는 사회교육의 결과로 빚어진 독일인 특유의 집단적 성향이 그 토대가 되었다. 게다가 제1차 세계대전의 패배와 사회적 재난이 독일에서의 군집본능을 증가시켰으며 무의식의 충동을 해방시켰다. 이로 인해 온갖 도덕적 장벽이 무너진 독일은 마침내 서방국가 중 최초로 집단행동의 희생자가 된 것이라고 융은 말했다.[8]

그러한 무의식의 보상적 작동이 개인 의식에 수용되지 못하면 노이로제가 되거나 심지어 정신병이 된다. 이것은 집단전체에도 적용된다.[9]

항진된 피암시성, 우울하고 불안에 찬 의식상황 때문에 무의식의 성향을 의식화하지 못할 때 개개인이 소화하지 못한 무의식의 힘은 서로 모여서 엄청난 세력으로 의식계로 밀려들게 된다. 이때 밖에 나타나는 현상은 집단빙의(mass possession)라는 사회현상이다. 융의 다음 말은 이런 관계를 다시 한번 강조하고 있다.

만약 그런 상징들(폭력성, 잔인성, 원시성을 표현하는 신화적 상징들)이 다수의 개인에게서 일어나고 있는데도 그 의미가 이해되지 못하면, 그것은 그 개인들을 마치 자력처럼 함께 끌어들여 폭도로 만들어버린다. 지도자가 곧 발견되는데, 지도자가 된 그는 집단성향에 대해 가장 저항력이 약하고 가장 책임감이 적으며 열등하기 때문에 권력에 대해서만은 엄청난 의지를 가진 사람이 될 것이다. 그는 터져나오기를 기다리는 온갖 것을 풀어버릴 것이고 폭도는 눈사태와 같이 저항할 수 없는 힘을 따를 것이다.[10]

융은 독일혁명을 개인의 시험관에서 보았다고 말했다. 무의식을 이해하지 못한 사람들이 함께 모이면 끝없는 위험이 될 것임을 그는 충분히 알고 있었다. 또한 그 무의식적 세력이 개인의 도덕적, 지적, 자가조정 능력을 깨뜨리고 의식계를 휩쓰는 것을 목격했다. 그런데 개인이 이성의 한 조각에라도 매달릴 수 있거나 인간관계의 끈을 보존할 수 있게 되었을 때 무의식에는 바로 의식의 혼돈된 마음에 대한 새로운 보상이 일어났는데, 이는 '질서'를 표방하는 신화적 상징들이었다고 한다.[11]

그러나 질서의 상징은 개개인에 의해 의식에서 수용되지 못했다. 즉 인식되고 이해되고 도덕적으로 평가되지 못했다. 그럼으로써 그 상징이 내포하는 힘이 위험할 정도로 축적되어 폭발하기에 이르렀는데 거기 나타난 질서는 윤리적 책임을 바탕으로 한 질서가 아니라 개성과 인간성을 말살하는 정치적 전체주의이며 국가노예화의 형태를 갖춘 것이었다. 대부분의 대중은 높은 의미의 질서의 힘을 의식에 통합할 능력을 갖고 있지 않았던 것이다. 이로

써 개인의 중요성은 급속도로 감소하고 그 존재의 소리에 귀를 기울이는 일은 점점 더 사라져갔다.[12]

파괴의 과정은 길고도 괴로울 것이다. 유감스럽게도 그것은 피할 수 없는 듯하다. 그러나 긴 안목으로 보면 인간의 가없은 무의식성, 그의 유아성과 개인적 유약성이, 자기 자신이 스스로 숙명을 만들어가는 자이며 국가가 그의 주인이 아니라 머슴임을 아는 미래의 인간으로 대치될 수 있는 유일한 길임을 증명하게 될 것이다. 인간은 자신의 무의식성 때문에 근본적인 인간의 권리를 우습게 내동댕이친 사실을 인식할 때라야 비로소 그 단계에 도달할 수 있다. 독일은 이에 해당하는 문제의 심리적 전개에 관한 가장 교훈적인 사례를 우리에게 제공했다.[13]

제1차 세계대전은 그 자체가 무의식의 군중과 그들의 눈먼 욕망의 축적에 의해서 발발했듯이 악의 숨은 세력을 풀어놓았다고 융은 말한다. 제2차 세계대전은 똑같은 정신과정의 반복이며 다만 그 규모가 엄청나게 크다는 것이 다를 뿐이다.[14] 산업화로 인하여 인구의 대다수는 뿌리뽑힌 상태로 함께 모여 살게 되었다. 이런 새로운 실존의 형태는 시장과 증권의 동요에 좌우되는 사회적 의존과 집단심리와 함께 불안정하고 보장이 안 된 암시성 강한 사람을 만들어놓았으므로 무의식의 충동이 의식계를 휩쓸기 쉬운 의식의 조건을 마련하고 있었다. "새로운 질서를 원하는 장(場)에서 독일인은 지도자를 잘못 골랐다." 독일인은 질서를 원했다. 그러나 그들은 장애의 주된 희생자, 검증하지 않은 탐욕을 지닌 사람을 지도자로 선택하는 실수를 저질렀다고 융은 말한다.

그들은 스스로 권력을 탐했듯이 질서를 탐했다. 그밖의 세계와 마찬가지로 독일인들은 히틀러의 의미가 어디에 있는지 이해하지 못했다. 그가 모든 개인 속에 있는 어떤 것을 상징하고 있음을 이해하지 못했다. 그는 인간이 가진 온갖 열등성의 가장 놀랄 만한 인격화였다. 그는 심히 무능하고 적응되지 못한, 또한 무책임하고 정신병질적 성격으로 공허하며 유아적 환상에 찬, 그러나 들쥐나 부랑아의 날카로운 직관으로 저주받은 사람이었다. 그는 모든 사람의 인격에서 열등한 부분인 그림자를 엄청나게 많이 대변하고 있었고 독일인이 왜 그에게 빠졌는지 또 다른 이유가 여기에 있었다.[15]

그러나 독일인이 무엇을 할 수 있었겠는가 하고 융은 반문한다. 모든 독일인이 히틀러 속에서 자신의 그림자, 자신에게 처한 최악의 위험을 보아야 했다고 그는 주장한다.[16]

그것을 의식화하고 그 그림자를 다루는 법을 배우는 것은 모든 사람에게 할당된 숙명이다. 그러나 이 세상의 누구도 그처럼 단순한 진리를 이해할 수 없는데 어떻게 독일인에게 이해하기를 기대하겠는가? 세계는 이 진실이 일반적으로 인정되기까지는 그 상태에 결코 도달할 수 없을 것이다.[17]

스위스는 대외적으로 전쟁을 하지 않고 중립을 지키면서 내부의 갈등에 시달렸다. 그리하여 국민끼리 일정 조건 안에서 싸울 수 있는 민주주의를 선택하여 그것을 유지해왔다. "진정한 민주주의는 인간의 성질을 있는 그대로 참작하여 그 자신의 국가 경계 안에서의 갈등의 필요성을 허용한, 고도로 심리적인 기구"라고 융은 말한다.[18] 개성의 존중, 개성의 자유가 없는 곳에서 집단의 횡포가 활개를 친다. 그곳에서 그림자의 집단투사가 일어날 수 있다.

융이 제1차 세계대전 이후 독일의 상황을 분석한 설명은 세계 다른 지역의 크고 작은 분쟁지역에서 일어난 사건을 설명하는 데 도움이 될 수 있다. 제2차 세계대전 뒤에도 한국전쟁을 비롯하여 인류는 비교적 큰 전쟁을 겪었다. 아직도 지구 도처에서 전쟁이라는 집단폭력의 불길이 잡히지 않은 채 있다. 그래도 세계대전에 버금가는 전쟁이 일어나지 않은 것은 자각한 인간들이 조금이라도 늘어난 때문이라고 할까. 그러나 전쟁의 위협은 도처에 도사리고 있다. 한 가지 달라진 것이 있다면 전쟁은 이제 명분을 내세우지 않는다는 사실이다. 그만큼 인류는 뻔뻔스러워졌다. 전쟁은 이제 미국의 이라크 공격처럼 신무기의 실험과 컴퓨터 게임과 같은 비정한 기술 게임으로 변했다. 인간은 자신의 깡패기질에 보다 솔직해졌다고 할까.

전쟁은 신화적·낭만적 영웅주의도 아닌 비인간화된 기술과 전략의 신, 올림포스의 무감각한 신들의 권력수단으로 화했다. 인류의 '적'은 이제 공상과학영화에 나오는 우주인이나 외계인으로 투사되고 있다. 외계인의 괴상망측한 모습, 그 저항할 수 없는 초능력은 흡사 중세 사람들이 두려워하던 마녀의 힘과도 같은 것이 되었다. 그러한 이미지가 나타내는 비인간적 형상과 기계주의적 기능은 아마도 현대인의 무의식에 잠들고 있는 기계그림자, 이미 의식의 상당부분을 잠식해 버린 인간소외, 자기소외(Self-alienation)의 그림자의 투사상이며 그러한 비인간화에 대한 인간의 공포와 불안을 반영하는 것이다.

무의식의 그림자에 대한 인간의 공포는 이미 중세 서양에서 집단 정신병적 현상으로 나타났다. 그 하나가 선한 의지를 내세워 이교도를 칼로써 징벌하고자 했던 십자군(十字軍)의 원정이며 다른 하나는 마녀사냥이다.

마녀사냥

'마녀'는 높은 정신적 경건성과 도덕적 금욕주의를 표방하던 중세의 신앙 깊은 사람들의 무의식에서 의식의 일방성을 보상하기를 기다려온 본능적 충동의 표현이었다.

이처럼 사람들 마음속 억압된 본능의 투사를 매우 조직적으로 앞장서서 일으킨 것은 중세의 축마사(逐魔師 : 귀신을 쫓는 가톨릭 수도사)였고 이들에 합세한 민중과 교계(敎界)였다. 그것은 14세기에서 17세기에 이르기까지 몇 차례나 유럽대륙을 휩쓴 마녀사냥의 광풍(狂風)을 일으켰다.

독일 마인츠, 쾰른, 브레멘과 오스트리아 잘츠부르크 등에서 악마에게 몸을 맡기고 '주문' '마술' '기도' '음란한 추행'과 '부절제'가 성행함을 개탄한 독일의 가톨릭 수도사이며 신학교수인 크레머(Krämer)와 슈프렝거(Sprenger)는 로마 교황의 지지를 배경으로 이단자를 처단하기 위한 종교재판소의 재판관이 되어 활동하면서 마녀의 특성, 심문하는 법, 그 처리방법을 자세히 기록한 『마녀의 망치』(Malleus Maleficarum)를 펴냈다. 이 책은 열아홉 번이나 간행될 정도로 유명해졌는데 마녀색출과 처형의 교과서가 되었다.

의학사학자 질보르그(Zilboorg)는 책의 내용을 소상히 소개하면서 그것이 각종 정신병리현상과 성적인 내용으로 가득찬 것임을 밝혔다.[19] 정신병환자의 성적인 환각체험이나 망상을 내포하거나 정신병이라고 할 수 없는 히스테리성 해리상태를 나타내는 경우도 있었을 것으로 추정되고 단순한 상상에 불과한 것도 있었던 것 같다.

전통적 사고방식에 대한 비판적 반항정신, 새로운 것에 대한 호기심과 탐구욕은 기성교계에 의해 위험시되었고 이단시되었다. 점성술과 연금술은 악마의 것이며 마법사, 이단자, 정신병자는 모두 한결같이 루시퍼(Lucifer, 사탄)의 종이라고 보게 되었던 것이다. 수면 중인 남성과 성교하며 각종 폐해를 만든다고 믿었던 마녀(succubus)의 존재는 사람들을 증오와 두려움으로 몰아넣기 시작했는데 크레머와 슈프렝거의 책은 여기에 철퇴를 가하는 방법을 제시함으로써 조직적이고 과학적이며 신념에 찬 마녀에 대한 '신성한' 토벌작전을 결정적으로 강화시켰다.

수많은 가엾은 정신과 여자환자들이 마녀라는 낙인이 찍혀 짚단 위에서 불타 죽어갔다. 이들은 죽기 전에 고문에 가까운 모진 심문을 받았다. "마녀는 옷이 벗겨졌으며 상처와 고문의 흔적이 노출되었다. 악마가 숨을 수 없도록 머리와 음부가 깎였다. 사악한 눈길을 재판관에게 보내어 마법을 걸지 않도록 하기 위하여 뒷문을 통해 법정으로 데려갔다"라고 질보르그는 말했다.

『마녀의 망치』를 읽은 뒤에 남는 것은 이 책의 반(反)에로틱한 여성혐오의 특성이다. 우리들 문명의 전 역사에 있어서 성의 역할과 사회문제 요인의 하나로, 사회생활에 있어서 여성의 역할에 대한 남성의 태도는 이 르네상스 초기의 율법주의적·신학적인 문헌의 이러한 부분에 있어서 끔찍할 만큼 두드러

졌다.[20]

왜 이런 '마녀사냥'이 유행했고, 그것도 중세 후반기 새로운 과학과 예술이 싹트는 바로 르네상스의 준비기에 두드러지게 성했는지 질보르그는 몇 가지 견해와 이유를 제시했다. 그는 『마녀의 망치』를 영어로 번역했으며 마녀가 실제로 존재한다고 믿고 있던 줌머(Summer) 수사의 말을 인용하여 "마녀들의 목적은 군주정체의 철폐, 사유재산제도와 유산상속제도의 철폐, 결혼의 철폐, 질서의 철폐, 전 종교의 전면적 철폐였다"라는 견해를 소개했다. 그러나 마녀들이 그렇게 조직적으로 정치적 사회운동을 전개했다고 보기는 어렵다.

그러나 질보르그가 말하듯 이것은 그리스도교적 유럽의 사회적 · 정치적 통일체에 깊이 숨은 불안의 표현이었을 것이며 『마녀의 망치』는 기성질서가 불안정하게 되어간다고 우려할 만한 징후에 대한 반동이었다. 그 시대에 교회와 국가가 보인 일종의 '피해마니아'는 의심 없이 기성질서의 위기에 대한 불안감에서 나온 것이었고 또한 사람들은 새로운 사회적 세력과 새로운 정신적 이상이 일어나서 그동안 중세 유럽을 지배하고 있던 사회제도의 중핵 자체를 위협하려고 한다는 사실을 차츰 알게 되었다고 질보르그는 술회한다.[21]

그림자의 강력한 투사는 개인이든 집단이든 변환의 바로 직전에 일어날 수 있다. 그림자가 더 이상 무의식에 머물러 있을 수 없을 만큼 오래도록 무의식에 잠재해 있다가 보상적인 힘을 축적하였을 때 그것은 의식을 자극하여 여러 가지 장해를 일으킨다. 의식의 질서와 안정이 무너질 위험을 예감한 자아는 질겁을 하고 무의식에서 올라오는 낯선 충동을 막으려 한다. 그러한 방어가 실패했을 때 신경증적 증상이 나타나고 의식과 무의식의 분열의 정도가 너무 심하고 무의식의 보상작용이 너무도 강하게 의식을 엄습하여 의식이 이에 완전히 사로잡히거나 지리멸렬할 때 심한 정신병의 증후를 보인다.

한 시대의 변혁도 개인에게 일어나는 그와 같은 변환과 비슷하다. 그림자의 출몰은 사람을 불안하게 한다. 그러나 그 불안은 때로 창조적 변환의 목적을 지니고 있다. 그처럼 창조적 변환이 되려면 그림자를 외면하는 것이 아니고 이를 직시함으로써 가능해진다.

앞에서 지적했듯이 중세에서 르네상스기에 걸친 마녀사냥은 그 당시 사람들의 의식세계에서 배제된 자유분방한 삶에의 충동, 쾌락에의 욕구, 억압된 성적 욕구의 집단투사로 일어난 것이다. 그런 의미에서 마녀는 획일적 율법주의, 금욕주의, 정신주의의 특징을 가진 당시 사람들의 의식세계 밑에 도사리고 있던 집단적 그림자였다고 할 수 있다. 그러나 좀더 자세히 살펴보면 마녀는 그 당시 남성들의 여성혐오, 여성학대의 표본으로 남성들의 내적 인격인 무의식의 여성성, 아니마의 왜곡된 이미지를 대변한다고 하는 쪽이 더 합당한 설명이 될지 모른다.

어쨌든 마녀사냥과 같은 집단투사로 인한 집단처형의 역사는 그 뒤의 인류역사 속에 끊임없이 되풀이되고 있다. 가톨릭 교회의 부패를 없애기 위해 종교혁명을 거쳐 등장한 개신교의 나라 독일, 마지막으로 마녀의 처형이 있었던 1775년의 독일 땅에서 200년도 못되어 나치의 '유대인 사냥'이 일어난 것은 우연한 일이 아니다.

이념대립과 그림자의 집단투사현상

모든 정치적·종교적·사회적 이념의 대립에서는 언제나 크고 작은 마녀사냥이 있었다. 다만 마녀는 이름을 바꾸었다. '반동분자' '빨갱이' '배신자' '민중의 적' '이단자'──좌우 이데올로기의 대립이 첨예했던 시대에 좌익과 우익은 서로의 '적'을 색출하고 숙청하는 데 바빴다. 그 전형적인 예는 미국의 우익 매카시에 의해 전개된 좌익 색출작업이었다. 그 적이 결국 자기들 무의식의 그림자의 투사상이었다는 사실은 공산세계의 자본주의화, 서방세계의 사회주의화라는 체제의 변모로 짐작할 수 있다.

융은 이런 말을 했다. "광신은 내적 의혹에 대한 발작이다." 서슬 퍼렇게 적을 규탄하는 것은 불안 때문이다. 스스로 확신이 없을 때 사람들은 더 길길이 날뛰고 하나의 이념, 하나의 신앙, 하나의 주의에 매달린다. 우리나라에서도 몇 해 전에 불교도도 구원받을 수 있다고 말한 한 경건한 기독교인 교수를 종교재판과 같은 심의회에서 단죄한 사건이 있었다. 이것을 우리는 어떻게 이해해야 할까. 불온한 사상의 만연을 두려워한 점에서 정치적 숙청과 맥을 같이하고 있다고 해도 과언이 아니다. 물론 모든 것은 정의의 이름, 순수의 이름으로 처단되므로 처단하는 자는 자기의 불안을 모른다. 투사는 곧 불안을 보지 않을 수 있는 방어수단이기도 한 것이다.

사람이 자기와 다른 생각을 가졌다는 단지 그 이유 때문에 싸우고 죽은 숫자는 천재지변으로 인한 것보다 많을 것이라고 융은 말한 적이 있다. 그림자의 위험한 영향은 실제로 존재하며 우리가 그것을 인식하지 않을 때 인간의 생명과 실존을 위협한다.

냉전시대 미국을 중심으로 한 서방세계와 소련을 중심으로 한 공산세계의 대치관계는 그림자의 집단적 투사의 여러 가지 증후를 보여주었다. 스탈린이 지배한 소련은 도덕적으로 무책임하고 인권을 마구 유린하고 국제깡패나 다름없이 무자비하여 서방제국의 허를 찌르고 서방을 곤혹스럽게 했다. 그것은 양심과 도덕과 인권의 존중을 표방하는 미국의 페르조나 밑에 가려 있는 그림자에 해당하는 행태였다.

미국과 서방 민주세계가 애써 억제하고 있던 온갖 무례한 행동을 소련은 거침없이 행했다. 서방에서 볼 때 소련은 세계를 붉게 물들이려 하는 '악'의 괴수인 반면 서방은 '선'의 수호자였다. 그러나 소련 동맹국측에서 보면 미국은 타락한 자본주의자, 세계지배의 흑심을 가지고 있는 제국주의자였다.

서로가 서로의 그림자를 건드리면서 각자가 가지고 있는 기존체제의 결속과 우위성을 강조했다. 사실 상대방에게 무의식적으로 투사되었거나 의도적인 선동을 통하여 뒤집어씌운 그림자는 실제 성격을 어느 정도 지적하고 있었다.

미국의 '세계경찰'로서의 야망은 냉전 전이나 그 뒤에나 표면화되어 왔다. 그러나 소련 블록은 미국을 비롯한 서방의 자본주의적 타락과 무질서와 부조리와 내부의 갈등이 민주주의의 건전한 토양 위에서는 일사불란한 획일주의, 전체주의 체제보다 훨씬 인간본성에 가깝고 인간개성을 신장시키고 인간으로 하여금 집단적 암시에 휩쓸리지 않게 하는 힘을 갖고 있음을 몰랐다. 그리하여 전체주의 체제에서 방치된 개성의 자유를 누리고자 하는 인간의 희구는 무의식세계에서 의식세계의 변화를 초래할 준비를 해온 것이다.

또한 공산주의는 그것이 표방하는 이념의 절대성과 합리지상주의, 평등주의, 유물주의와는 매우 모순되는 현상을 드러냈다. 마치 거대한 절대권력을 쥔 중세의 교회처럼 비합리적인 이념에의 광신을 초래했고 하늘의 천국 대신 지상의 천국을 약속했고 민중 대신에 그것을 다스리는 살아 있는 신, 카리스마적 지도자를 만들어냈다. 또 이 지상낙원을 더욱 돋보이게 하기 위해서 선전, 선동 기술자로 하여금 수많은 화려한 의식(儀式)을 창안하게 했고 또한 이를 효과적으로 시행했다.

변증법적 유물론의 세계에서 일어나는 국가권력의 신격화는 표면상 주장되는 과학주의와 매우 모순되는 하나의 신흥종교현상이다. 신화와 종교와 모든 비합리성을 부정한 체제 속에서 새로운 신화가 다른 옷을 입고 등장한 것은 인류의 심성에서 종교적 심성과 비합리적인 세계를 인위적으로 말살할 수 없다는 사실을 단적으로 증명하는 것이다.

오늘날 이념의 투쟁은 지구상에서 사라지고 있다. 동서냉전은 종식되었고 미국과 소련, 서방세계와 동유럽의 벽은 무너졌다. 어제의 적은 오늘의 우방이 되어 오직 '실리'를 위해, 그것도 경제적 이익을 위해 손을 잡고 미소짓는다. 오늘날 미국과 구소련의 그림자는 어디로 갔는가. 커다란 세계적 대극으로서의 그림자의 알력은 보이지 않는다. 그 대신에 그림자는 두 나라 내부에서 발동을 시작하면서 먼저 전체주의 체제를 조각내기 시작했다.

융은 제2차 세계대전 뒤 이렇게 말했다. "우리 스위스 사람은 전쟁을 치르지 않았지만 그 대신에 우리 스스로 심각한 갈등을 겪어야 했다." 미국에서는 인권, 윤리성 등 국내문제로 몇 차례의 홍역을 치렀다. 그들은 세계질서 유지의 영도국을 자처하면서 친선의 손짓을 하는 과거의 적인 소련과 중국이라는 세력과 관계를 유지하면서 이제 집단적 그림자의 대외적인 투사대상을 잃어버린 듯이 보인다. 그러나 미국은 중동과 한반도 그리고 카리브해에서 만만찮은 그림자의 도전을 받고 있다. 그리고 성추문을 둘러싸고 대통령의 탄핵이 주장되는 정치적 물의가 전국을 휩쓸었다. 그러나 매스컴과 정치적 세력을 제외하고 대부분의 국민들은 오히려 그러한 성적 그림자의 집단투사에 끼어들지 않았다. 에로스의 문제는 대부분의 미국민에게 집단적 그림자를 형성할 만큼 억압되어 있지 않은 듯하다.

보스니아를 비롯하여 중동 아시아에서의 이슬람과 기독교 간의 알력은 국지적인 갈등이지만 종교적 이념의 그림자가 개입된 피비린내나는 싸움이었고 북아일랜드의 가톨릭 교도와 기독교도 사이의 뿌리 깊은 갈등에도 집단적 그림자가 짙게 드리워져 있다.

이념의 그림자는 정치권력의 수단으로 이용되고 그림자의 투사로 분쟁을 격화하고 마침내는 인종청소의 끔찍한 살육으로 치닫는다. 유고슬라비아의 코소보 사태도 그 한 예다. 인간들이 무의식의 그림자원형에 사로잡히고 스스로 악마가 되어 무고한 사람들을 죽인다. 그리고 수치스럽게도 세계의 마지막 분단국으로 남아 있는 한반도에서 남과 북의 대결은 좀처럼 수그러들 기미를 보이지 않는다.

인접국가 및 인종간의 그림자 투사현상

가까운 나라끼리는 다정하게 지내는 경우도 있으나 대개는 사이가 썩 좋지 않은 경우도 많다. 여기에는 물론 양국 사이에 여러 차례의 국경분쟁, 공격과 지배의 반복된 역사적 갈등이 있었기 때문이다. 서로의 국민이 입은 상처는 그림자를 더욱 강화하고 강화된 그림자는 후손 대대로 전달되어 직접 경험을 하지 않은 세대까지 같은 그림자를 갖게 만든다.

우리 한국의 기성세대는 한국인이 인접국가 사람들을 어떻게 불렀는지를 잘 알고 있다. 중국인은 '되놈', 일본인은 '왜놈'이었다. 미국인을 비롯한 백인은 '양코배기', 흑인은 '깜둥이'—이 말에는 모두 부정적인 어감이 물씬 풍긴다. 그것은 우리의 그림자였다.

중국인은 한인을 어떻게 보았을까. 워낙 속을 표현하지 않는 사람들이니 짐작하기 힘들고 시대에 따라 달랐겠지만 '동방예의지국'이라든가, '동방의 활 잘 쏘는 대인(大人)의 나라'(東夷族)라는 신화적인 이상향의 이미지만을 가졌던 것은 아님이 분명하다. '우리의 속국' '저 변방의 시골뜨기'라는 관념이 역대 중국왕조의 지배적인 조선관이 아니었을까. 물론 현대를 기준으로 말하는 것은 아니다.

일본인의 대한관(對韓觀)은 현재도 결코 밝지 않다. 우리가 일본인을 '왜놈'이라고 할 때 일본인은 '조센진'(朝鮮人)이라 한다. 이 말에는 온갖 나쁜 짓은 다하는 사람들이라는 의미가 깊이 함축되어 있다. 재일(在日) 한국인은 일본인의 '조센진 그림자'의 좋은 표적이 된다. 드러내놓고 말하지는 않지만 그런 이미지는 깊은 마음속에 감추어져 있다가 어떤 기회에 불쑥 표출된다. 일본 우익 정치인의 돌출발언은 일본인의 보편적인 '조선인 그림자'를 대변한다.

물론 식민지의 강제노동자로서 사회적으로 낮은 계층에 머물 수밖에 없었던 많은 조선인의 생활양태가 그러한 그림자 형성에 이바지했을 수 있다. 그러나 조선인 그림자를 가지고 있는 일본인의 의식에는 문명인, 세계 일등국의 자존심과 긍지, 한때 동양을 무력으로 지배했고 한반도를 여러 해 점령한 지배자의 오만이 있고 '더러운 것은 뚜껑을 덮어라'는 일본 군국주의 시대 군인의 격언에 따라 의식 밑바닥에 눌려 있는 그들 자신의 미숙한 면이다.

한말 일본에 수호사(修好使)로 따라간 사람이 기록한 당시 일본인의 행태를 보면 해방 후 최근까지의 한국인의 허세, 낭비, 무례함을 보는 것 같다. 그것은 현재 아마도 일본인의 얌전하고 겸손하고 정직하고 이성적이며 조직적인 의식구조 밑에 숨어 들어가 많은 일본인의 그림자로서 존재하고 있을 것이다.

그렇다면 우리의 대일관(對日觀)은 어떤가? 우리는 35년에 걸친 일본 식민지통치의 만행과 한민족 문화말살정책의 잘못을 누누이 기억 속에 환기시켜 그들을 미워하고 그들 문화를 경시하고 경계해야 한다고 다짐함으로써 일본인에 대한 집단적 그림자를 형성, 강화해왔다. 그러나 표면상의 서슬 퍼런 분노와는 달리 실제로는 정식으로 수입되기 전에도 일본 대중문화에 전염되어 있었다. 건물과 간판의 디자인, 화장술, 대중가요, TV 드라마 편성, 절하는 법, 심지어는 다도(茶道), 나라의 법률에 이르기까지 모든 분야에서 일본을 닮아가고 있던 것이다.

낯선 것은 배척의 대상이 되지만 그 마음 뒤에는 전염에 대한 두려움과 호기심이 섞여 있게 마련이다. 그러므로 우리 내부의 일본인 그림자, '왜놈' 그림자를 인식하지 않으면 자기도 모르게 우리의 의식을 동화하여 의식의 변화를 일으키면서도 자아의식은 그 변화가 어떻게 일어났는지를 모르는 장님과 같은 상태에 놓이게 된다. 그러므로 집단적 그림자는 인식과 의식적인 통합이 필요한 것이다.

독일과 스위스는 인접국가이지만 국민감정이 썩 좋은 편이라 할 수 없다. 여기에는 물론 히틀러가 한때 스위스 국경을 넘어 이 탈리아로 가는 통로를 마련하려고 스위스를 공격하려 했다는 사 실이 적지 않은 영향을 주었다고 한다. 그러나 스위스인의 상당수 가 같은 독일말을 하고 인종도 비슷한 게르만족인데도 스위스인 은 독일인이 잘난 척하고, 떼지어 다니고, 설쳐대고, 매우 피상적 인 사람이라고 불평한다. 독일인은 스위스인이 도무지 비사교적 이고 불친절하고 인색하다고 불평한다. 객관적으로 보아도 스위 스에 접경한 중남부 독일인은 외향적이고 독일어권 스위스인은 무척 내향적이다. 그러나 이들은 서로 자기의 열등한 내향성과 열 등한 외향성을 투사하고 있는 것 같다.

스위스인의 그림자를 집단적으로 투사할 수 있는 또 하나의 좋 은 대상은 외국인 노동자, 그것도 이탈리아 노동자다. 이들은 우 애가 깊고 몰려 다니고 가족적인데 가난하고 배우지 못해, 개인주 의적이고 냉철하며 이성적인 스위스인의 열등한 감정을 투사하기 에 알맞은 대상이다. 외국인 노동자에 대한 한국기업의 지나치게 강압적인 처사가 곧잘 신문에 보도되거니와 여기에는 경제논리뿐 아니라 우리 자신의 그림자문제가 개입되어 있다.

터키와 그리스인도 사이가 그리 매끄럽지 않은 듯하다. 물론 양 국 간에는 많은 분쟁이 있었다. 오스만제국은 그리스 땅을 말발굽 으로 휩쓸고 지나갔다. 그러나 그 반목은 다분히 국민성과 관계된 다. 터키 남자들은 씩씩하고 우직하고 성미가 급하고 흥분 잘하고 용맹한 군인기질을 가졌지만 그리스 남자는 매우 약고 장삿속이 빠르면서 꾀가 많다고 할 수 있다. 상대방이 자기의 열등한 기능 을 우월기능으로 가지고 있을 때 그것은 무의식의 열등기능을 자

극한다. 이렇게 열등기능이 의식에 떠오를 즈음 사람들은 자기의
열등한 면을 보기를 꺼리고 그것을 상대방에 투사해서 상대방이
가진 장점을 깎아내리려 한다.

인종 간의 갈등은 그림자의 집단적 투사현상의 또 하나의 좋은
표본이 될 수 있다. 그 대표적인 것이 미국에서의 흑백분쟁이다.
백인 우월주의가 없어지지 않는 한 흑인과 백인 사이의 갈등은 없
어지지 않을 것이다. 흑인은 피부색이 검은 만큼 곧잘 무서운 것,
알 수 없는 존재로 간주된다. 그래서 온갖 무의식적인 그림자의
투사를 받게 된다. 사람들은 흔히 '모르는 것' '낯선 것' 앞에서는
공포감을 가지기 쉽고 그 속에 알 수 없는 부정적인 영향력이 있
지 않나 의심한다.

오늘날 미국에서의 흑백갈등은 많이 누그러들었지만 한때 연쇄
적으로 일어난 흑인과 황색인종, 특히 코리언과의 갈등은 여러 가
지 이유가 있겠으나 우리의 '깜둥이 그림자'와 관계가 있다. 사실
단일민족인 한국인만큼 다른 인종, 다른 나라 사람과 섞이지 않
는 민족도 없다. 한국인의 의식에 오만과 자존심, 흑인 멸시의 감
정이 없었던들 흑인과의 인종갈등이 그토록 첨예화하지는 않았을
것이다. 물론 흑인은 미국인의 긍지를 내세워 '부정적인 한국인
그림자'를 해결할 필요가 있다. 한국인이 자기의 '깜둥이 그림자'
와 함께 흑인의 '코리안 그림자'의 존재에 좀더 주의를 기울였어
야 했던 것이다.

융은 미국인 환자의 환상을 분석한 『변환의 상징』에서 이런 말
을 하고 있다.

미국인의 분석에서 나는 흔히 그들 인격의 열등한 부분(이른

바 그림자)이 흑인이나 인디언으로 표현되는 것을 볼 수 있었다. 다시 말해서 유럽인 같으면 유럽인과 비슷한 부류의 사람들이 부정적 인격의 대표격으로 묘사될 만한 내용인데 미국인에게서는 인디언이나 흑인으로 묘사된다는 말이다. 낮은 민족을 대표하는 사람은 인간의 열등한 인격부분의 특성을 이룬다.[22]

1930년대 강연차 미국에 들렀던 융은 당시 미국의 백인이 나타내는 특이한 몸짓이나 표정에서 흑인의 모습을 볼 수 있었다. 또 그들의 꿈을 살펴보니 미국인의 심성이 흑인 심성의 영향을 받고 있었다. 미국인은 흑인을 노예로 부렸지만 흑인의 정신은 미국인의 의식을 변화시켰던 것이다. 정복자가 피정복자의 정신에 의해 정복되는 사례는 역사상 자주 볼 수 있는 현상이다.

1960년대 중반쯤 나는 우연히 스위스 군대의 사격 표적을 본 일이 있다. 그 모습은 눈이 위로 찢어지고 남방계 갓을 쓴 중국인과 흡사한 얼굴이었다. 칭기스칸이 유럽 대륙을 침범한 역사를 기억하고 있는 이들은 당시 핵폭탄 발사를 성공시킨 중공을 두려워했고, 순진한 스위스인은 유럽 대륙이 노란 빛깔로 뒤덮이는 황화(黃禍, gelbe Gefahr)를 두려워했다. 동양인은 말이 분명치 않고, 얼굴에 표정이 없고, 눈을 마주치지 않고, 속을 모를 사람이라고 혐오하는 서구인이 교양인 중에도 아직 있는 것을 보면 황색인종의 그림자를 가진 백인도 상당히 있을 것이다. 보통은 외교적인, 또는 지성인으로서의 점잖음으로 억제되어 의식되지 않으나 어떤 계기에 의해 투사되기 시작하면 집단적인 그림자 투사와 유색인종의 배척으로 나타날 수 있다.

1980년대 독일 베를린의 공중화장실에 'Jude aus!'(유대인 물러가라!), 'Ausländer aus!'(외국인 물러가라!)라고 씌어 있던 낙서가 생각난다. 물론 서양인이 긍정적인 동양인 그림자를 가지고 보통 이상으로 동양인을 좋아하는 경우도 있고 동양인과 사귀어 서로 잘 아는 사이에서는 그런 그림자문제가 일어나지 않는다. 그러므로 세계의 많은 사람들이 좀더 많이 만나고 토론하고 사귈 필요가 있다. 외국인을 무척 환대하지만 외국인과는 절대로 결혼하지 않으려 하고 그런 면에서 철저하게 배타적인 한국인의 태도가 어느 정도로 개방될 것인지는 알 수 없으나 아마도 다가오는 세기에는 많은 것이 변할 것이다.

지역감정과 집단적 그림자

우리나라에서 '지역감정'이라는 이름으로 지칭되는 개념은 '나쁜 것'이라는 뜻을 담고 있다. 지역감정은 있으면 안 된다. '지역이기주의' '지역패권주의' '텃세'를 뒷받침하는 감정이기 때문이라는 의미가 그 말속에 포함되어 있다. 그러한 지역감정은 분명 존재하고 그것은 국민화합에 해롭다. 그러나 지역감정이라는 용어와 그 부정적 의미로 해서 지역감정의 해결은 어렵다. 왜냐하면 부정적인 의미의 지역감정은 사실 정상적이고 건전한 지역정서 위에 뿌리박고 있기 때문이고 부정적인 지역감정을 억제하려면 건전한 지역정서까지 없애야 하는데 지역정서를 송두리째 없애려 해도 (가령 이주라는 형태로) 다른 형태로 다시 나타나기 때문이다. 왜냐하면 지역공동체는 인간들의 확대가족과 같은 것이고 확대가족은 상호유대와 화목을 지향하기 때문에 지역정서를 만들게 마련인 것이다.

그러므로 지역감정 문제를 해결하려면 빈대를 잡기 위해 초가

삼간을 다 태우는 우를 범해서는 안 될 것이고 정치인과 신문이 만들고 사용하고 있는 지역감정이라는 단어부터 버리거나 고쳐 써야 한다. 역설적으로 말하자면 이른바 지역감정은 오히려 지역 정서를 발전시킴으로써 완화할 수 있다.

지역정서란 그 지역 사람들이 공감하고 소중히 여기는 독특한 문화관습에 따른 여러 양식의 정서반응들이며 그것은 지역의 개성을 살리고 문화의 색깔을 만들어 창조의 원천을 마련한다.

인구 500만의, 우리나라보다 땅덩어리가 작은 스위스에는 실로 다양한 지역정서와 지역문화가 있다. 먼저 언어만 해도 독일어를 쓰는 지방과 불어를 쓰는 지방, 이태리어를 쓰는 지방에 로마어(Romanisch)를 쓰는 지방이 있고, 집의 모양, 사람들의 기질, 사투리가 저마다 다르다. 바젤, 베른, 취리히, 서부 스위스, 북동부의 상트갈렌, 유라 지역, 남부 사람의 성격이 모두 다르다.

독일은 어떤가. 남부 바이에른 사람은 쾌활하고 활달하지만 북부 사람은 근엄하고 사교성이 없다. 북이태리와 남부이태리 사람, 북프랑스와 남프랑스 사람도 비슷한 유형으로 서로 다르다는 말들을 한다. 일본에도 동경 중심의 관동지방과 교토 중심의 관서지방의 대립은 오랜 역사를 갖고 있다.

한반도에 이북 사람, 이남 사람, 함경도 사람, 평안도 사람, 충청도 사람, 서울 사람, 강원도 사람, 경상도 사람, 전라도 사람, 황해도 사람의 성격이 서로 다르다고 해서 이상할 것이 없고 각 지역의 독특한 풍토와 문화정서와 전통이 있는 것이 나쁠 까닭이 없다. 오랜 군사독재로 지방자치제의 도입이 너무도 늦어진 까닭에 지방문화의 발전이 매우 더딘 것이 사실이지만, 지방마다 고유한

농산물, 고유한 문화유산, 고유한 풍토의 맛, 고유한 축제, 고유한 관광상품을 개발 촉진하는 것은 바람직한 일이다. 이런 이유로 해서 지방정서, 향토문화는 보호되어야 하고 육성되어야 한다. 전국 어디를 가나 똑같은 구조의 집, 똑같은 아파트, 똑같은 관광상품이 있던 지난날의 획일주의는 개성 있는 지방문화로 바뀌어야 한다. 그것은 아기자기해서 재미있고 지역사람들의 삶의 질을 향상시키고 공동체의 협동과 발전에 도움을 준다.

그런데 문제는 지역정서가 문화의 향유를 중심으로 발전하지 않고 정치적·경제적 권력의지에 의해 오용되어 다른 지역문화에 대하여 배타적 태도를 조장한 데 있다. 이런 배타성은 자기 지역의 절대적 우월성, 이권유지를 위한 지역인의 야합이 이루어지는 곳에서 생기는 것이다. 지역문화에 대한 긍지를 가지면서도 다른 지역문화를 존중할 수도 있었을 텐데 왜 지역 간의 악감정 때문에 서로를 반목하게 되었을까?

첫째는 확대가족으로서의 지역성원의 유대가 이권을 위한 야합으로 변질하는 데 그 원인이 있다. 개인의 의식이 약하고 주체성이 확립되지 않았기 때문에 공사(公私) 구분을 못 하고 '끼리끼리 노는 병'에 걸리게 되는 것이다. 둘째는 정치인이 지역정서를 최대한으로 이용하여 논공행상(論功行賞)을 함으로써 지역성원의 지역공동체에 대한 의존심을 조장한 때문이다. 셋째는 인간은 아마도 어딘가에 검은 양을 두지 않고는 못 배기는 동물인 듯하다는 것이다.

어느 나라에나 소외된 지역과 주민이 있다. 스위스의 유라지방, 스페인의 바스크족 등 — 또한 획일주의, 독재, 전체주의가 판을 치는 곳에서는 특히 검은 그림자가 한구석에 도사리게 된다. 독재자는 독재를 유지하기 위해서 그것을 키우기조차 한다. 독재자는 적이 있음으로 해서 더욱 집단성원을 단결시킬 수 있다. 5·18 광주대학살은 집단적 그림자의 투사를 이용한 독재권력집단의 명백한 만행이었다. 어떤 특정집단을 미운 오리새끼로 만들어놓고 그 집단성원을 무조건 구박하거나 백안시하거나 혐오하는 것은 정말 불행한 일이다.

이것을 해결하려면 상대방에 투사하고 있는 온갖 도덕적으로 취약한 이중성을 자기 자신 안에서 찾아야 할 것이다. 동시에 해당 집단성원은 스스로 노력해서 부정적인 그림자의 투사를 받을 만한 행동을 하지 않도록 하는 일이다. 그리하여 투사를 조장하는 악순환의 고리를 끊을 필요가 있다. 그림자의 투사는 흔히 우리가 가진 성격의 일부와 일치되는 경우가 많다. 그림자의 투사는 편견에 찬 것이지만 그로부터 우리는 우리 마음속 진실의 일부를 통찰할 수 있어야 한다. 그림자의 투사를 받으면서 항상 억울해하고 피해자의식을 가지고 반발만 하는 것도 성숙한 태도가 아니다.

그러나 무엇보다 중요한 것은 올바른 정치를 펴 공사가 분명히 구분되고 지역주의에 영향을 받지 않도록 공평한 정치를 하는 일이고 균형 있는 지역발전을 실현하는 일이다. 각 지역의 개성적 매력을 최대한 발휘시켜서 국민으로 하여금 골고루 맛보게 해주는 일이다. 개인이든 집단이든 권력과 이권에의 집착은 창조성의 결여에서 온다. 창조의 기쁨을 아는 자의 집단은 권력에 연연해하지 않는 법이다.

2. 꿈에 나타난 그림자의 현상

융의 꿈의 사례 중에서

그림자는 일차적으로 무의식의 상(像)으로 나타난다. 그러므로 그 존재를 명확히 알려면 꿈의 분석을 통해야 한다. 먼저 융이 꿈의 기능을 설명하면서 소개한 사례 중에서 그림자상을 나타내는 것 몇 가지를 들어 설명하기로 하자.

사례 1

미련한 편견을 고집하여 이성적인 토론에 완강하게 저항하는 것으로 유명한 부인.

어느 날 그녀는 중요한 사교모임에 참석하고 있는 꿈을 꾸었다. 여주인이 인사하며 말했다. "이렇게 와주시다니 너무나 반갑군요. 친한 분들이 모두 오셔서 당신을 기다리고 계십니다." 여주인은 그녀를 어떤 문 쪽으로 안내하여 그것을 열었다. 꿈꾼 사람이 그 속으로 걸어들어갔다. 그곳은 외양간이었다![23]

그 파티의 여주인은 일종의 '인도자'다. 꿈꾼 사람으로 하여금 그녀의 옹고집을 소 외양간이라는 충격적인 이미지로 지적하고 가리켜준 존재다. 무의식은 이렇게 해서 꿈을 꾼 사람이 자기를 더 잘 인식할 수 있도록 돕는 역할을 할 수 있다.

여기서 꿈꾼 사람의 그림자는 '외양간'이었다. 그녀가 결코 자기 속에 있다고 생각하지 않은 것이다. 융에 의하면 이 여자는 '그녀의 자부심을 그렇게도 직접적으로 강타한 꿈의 요점'을 처음에는 인정하려 하지 않았지만 결국 '자기가 자신에게 가한 핀잔'을 외면할 수 없어 그것을 인정하지 않을 수 없었다고 했다.

사례 2
자신을 매우 높이 평가하고 고상한 척하는 사람.

그는 다른 사람이 자신이 고상한 척하는 데 짜증을 내고 있다는 사실을 모르고 있었다. 그런데 그는 시궁창에서 구르는 술 취한 부랑자를 본 꿈을 융에게 가져왔다고 한다. 그는 이 광경에 대해 "인간이 저토록 타락할 수 있는 것을 보게 되다니 끔찍한 일이다!"라는 오만한 한 마디를 뱉었을 뿐이라고 한다. 그러나 그 꿈은 "자신의 장점을 과장하고 있는 그의 생각을 적어도 얼마간은 상쇄하려는 시도임에 틀림없다"라고 융은 말했다.[24]

다시 말해 꿈은 그가 지나치게 고상한 척하는 것이 그의 본성(자기)에서 너무나 벗어나 있으므로 수정되어야 함을 가리키고 있었다는 것이다. 꿈은 의식의 일방성을 지양하여 의식과 무의식이 합쳐진 전체성에 가까운 자세를 갖도록 하는 기능을 가지고 있다. 그런데 이 환자가 그렇게 고상한 태도에 집착한 데는 또 하나의 현실적인 문제가 있었는데 그에게 술중독으로 폐인이 된 형제가 있었던 것이다. "그의 우월한 태도는 외적인 상이며 동시에 내적인 상으로서의 그의 동생(또는 형)을 보상하고 있었다"고 융은 회상했다.[25]

사례 3

평소에 허영심 많고 불성실한 모사꾼으로 여기고 싫어했던 여자를 꿈에서 반복적으로 보게 된 한 여자.

꿈꾼 사람에게 그녀는 꿈속에서 마치 자매처럼 다정하게 대했다. 꿈꾼 사람은 스스로 심리학에 대하여 지적 이해를 가지고 있다고 자부하던 여자였고 자기의 인격에 대해 매우 명확한 확신을 갖고 있던 사람이었다. 이 꿈은 그녀에게 자신의 권력 콤플렉스와 그녀의 숨은 동기들을 가리켜주며 그녀 자신이 그 다른 여자와 닮은 무의식적인 성격의 '그늘 안'에 있다는 사실을 알려주고자 했다고 융은 말한다. '그늘진 측면', 즉 무의식의 그림자를 자기의 것으로 인식하는 것이 이 사람에게도 쉬운 일이 아니었다고 한다. 그녀는 언제나 이런 경우에 자신보다 다른 사람들을 비난했다.[26]

사례 4

거만하고 고상한 척하고 잘난 체하던 어떤 부인.

그녀는 '온갖 역겨운 것을 연상시키는 충격적인 꿈'을 꾸었다고 한다. 융이 그 뜻을 밝혀내자 그녀는 분개하며 인정하려 하지 않았다. 그러자 꿈은 점점 더 위협적이 되어 그녀가 늘 정열적인 공상에 잠기며 혼자서 다니는 숲속의 산책에 관한 언급으로 차게 되었다. 융은 그 위험을 알고 경고했으나 말을 듣지 않다가 어느 날 숲속에서 성도착자로부터 습격을 받아 봉변을 당했다고 한다.[27]

이 경우, 그녀의 역겨운 그림자가 꿈속에서 반복적으로 출현한 것은 그녀로 하여금 그러한 측면을 인식하기를 요구했고 그것을 외면할 때 일어날 수 있는 재앙에 대한 경고였던 셈이다. 그녀는 그것을 보지 않으려 했고 오히려 스스로 자기의 몸을 위험한 상황에 노출시켰던 것이다.

이 사례는 기묘하게도 다음의 사실을 반증하고 있다. 즉, 만약 우리가 무의식의 그림자를 진지하게 살펴보지 않고 외면한다면 그 그림자에 해당되는 외부현실의 인물을 끌어들이는 수가 있다는 사실이다.

그림자상이 반드시 역겹고 추잡하거나 고집스러운, 부정적 성격으로만 나타나는 것은 아니다. 유명한 정치적 지도자, 사회명사의 모습으로 나타날 수도 있다. 융이 지적한 대로 사람들은 알렉산더 대왕을 만나거나 엘리자베스 여왕과 함께 차를 나누기도 한다.[28] 의식상황에서 열등감을 가지고 있을 때 꿈에서는 그러한 식으로 과대관념을 표현한다. 그것은 흔히 조용한 내향형 인간들의 무의식에서 잠자는 권력 콤플렉스, 허영심, 명예욕과 같은 것이다.

한국인 피분석자의 꿈에 나타난 그림자상

한국인 피분석자의 그림자[29]도 서양인 환자의 그림자와 비교해 그 내용이나 작용에서 차이가 없다. 다만 그림자가 표현되는 대상과 이름은 물론 그 나라 또는 그 시대의 사회문화에 따라 다르게 나타날 수 있다. 한국인의 꿈에 나타난 그림자 이미지는 서양인이 꿈에서 보는 그림자상이나 마찬가지로 실로 다양하다.

남성의 경우 역사적으로 유명한 인물, 즉 외국의 대통령들, 히틀러 같은 악명 높은 수령, 한국의 역대 대통령, 김일성, 모택동, 주은래, 그밖의 국내외 유명 정치지도자 등 이미 널리 알려진 사람의 모습으로 나오기도 한다. 또 단순히 중국인, 미국인, 영국인, 흑인, 일본인, 이탈리아인, 소련인으로 나타나기도 한다. 경찰, 정보원 등으로 나타나기도 하는데 70, 80년대에는 중앙정보부원, CIA 요원, 방첩대장, 기관원, 간첩 등으로 흔히 등장했다. 또한 당시에는 북괴군, 중공군이 곧잘 그림자로서 나타나 쫓기거나 싸우곤 하는 꿈이 많았다.

개별적인 꿈의 그림자상은 비록 그것이 알려진 이미지이거나 집단적으로 누구나 그 뜻을 공유하고 있는 상이라 하더라도 꿈을 꾼 개인의 그 이미지에 대한 연상과 문맥을 알아보고 그 뜻을 생각해야 하므로 위에 든 여러 그림자상의 심리학적 의미를 획일적으로 정형화해서 말할 수는 없다. 그러나 정치지도자의 등장은 청년들의 무의식에 잠재된 권력 콤플렉스에의 집착과 관계가 있는 것은 틀림없는 일이다. 간첩이라든가 CIA 요원 같이 음성적으로 힘을 발휘하여 기성체제를 위협하는 요소는 심리적 용어로 말한다면 무의식에 숨어서 파괴적인 작용을 준비하고 의식의 질서를 무너뜨릴 수 있는 콤플렉스들이라고 할 수 있다. 서양인 피분석가의 경우도 내향적인 남성이 의식에서 소화하지 못하여 무의식에 억압되어 이루어진 그림자상은 빌헬름 황제 2세, 소련군, 중국인, 흑인, 미국의 북군과 남군 등으로 나타나는 등 다양하다. 어느 경우든 군인들, 적병들은 대체로 사회적 책임의 의식이나 일상생활에서의 규율성이 해이해졌을 때 꿈에 나타날 수 있는 그림자상들이다.

한국인 여성 피분석가의 경우도 그림자는 다양한 모습으로 나타난다. 중국여자, 여자분석가, 마릴린 먼로 등 여배우, 미친 여자, 무당, 또는 가수, 탤런트 등 국내외 유명인의 모습으로 등장할 수 있다. 여성의 경우 권력충동은 그림자보다도 부정적 아니무스상으로 흔히 나타난다. 남성이나 여성이나 어느 경우에든 개인적 그림자는 가족, 친구 등의 이미지를 빌려 나타남은 말할 것 없다.

남성의 경우 도둑, 깡패, 불량배, 검은 그림자로 나타날 것이다. 한국인의 그림자상으로 과거에 가장 흔하게 나타났고 현재도 더러 나타나고 있는 집단적 그림자상은 무엇보다도 북한군 또는 북한이라는 지역이다. 그것은 '매우 낯설고 위협적이며 자유를 구속하는 통제된 사회'로 대부분 사람에게 비쳐지고 있듯이 꿈꾼 사람의 무의식 속에 있는 바로 그러한 성격을 나타내는 그림자 또는 콤플렉스를 상징적으로 표현하고 있다. 현실적인 남·북한 대립은 우리 정신세계의 대극성을 대변하게 되었고 남은 '북한 그림자'를, 북은 '남한 그림자'를 형성하여 서로 상대방에게 투사하고 있다. 그런데 꿈에 나타나는 한국인의 북한 그림자는 항상 음산하고 무서운 모습으로 나타나는 것은 아니고 이미 60, 70년대부터 남북한 화합과 통일의 시도를 시사하는 이미지가 드물지 않게 등장하고 있다.

물론 남북한의 현실적 대립관계를 다만 무의식의 그림자 투사만으로 설명할 수는 없다. 남북한 간에는 엄연히 서로 받아들이기 어려운 통치체제와 이념상의 차이가 있다. 그러나 오랜 남북의 대립과 교류의 단절, 상호비난은 부정적인 그림자를 집단적으로 길러주었고 집단적 그림자의 상호투사는 현실을 제대로 볼 수 없게 만들었던 것이다. 주목할 것은 정치선동의 목적으로 역대 군사정부가 그림자의 집단적 투사를 조장해온 데 대한 반작용으로 북한에 대한 순진한 '감상적 호감'이 일어나는 경향이 발견되고 있다는 사실이다. 이 경우는 의식의 지나친 부정적 시각에 의해 무의식에 억압된 긍정적 그림자가 북한에 투사되고 있을 가능성이 크다.

북한사람의 무의식이 남한사람에게 무엇을 투사하고 있는지는 알 수 없다. 그것이 긍정적이든 부정적이든 그림자의 투사는 어쨌든 현실에 대한 냉철한 인식을 흐리게 한다. 그러나 투사내용이 언제나 황당한 것이 아니고 현실의 일부를 지적하고 있는 경우가 많으므로 그 내용을 놓고 냉정하게 현실을 성찰하는 것은 유익한 일이다.

중요한 것은 어느 체제가 인간을 보다 인간답게 존중하고 각 개인의 능력을 자유롭게 발전시키는 조건을 갖추고 있느냐 하는 것이다. 남북 양측은 인간의 권리, 인간의 존엄성, 개성의 자유, 그리고 인간다움의 실현을 놓고 서로 비판하고 서로 경쟁을 벌여야 할 것이다. 이런 말은 비단 남북관계에만 해당되는 것은 아니다. 정파 간의 갈등, 모든 집단 간의 반목과 대립에서 우리가 유의해야 할 점이다. 어느 경우나 인간의 존엄성을 위한 올바른 비판이 곧 무의식적 투사일 수는 없다는 것이다. 그러나 투사에 입각한 비판은 비난과 비방이나, 혹은 지나친 영합과 개인적 편애의 독소를 품고 있다. 올바른 비판이란 자기성찰을 토대로 한 현실인식에 바탕을 둔 것이다.

꿈에 나타난 집단적인 그림자는 물론 세대 간의 경험의 차이에 따라 달라질 수 있고 그림자를 대변하는 이미지도 시대상황의 변천과 더불어 변한다. 6·25전쟁을 겪은 사람은 유난히 전쟁 꿈을 많이 꾸게 되고 심적 갈등을 전쟁장면으로 표현한다. 물론 전쟁을 겪지 않은 세대도 한국전쟁의 꿈을 꾸지만 이를 겪은 사람에게서 더 흔히 나타나는 것은 역시 전쟁이라든가 동족상잔, 남북의 갈등이 그 세대의 집단적 상처가 되었기 때문이다. 융은 심리적 상처를 입은 충격적인 사건은 반복적으로 꿈에 나타날 수 있다고 말하였다.

그림자의 상이 꿈속에 어떠한 이미지로 나타나든, 어떤 이름을 가지고 나오고 그 이름이 시대에 따라 어떻게 변천하든, 실제로 겪은 마음의 충격과 관계가 있든 없든 모든 꿈의 의미를 해석하려면 꿈을 꾼 사람의 개인적인 연상을 알아야 하고, 그 사람의 의식상황을 알고, 꿈의 해석에 관한 충분한 수련을 받은 사람에 의해서 실시되어야 한다. 그러므로 일정한 꿈의 유형에 대한 지금까지의 설명을 규격화해서 비슷한 꿈의 내용을 해석하는 데 적용하는 것은 무의미한 일이다.

이제 몇 가지 사례를 중심으로 한국인의 꿈에 그림자가 어떻게 나타나는가를 제시하고자 한다.[30]

사례 1

무척 머리가 좋고 완벽주의자이며 도덕적 책임관념이 강한, 분석 시작 당시 37세였던 이 중년부인은 불안과 각종 정신적·신체적 장애를 앓고 있었다. 치료를 거듭해 상태는 상당히 호전되던 중이었으나 필자의 사정으로 분석은 27회로 중단되었다.

그녀의 꿈에는 주로 개인적 무의식의 내용들이 많이 나왔는데, 그림자라고 할 만한 이미지들은 학교시절 친구들, 가족, 북한 여가수 등 시대적·사회적 이미지와 '사나운 돼지'와 같은 동물상으로 표현되었다. 그것은 그녀가 평소에 억제하여온 물질적 욕망, 나태함, 감각적 사치와 허영을 나타내고 있었다.

분석 첫 시간에 가져온 꿈에는 다음과 같은 내용이 있었다.

별로 친하지도 않은 친구 중의 한 명인 A란 사람이 쓴 드라마가 연극화되었는데 그 친구가 극중의 여주인공이 되었다는 것이다.

친구 A는 고교, 대학 때 동창인데 질투심이 많은 사회사업 전공출신으로 그리 친하지 않았고 현재 가정주부라고 했다. 꿈꾸기 전날 TV에서 좌담회를 했는데 어떤 한 사람이 말을 독차지하고 있는 것을 보고 못마땅히 생각했다. 꿈은 이밖에도 다른 내용이 있었으나 그림자와 관련지어 이야기를 하자면 꿈에 나타난, 평소에 별로 좋아하지 않던 질투심 많은 동창생은 바로 겸손을 중요시하던 그녀의 의식에서 배척되어 무의식에 억압되었던 인격부분으로 질투심 많고 자기중심적인 성향의 그림자상임이 밝혀졌다.

피분석자는 우선 이 사실을 인식해야 했다. 꿈속에서 친구는 극중의 여주인공이 되었는데, 그것은 꿈꾼 사람에게 부러움의 감정마저 자아냈다. 이 꿈의 그림자상은 그녀 자신의 희생정신과 타인에 대한 배려를 수정할 뿐 아니라 그녀가 배척해온 성격요소 속에 예술적, 창조적 능력이 들어 있으며 자기 중심성이 자기 주장으로, 질투심이 선의의 경쟁심으로 분화 발달할 때는 창조적 환상에 참여할 수 있게 됨을 제시하고 있다.

피분석자의 꿈에는 '수수한 차림의 여자'와 '온갖 멋을 부린 아가씨'의 짝이 나타났고 '공부 잘하고 인물 뛰어나고 가정 좋아 부러워하던 친구'와 '평범한 친구'를 보는 꿈이 있었다. 그림자는 평범한 것과 화려한 것 또는 유복한 것의 짝을 나타냄으로써 피분석자의 무의식의 양가적 감정을 표현했고 그것이 특별한 감정반응 없이 꿈에 제시됨으로써 양자(兩者)의 통합을 촉구하는 듯했다. 분석 시작 후 3개월 뒤에 그녀는 다음의 꿈을 가져왔다.

친구 B가 코발트빛으로 된 겉옷을 해 입었다. 그토록 촌스런 얼굴에 세련된 빛깔의 옷을 입으니 영 어울리지 않았다.

• 연상
친구 B : 고교 친구로 한 그룹이었다. 조용한 성격에 못생겼다. 약국을 잘 경영한다. 몇 해 동안 못 보았다.
코발트빛 : 세련된 색이다. 과거에는 청색을 좋아했으나 지금은 노란색이 좋다. 청색은 맑고 깨끗하기는 하나 따뜻함이 없다. 너무 이기적인 색이다.

그토록 촌스런 얼굴의 여인이 다름 아닌 그녀 자신의 내적인 모습이라는 사실을 스스로 받아들이는 것은 쉬운 일이 아니었다. 그런데 그 내적인 여인, 꿈을 꾼 사람이 미처 모르고 있는 무의식의 열등한 인격상은 비록 미적 감각의 관점에서는 못생겼는지 모르나 나름대로 능력 있는 사람이었다. 피분석자는 미적 감각의 불균형을 보고 놀랐으나 그 사람의 진가를 보고 있지 않다. 다시 말해 피분석자는 꿈속에서 어울리지 않게 옷을 입은 친구의 이미지로 나타난 열등한 감각기능——특히 미적 조화의 면에서——을 가지고 있으나 그것을 과보상하려는 나머지 표면상의 감각적인 조화·부조화에 매우 예민하게 집착하고 있다. 다른 한편 겉옷이란 밖에 내보이는 것으로써 집단사회와의 접촉을 통해 이루어지는 개인의 대사회적 태도, 혹은 사회적 역할을 상징적으로 표현하는 것으로 분석심리학에서 페르조나라 부르는 것에 해당된다.

피분석자는 과거에 코발트 청색을 좋아했으나 너무 차고 '이기적'인 듯해서 현재는 따뜻한 노란색이 좋다고 했다. 그런데 꿈의 친구는 현재 좋아하지 않는 세련된 청색을 입고 있다. 이것은 한편으로는 '어울리지 않게 남들에게 지나치게 세련되어 보이고자' 하는 피분석자 자신의 무의식적인 마음일 수도 있으나 다른 한편으로는 세련되어 보이는 노력을 포기한 채 수수하고 무난하게 지내려는 그 당시의 의식적 태도를 수정하려는 목적을 지닌 꿈일 수도 있다. 현재 노란색(따뜻한 것)을 선호하는 의식의 대사회적 태도와 청색(세련된 이성)을 좋아하는 무의식의 태도가 서로 조화를 이루도록 하고자 하는 무의식의 시도라고 볼 수 있다.

그림자는 개인적 차원을 넘어 보다 깊은 본능의 세계로 이어지고 있다. 그것은 꿈에서 무서운 짐승, 추악하고 역겹고 더러운 존재로 나타난다. 그것은 그림자인지 혹은 부정적 아니무스, 부정적 아니마, 또는 원형의 그림자인지를 구분할 수 없는 상태에 있다. 같은 피분석자의 다음 꿈과 같은 경우에서 그 예를 찾을 수 있다.

동생과 함께 가까운 길로 어떤 장소에 가려고 문을 열었더니 돼지들이 우리를 잡아먹을 듯이 수십 마리가 꿀꿀거리며 몰려온다. 무서워서 도망쳐 나왔다. 그런데 저쪽에서 R(분석가)교수님이 오신다. 웬일이냐고 해서 자초지종을 설명했더니 길을 가르쳐주겠다 하신다. 그곳으로 가니 좀전의 그 문인데 사나운 돼지들이 아주 순한 사람과 같은 돼지로 변해 있었다.

꿀꿀거리는 돼지는 피분석자가 싫어하고 무서워하는 것, 더럽고 추하고 욕심 많은 충동이었다. 깨끗하고 도덕적으로 완벽하고 성실한 의식이 용납하지 못한 탐욕이다. 이 꿈은 그 충동성과 공격성을 부드럽게 하여 의식이 받아들일 수 있도록 하는 데 분석작업의 힘이 중요한 영향을 끼칠 수 있음을 보여주고 있다. 꿈에 나타난 분석가는 실제보다도 과장되고 마술적인 능력을 가진 사람으로 표현되어 있다. 그것은 현실적인 치료자이기보다 피분석자의 무의식 속에 있는 치료자 원형(healer archetype)의 특성을 나타내고 있다.

그러한 초인적인 힘을 가진 이미지는 곧잘 치료자에게 투사되어 이른바 긍정적 전이라는 현상을 일으킨다. 그러나 피분석자는 그러한 능력이 자기 안에 있다는 사실을 먼저 알아야 했다. 그렇게 충분히 인식할 수 있기에는 더 많은 분석시간이 필요했다.

사례 2

분석을 시작할 때 25세인 남자 대학생이었다. 강박적일 만큼 완전무결주의자이며 예민한 성격이었다. 사소한 일에도 자존심 상해하거나 감정폭발을 억제하지 못하고 때로 폭행을 하는 경우도 있었다. 정신적·신체적 장애증상과 가족과의 갈등, 대인관계 적응상의 문제로 찾아온 경우이다.

그의 꿈에서는 그 나이의 학생에게서 흔히 볼 수 있는 권력과의 갈등, 과대관념, 우월감이 여러 가지 형태로 나타났다. 간헐적인 분노 폭발과 폭행은 사실 무의식에 오랫동안 억제되어온 그림자와 관계가 있었다. '선배에게 불량한 태도를 보이는 후배들' '반말로 불손하게 말하는 어린 학생'과 같이 피분석자가 가진 전통적인 장유유서(長幼有序)의 인간관계를 위협하는 내부의 성격 경향으로, 이는 그 자신의 그림자였다. 꿈에서 피분석자는 이들을 때려눕히거나 벌을 주고 있었다.

이런 경향은 비단 이 사람에게 국한되는 것이 아니고 전통적 유교문화의 세례를 받은 한국인 청년의 꿈에는 잘 나타나는 일이다. 예를 들면 극히 점잖고 예의 바르고 정서적으로 안정된 피분석자의 꿈에 '깐죽거리고 찰거머리같이 붙어다니는 녀석' '건들거리고 건방진 녀석' '우리 학교 학생도 아닌데 반말로 지껄여 몹시 언짢게 생각하는 학생'이 나타나서 피하거나 때려눕히는 것을 볼 수 있다.

사례 2의 피분석자의 그림자는 특히 권력에의 지향, 권위자 콤플렉스를 대변하는 정치적 지도자, 혹은 음성적 파괴자인 간첩과 같은 이미지로 나타났다.

김일성과 주은래가 방문하게 되어 있는 교실에서 나는 점심 식사를 하고 있었다 —— 김일성과 주은래가 왔다. 뭐라고 훈시를 했다(다음부터 식사가 이것만 못하리라는 소리 같았다).

일본에서 만세를 부르며 데모 같은 것을 하고 있었다. 이승만 씨는 데모대 가운데 있었는데 지도자였다. 나는 선두에 서 있었다. 이승만 씨가 나를 따르고 있는 것 같았다(그는 지도자였으나 노인이었다). 한참 걸어가는데 코브라같이 생긴 지렁이(모습은 코브라, 껍질은 지렁이)가 나타났다. 나는 얼핏 보고 그냥 스쳐 지나갔다.

개인적인 연상이나 1970년 당시 한국사회의 관념으로 보아 부정적 특성을 지닌 김일성은 이 꿈에서 주은래나 이승만과 마찬가지로 '강력한 권력자 또는 정치가'로 등장했다. 이승만은 일본에 대해 일관되게 외교적 배척을 지속했던 사람으로 꿈을 꾼 사람에게는 민족주의자였다. 그는 지도자였으나 노인이어서 꿈꾼 사람이 앞장서서 데모를 하고 있다. 이 청년의 정치적 야심, 권력에의 의지는 비단 무의식의 경향이 아니고 상당히 의식된 것이었다. 그러나 꿈은 그것을 더욱 구체적으로, 알려진 정치지도자의 이미지를 통하여 극화하고 있다.

꿈의 두 장면, 김일성과 주은래의 훈시, 그리고 일본에서의 데모는 한편으로는 권력자에 의한 지배와 복종을, 다른 한편으로는 압제에 대한 항거와 자유독립을 위한 투쟁을 나타내고 있어 권력자에 대한 양가적 태도를 보여주고 있다. 부권(父權)에의 수호나 의존, 반면에 그를 이겨내려는 자립에의 의지는 실제로 이 사람에게 지속된 심리적 문제였다. 꿈의 말미에 지렁이의 껍질을 가진 코브라가 얼핏 보인 것은 독립에의 의지 뒤에는 사실 원형층에 뿌리 박고 있는 모권적 충동, 경우에 따라서는 위험할 수도 있는 권력 충동이 도사리고 있음을 암시한다.

그림자는 개인적 무의식을 넘어 집단적 무의식의 내용으로 나타날 수 있다. 그것은 원형상의 양면성 중 어두운 파괴적 측면이다. 즉 권력충동, 지배욕과 같은 것이다.[31]

짐승에게 쫓기고 있었다. 아마 사자였던 것 같다. 판잣집 같은 데로 도망쳐 들어갔다. 그곳에 문이 몇 개 있었는데 잘 닫히지 않았다. 나는 방 안을 허둥지둥 뛰어다녔다. 사자는 한 마리였다가 다시 두 마리가 되었다. 도망가기가 어려웠다. 고양이가 판잣집 안으로 들어왔길래 손으로 잡아서 내던졌다. 활을 잘 쏘는 어떤 모르는 남자가 사자를 겨누고 차례로 쏘아 두 마리를 쓰러뜨린다.

무슨 운동경기인가 미국과 영국이 한다고 한다. 나는 영국 쪽에 가담한다. 결국 영국이 이겼다.

• 연상
활 쏘는 사람 : 나는 어린 사람, 활 쏘는 사람은 어른이다.
미국 : 외향적이고 활동적이나 예의가 없는 성격
영국 : 보수적이나 고상한 성격

이 꿈은 피분석자가 강도, 도둑, 소련군, 인민군 등의 이미지로 나타난 그림자와 치열한 갈등을 일으키는 꿈에 이어진 것이다. 특이한 것은 이제 이 꿈에서 사람의 모습으로 나오던 그림자상이 모성본능의 공격성을 상징하는 무서운 사자 등 짐승으로 바뀌고 그것을 이겨내는 것은 총을 든 사람이 아니고 활 잘 쏘는 남자라는 점이다. 활 쏘는 행위는 전통적으로 도(弓道)의 전일성(全一性)을 표현한다. 양극의 팽팽한 긴장과 조정을 통하여 목표인 중앙을 관통하는 것을 지향하는 활 쏘기는 정신적 대극의 긴장을 거쳐 마음의 중심에 이르는 자기실현의 목표를 표현할 때 매우 알맞은 상징이 될 수 있다.[32]

환자는 꿈에서 어린 사람으로 나오고 활 쏜 사람은 어른으로 나왔다는 것도 활 쏘는 사람이 위기의 순간에 도움을 주는 성숙한 어른(大人)으로 범상한 사람이 아님을 암시하며 전체정신을 실현하는 무의식의 자기원형의 상징으로 보인다. 파괴적인 본능의 극복 뒤에 나타나는 그림자문제는 치열한 갈등이 아니라 운동경기와 같은 경쟁관계로 변화하고 있다.

피분석자에게 미국은 외향적이고 활동적이지만 예의가 없는 성격을, 영국은 보수적이지만 고상한 성격을 나타내고 있는데 꿈은 외향적이라기보다 내향적인 태도를 갖추는 것이 피분석자에게 유익하다는 사실을 가르쳐주고 있다.

사례 3

분석을 시작할 당시 30세였던 이 남자 피분석자는 매우 점잖고 감정적으로 안정되어 보이는 높은 지능을 가진 직업인이었다. 꿈에는 미친 녀석, 깡패, 거인, 난쟁이, 일본인, 독일군, 미군, 이탈리아인, 중공군, 조선조 말의 대신, 적병, 건방진 애들로 대변되는 다양한 그림자상이 나타났다. 그것은 보통 젊은 남성, 특히 예의 바르고 성실한 사람의 꿈에 흔히 나타나는 이미지들이다. 그 가운데서도 히틀러의 그림자가 나타난 다음의 꿈은 매우 충격적이다.

큰길에 서 있는데 누군가 탱크를 몰고 왔다. 히틀러라고 하는데 고래고래 소리지르며 발광할 듯한 제스추어를 쓰곤 했다. 그가 나를 못살게 굴기 시작했다. 어느 방에 감금(정보부가 연상됨)하고 린치를 가하여 온몸이 만신창이가 되었다. 후배가 나타났는데 얘기만 잘하면 석방될 수 있으리라고 했지만 그 역시 히틀러와 한패로 생각되었다. 강에 조그마한 배가 떠 있다. 대학동창이 노를 젓고 나는 배에서 뛰어내려 강에서 몸의 상처를 씻고자 했다. 그러나 상처가 깨끗하게 없어지지 않아 불쾌하였다.

히틀러는 일반적으로 알려진 것처럼 이 피분석자에게도 유대인을 학살하고 아리안족의 순수성을 강조했고 정신병자를 우생학적 견지에서 죽이는 등 상상할 수 없는 만행을 저지르고 선동한 광적인 지도자였다. 그런데 이 꿈에서는 그가 '꿈의 자아'를 납치, 감금하여 구타하고 있다. 주관단계로 해석하면 자신을 구속하고 괴롭히는 히틀러와 같은 성격요소가 자기 마음속에 있다는 사실을 알려주는 꿈이다. 즉 선동적이고 광적이며 극단적인 비이성적 성격이 점잖고 얌전한 자아의식의 태도를 자극하고 그 자유로운 기능의 발휘를 방해하고 억제하고 있다는 말이다. 바꾸어 말하면 꿈을 꾼 사람은 일종의, 지나치게 자학적인 성향에 시달리고 있다.
꿈속에서 자아는 강에서 목욕을 하여 상처를 씻게 되나 깨끗이 씻기지 않아 불쾌하다고 했다. 그림자상의 일방적인 침해로 자아가 입은 '오염'을 벗기는 것이 쉽지 않다는 뜻이다. 오염이란 자아의식의 일부가 그림자에 의해 무의식 간에 동화된 상태를 말하고 상처를 깨끗이 씻는다는 것은 그림자를 의식과 구별함을 말한다.

앞에서 그림자와 아니마와의 관계에서 자아가 무의식을 보지 않아서 그에 관해 모르는 것이 많을수록 그림자는 아니마와 섞여서 그것이 그림자인지 부정적 아니마와 아니무스인지를 모르는 경우가 있다고 했다. 이 경우 그림자의 인식을 통해서 아니마의 작용을 분명히 구분할 수 있다. 같은 피분석자의 다음의 평범한 듯한 꿈이 이런 사실을 증명해 주고 있다.

밤인데 처가 오지 않아서 잠옷 바람으로 마중을 나갔다. 문앞에 장갑차가 왔다갔다하며 포신으로 위협하길래 무서워서 잘못했다고 말하고 들어왔다. 처가 와서 문을 열어달라고 하고—그 뒤로 사람들이 와서 문을 열라 한다. 열어주니 몰려들어온다. 처를 찾는 것 같다. 건넌방에서 처를 끌어내려서 군인들이 총으로 쏘려 한다. 그들이 물건을 던지며 흥분해서 무서웠다. 처를 겁탈하지 않을까 겁이 났다.

군사정부시대에 꾼 꿈이기 때문에 이런 비슷한 일을 간접적으로나마 듣고 상상할 수 있는 일이기는 하다. 그러나 피분석자는 이 꿈에 대해 특별히 연상할 것이 없고 직접 이런 경험을 한 일도 없다고 했다. 그러므로 이는 융학파에서 중요시하는 주관단계의 해석을 필요로 하는 꿈이 될 것이다. 장갑차로 위협하고 꿈꾼 사람의 부인을 잡으러 온 군인들의 이미지는 피분석자의 무의식에서 그의 아니마, 즉 감성적 측면을 무자비하게 짓밟으려는 파괴적이고 공격적인 성향이다.

사례 4

분석할 당시 39세였던 부인이다. 외향적이면서 직관적이며 항상 남을 위한 의미 있는 일을 모색하던 사람으로 때때로 여성적 매력을 포함하여 다른 사람으로부터 인정받기를 원했고 약간 현시적 경향도 가지고 있었다. 이 모든 것을 스스로 알고 진지하게 자기 자신을 성찰하기 위해 노력하던 어느 날 다음과 같은 꿈을 꾸었다.

마릴린 먼로가 우리 집에 임시로 살고 있었는데 그게 싫어져서 우리 집에서 내보내기 위해 친구와 의논했다. "마릴린 먼로는 내게 적합지 않아, 그러니 제발 나가주었으면 좋겠어" 하고 말하니 친구가 누군가를 향해 나에 대한 변명을 해준다. 왜 내게 적합지 않은가를. 그런데도 요염한 마릴린 먼로의 흰 얼굴과 큰 입술이 나를 노려보며 꿈쩍도 안 한다. 진땀이 나는 것 같다.

성적 본능의 차원에 머물러 있는 피분석자의 여성성을 이겨내려는 노력은 그 다음의 여러 꿈에서 나타났다.

한 개인의 꿈은 그의 심리적 상황뿐 아니라 그 개인이 살고 있는 사회와 시대의 문제를 표현하는 수가 있다. 그것은 작은 문화 집단을 넘어 전세계가 가지고 있으면서도 못 보고 있는 시대의 그림자를 표현하기도 한다. 그 한 예를 같은 피분석자의 다음 꿈에서 볼 수 있다.

남동생이 어떤 별세계(TV의 스타 트랙 같은)에 납치당해 갔다. 그를 구하려 나도 그 세계로 들어갔다. 남녀의 구별이 없는 곳 같은데 내가 아는 사람이 많이 끌려왔다. 모두 다른 사람(자기 자식 등)을 구하려다 끌려와 탈출하지 못해 살고 있다. 그곳 사람들은 뭐가 그리 바쁜지 분주하게 왔다갔다한다. 특별히 우리를 속박하지도 않는데 왜 탈출을 하지 못하는지 모르겠다. 그곳에 있는 사람들 모두(동생까지) 분명히 누군가에 의해 끌려온 것인데도 그것을 합리화하고 있어 초조했다. 내가 볼 때는 그 합리화 자체도 어떤 보이지 않는 강요에 굴복한 듯 보이는데……나도 그렇게 될까봐 담을 넘어 그곳을 도망쳐버렸다.

• 연상

남동생 : 여자는 머리가 좋아야 한다고 생각한다. 지적인 것을 동경한다. 이상한 사고방식을 가진 과학기술 연구자다.

동생으로 대변된 지적인 것을 탐닉하는 과학만능주의적 사고는 결국 사람으로 하여금 또 하나의 세계에 구속되도록 만들었다. 합리주의적 사고는 사람들을 그 체계 안에 구속해 버리기 쉽다. 꿈이 제시하는 그 별세계는 보이지 않는 구속, 합리화된 세계, 남녀성의 구별이 없는 중성의 세계, 부자유하나 부자유함을 모르고, 또한 애써 이를 외면하고 자유로운 체하며 살고 있는 세계다. 그것은 현대문명이 구축한 각종 사회조직, 사회보장체제가 이룩된 개성 없고 갈등이 없는 그리고 무풍의 중립지대 — 하나의 현대적 이상향(Utopia)임에 틀림없다.

과거에는 먼 바다에 떠 있는 이름 모를 섬이 이상향이었으나 지금 그 별세계는 우주 어느 성좌에 투사되고 있다. 이 현대적 이상향은 대극의 긴장도 갈등도 여기서 우러나오는 창조적 합성도 없다. 그런데 상당히 강력한 힘을 지니고 있어 자석처럼 개성적 자아를 흡수해 버리고 동화시키고 있다. 피분석자는 여기서의 탈출을 시도하여 성공한다.

이 별세계는 물론 일차적으로는 피분석자 자신의 무의식의 일부이지만 그것이 지닌 시대적 의미 또한 크다고 할 수 있다. 이 세계는 자기원형의 그림자로서 현대인이 그렇게도 쉽게 현혹되고 동화되고 진정한 이상이듯 착각하는, 감정과 생명이 없는, 오직 지적인 기술세계다.

3. 정신병리현상[33]과 그림자

신경증적 장애(노이로제)는 하나의 정신적 해리현상으로 통합된 인격을 만들 수 있는 기회이다. 그런 뜻에서 신경증적 장애의 고통은 의미있는 고통이다. 융은 이렇게 말한다.[34]

정신적 해리란 무엇인가. 글자 그대로 정신이 흩어지는 것이다. '자아'가 여러 갈래로 쪼개지는 것이다. 다른 말로 의식이 무의식과의 교류를 중단하고 따로따로 논다든지 하게 되는 것이다. 인간은 모두 어느 순간 혹은 일정 시기에 정신적으로 분리되어 있다. 그러나 신경증에서는 그 정도가 심하다. 내가 생각지도 않은 욕설이 불쑥 튀어나온다든가 내가 원하지도 않는데 어떤 생각이 자꾸 일어나 이에 따른 강박적인 행동을 해야 한다. 이성으로는 결코 그렇지 않다고 생각되는데도 한편으로는 자기가 중병을 앓고 있을 것 같은 심한 불안감에 병원 문을 들락거린다. 자아의 이성적인 판단과 이와는 상반되는 또 하나의 자아가 나누어진다.

왜 이런 정신적 해리현상이 일어나는가. 대개 의식에서 억압된 콤플렉스들에 의해서 일어난다. 무의식의 여러 콤플렉스가 의식계를 자극하기 때문이다. 억압되는 것은 의식이 용납하지 않는 것들이다. 사회규범에 맞지 않는 것을 모두 무의식이 억압해 버릴 경우, 그 정도가 지나치면 의식의 분리가 일어나기 쉽다.

전문적인 용어로 말하자면 자아와 페르조나가 극단적으로 동일시되면 될수록 자아의식과 무의식의 교류는 단절된다. 그리되면 의식의 해리현상이 일어나기 쉽다. 그러한 분리 또는 해리의 시초에 나타나는 것이 불안, 공포, 강박 등 노이로제 증상이다. 평생을 어머니로서, 아내로서, 며느리로서, 딸로서의 도리와 책임을 다하며 살아온 여성이 갱년기에 이르러 사소한 계기로 '우울증' 또는 '화병'에 걸린 경우를 우리나라에서 흔히 볼 수 있다. 사회집단이 요구하는 규격화된 태도와 역할에 충실하다 보면 자기의 내면세계를 전혀 돌보지 못하고 내버려두게 된다. 그런데 인간은 외부사회에 대한 적응 못지 않게 내면세계에 대한 적응을 필요로 한다. 대부분의 사람들은 사회의 요구뿐 아니라 자기 내면정신의 요구를 받아들이고 내면의 소리를 듣고 실천함으로써 의식과 무의식사이의 균형을 유지한다.

그러나 여러 가지 이유로 해서 사회적 요구만을 일방적으로 충족시키다 보면 마음속에 살지 못한 채 억압된 무의식의 부분이 점차 힘을 더하여 자동적으로 의식을 압박하기 시작하며, 의식의 일방적인 외적 적응이 극에 다다르면 무의식의 보상기능도 상대적으로 격화되어 불어난 강물이 둑을 무너뜨리며 마을을 덮치듯 무의식의 콤플렉스들이 의식을 휩쓸어버린다.

인간의 무의식은 본래 정신의 해리를 해소하고 의식과 무의식을 통합한 전체정신을 실현하고자 하는 원동력을 가지고 있다. 그러므로 의식으로부터 억압되어 무의식의 내용이 된 콤플렉스들은 그대로 없어지거나 가만히 있는 것이 아니라 언제든 다시 의식화

될 기회를 기다리고 있거나 수시로 의식에 대한 보상기능을 통하여 의식화를 촉진한다. 그러나 의식의 경직된 태도 때문에 무의식의 보상이 급격하고도 과도하게 일어나면(과보상), 의식의 기능은 일시적으로 마비되어 장해를 입게 되는 것이다.

그런데 이 장해는 비록 고통스럽기는 하나 정신의 전체를 통합해 나가기 위한 것이므로 자기실현의 목적을 가진, 의미 있는 고통이라 하는 것이며 치료란 결국 쪼개진 마음을 하나로 통합하고 그 사람이 본래 가지고 나온 정신의 전체정신(자기)을 실현하는 데 있다.

그림자 없는 사람, 그림자 없는 가정

그림자를 가지고 있지 않다고 장담하거나 착각하고 있는 사람이 있다. 사회집단이 요구하는 선한 마음과 행위를 몸소 실천하고 있다고 굳게 믿고 있으면서 온갖 사회 악에 대하여 연민의 정을 가지거나 멸시하는 사람──그런 사람은 이른바 '그림자 없는 사람'이다. 악의 척결의지가 기독교적 서구인처럼 강렬하지 않은 우리나라에 그런 사람이 많다고 보기는 어렵다. 그러나 사실과는 달리 스스로 '인격자'임을 자처하고 확신하며 인격자인 양 행동하는 사람이 있다.

이들 그림자 없는 사람은 위선자이거나 이중인격자, 또는 각종 노이로제를 일으킬 조건 아래 있는 사람이다. 즉, 무의식적 그림자에서 단절되어 의식의 분리가 일어나고 있다. 인간은 신이 아니므로 누구나 그림자를 가지고 있다. 그림자를 가지고 있는 것으로 노이로제가 되지는 않는다. 자기에게 그림자 따위는 없다고 자처할 때, 그림자가 자기 속에 있는데 보지 않으려 할 때 그것이 노이로제의 온상이 된다.

이미 앞에서 언급했듯이 '그림자 없는 사람'은 자기의 그림자를 의식하지 못하는 사이에 크게는 사회, 작게는 가족 중의 누군가에게 옮겨놓는다. 부모가 아이에게 자신의 그림자를 옮기면 그 아이는 부모의 그림자가 되어 부모 대신에 가족 내에서 악역을 맡는 속죄양의 역할을 한다. 그런 의미에서 인식되지 못한 부모의 그림자는 생물학적인 의미로서가 아니라 심리학적인 의미로서 자식들에게 유전된다.

가정의 평화를 글자 그대로 강조하여 모든 가족성원이 겉으로는 평화롭게 협동하면서 무의식 속에 적개심을 억압하고 있는 가족의 가성협동성(pseudomutuality)은 개인의 정신건강을 해치는 좋지 않은 가족관계로 알려져 있다.

대학에 가고 싶었으나 경제 등 여러 가지 사정으로 대학에 갈 수 없었던 어머니가 공부 못 한 '한'(恨)을 오랫동안 억압하여 마음속에 품고 있을 때 가족 중의 누군가를 대상으로 삼아 '한풀이'의 희생물로 삼는다. 그리하여 결국 자식의 정신장애라는 대가를 치르게 만드는 경우가 있다. 그림자 그 자체는 살아 있는 인간에게 인간다움이나 인간의 실체성을 만들어주는 것이다. 중요한 것은 그림자를 인식하느냐 하지 못하느냐 하는 것이다.

'한'의 이름으로 표현되는 그림자에는 공부 못 한 것말고도 여러 가지가 있다. 가난에 대한 한, 힘 없는 것에 대한 한——부모가 스스로 그 한을 풀지 않을 경우, 부모의 한을 채워주려는 아이가 생기게 된다. 그것이 요행히도 좋은 결과를 가져올 수도 있지만 때때로 아이 자신의 길과는 다른 길을 택하게도 만든다. 그리하여 일확천금을 노리다가 실패하거나, 사법고시를 쳐서 수없이 떨어져 만성적인 신경쇠약증세에 시달리는 사람이 생긴다.[35)

우월기능의 그림자와 그 정신증상

융은 심리학적 유형론을 설명하는 가운데 열등기능을 의식화하여 이를 발전시키지 않으면 각종 신경증 증상을 나타내게 된다고 했다. 앞의 심리학적 유형설에서 설명한 바와 같이 누구나 우월기능이 있고 여기에 대응하는 열등기능이 있다.

내향형 인간의 경우 내향적 태도에 지나치게 집착하면 열등한 외향적 성향이 무의식에 억압된다. 그러한 내향형이 신경증을 앓게 되면 대개 신경쇠약증상을 나타낸다. 즉, 지치고 피곤하고 무력감을 느끼게 된다. 이와 반대로 외향형의 경우 그 외향적 태도가 지나쳐서 신경증이 될 때는 신체감각이 예민해지고 건강 염려증과 같이 자기 몸에 집착하는 경향이 생긴다. 그런데 직관이나 감각과 같은 비합리적 기능이 열등해지면 신경증상으로서 각종 강박적 사고, 공포증상이 생길 수 있다. 이와 같은 융의 의견은 경험적인 것일 뿐 통계학적 조사로 검증된 것은 아니다.[36) 그러나 임상적으로는 충분히 예상될 수 있는 일이다.

융은 신경증에 대한 정신병리를 따로 다룬 적이 없다. 건강한 보통사람의 심리를 통해서 의식과 무의식의 기능 간의 부조화가 있을 때 생길 수 있는 증상의 특성을 설명한 데 불과하다. 그는 건강한 사람의 심리를 중심으로 병적인 현상을 유추했다. 이것은 노이로제의 체계적인 정신병리를 처음부터 논리적으로 구성한 프로이트와 다른 점이다. 심지어 프로이트는 노이로제 환자의 심리기제를 토대로 해서 건강한 사람의 심리와 문화현상을 해석하려 했으나 융은 이 점을 비판하고 있다. 프로이트의 심리학은 너무 지나치게 인간의 어두운 면, '그림자 측면'에 치중하고 있다고 그는 비판한다.

프로이트의 노이로제론은 인간이 지닌 온갖 유아적, 병적, 퇴행적 성적욕구와 관련해 설명한 '그림자 심리학'이라고 융은 말한 일이 있다. 물론 프로이트가 노이로제 환자의 여러 가지 병적인 심리의 일부를 정확히 밝힌 점을 간과한 것은 아니다. 다만 그것이 전부가 아니라고 보는 것이다. 그림자는 승화하는 것이 아니고 표현을 통해서 통합할 수 있는 것이다.

그림자의 원형과 정신병

정신병은 신경증과 달리 인격의 와해가 심한 정신질환인데 그 대표적인 것이 정신분열증이다. 정신분열증은 뇌기능의 생리적 이상, 선천적 소질, 후천적 환경적 요인, 성장과정 등 심리적·사회적 요인 등이 복합적으로 간여하여 발생하는 병으로 그 증상이나 환자의 체험내용은 보통 건강한 사람의 꿈의 내용과 비슷하다. 융은 1900년대 초에 당시 조발성치매라고 부르던 정신분열증환자의 횡설수설과 그 이해할 수 없는 이상한 이야기가 신화의 내용과 일치하고 보통사람이 꾸는 특수한 꿈의 내용과 같아서 분열병환자들은 마치 건강인이 밤에 꾸는 꿈을 낮의 현실에서 경험하는 사람과 같다고 했다. 이들이 경험하는 것은 집단적 무의식의 원형상들인데 그것은 우리가 가끔 꿈에서 경험하는 것이다.

정신분열증의 원인적 요인은 다양하고 복합적이지만 이들이 체험하는 내용은 보편적인 집단적 무의식의 원형적 체험이라는 점에서 정상인의 꿈과 종교적 신비체험의 내용과 다르지 않다. 다만 환자의 자아가 원형층의 강력한 콤플렉스에 의하여 분열되어 있어 바깥 현실과 꿈의 현실을 구분하지 못하고 그 신화적 체험을 제대로 소화할 만한 자아의 통합능력에 장애가 있는 것이다.

정신분열증을 비롯한 정신병에서는 여러 가지 종류의 원형상, 즉 그림자, 아니마, 아니무스, 자기원형 등이 체험된다.[37] 그 가운데서 그림자의 원형이 흔히 나타나는 경우는 정신분열증, 망상정신병에서 보는 피해망상의 가상적인 박해자상(迫害者像)이다. '박해자'는 개인일 수도 있고 집단일 수도 있으며 알 수 없는 기관일 수도 있다. 그리고 박해의 방법은 도청, 텔레파시, 초능력적인 기계장치 등 상상할 수 없는 방법을 모두 동원한다. 그래서 박해자는 결코 평범한 존재가 아니라 자기를 속속들이 꿰뚫어보는 자, 자기의 몸짓 하나하나를 조종하는 초인적, 또는 비인간적 존재로 묘사되고 있다. 그런 의미에서 신화적 색채를 띤다.

공학을 공부한 어떤 정신분열증환자는 이렇게 말했다.

미국의 과학자들이 저에게 빛을 비춰 저의 행동을 조종하여 웃고 울게 하고 말을 하게 하며 심지어 일을 할 수 없도록 합니다. 그들은 저를 마음대로 움직이는데 저뿐 아니라 가족에게도 빛을 보내어 조종하고 있습니다. 빛이 비칠 때는 왼쪽 가슴이 뜨끔한데 저는 그같은 느낌으로 그러한 사실을 알 수 있습니다. 미국의 과학발달 정도로 보아 그들이 이미 그렇게 인간을 조종할 수 있는 광선을 만들지 않았을 리가 없다고 저는 믿습니다.

〈그림 13〉 과학자들이 첨단기계로 빛을 비추어 자기를
조종하고 있다고 생각하는 분열증 환자

　그는 늘 단조로운 말투로 이 말을 되풀이했다. 그것은 그러한박
해에 지칠 대로 지친 사람의 호소였다. 오늘날 전자기계를 사용하
여 인간의 뇌에 자극을 가하여 반응을 시킴으로써 상대방의 행동
에 영향을 끼치는 '극비실험연구계획'을 소재로 한 공상과학영화
가 없는 것은 아니다. 그러나 그것은 단지 공상과학에 속할 뿐이
다. 머리에 아무런 장치도 하지 않은 사람을 원격 조종하여 울고
웃게 만든다는 것은 현대과학이 아무리 발달한다 해도 가까운 미
래에는 이루어지지 않을 것이다.
　그러나 과학문명이 발달하기 훨씬 이전부터 정신분열증 환자는
어떤 커다란 세력이 자기를 조종한다는 망상을 호소해왔다. 조종
자는 반드시 과학자는 아니지만 현대사회에서는 과학기술자의 이

미지로 나타나고 있다(〈그림 13〉).

자아 밖에서 자아를 위협하고 자아를 마음대로 움직이는 실체란 무엇이겠는가. 그것은 곧 어떤 알 수 없는 '자아보다 큰 것'으로 무의식의 그림자, 그것도 원형적 그림자일 가능성이 있다. 정신분열증 환자는 자아의식의 공동화(空洞化)와 자아·환계(環界) 경계의 와해와 더불어 무의식의 원형적 세력의 상대적인 강화로서 자아의 자율성이 무의식의 세력에 의해 완전히 통제되는 비극을 겪고 있다.

그 자신이 과학도인 이 환자에게 미국의 과학자들은 초능력을 발휘하는 이미지로 격상되고 신격화되었다. 미국의 과학자는 화가 나면 빛을 보내 벌을 내리는 고대 그리스 신화의 주신(主神) 제우스와 같은 권능을 갖고 있다. 그처럼 막대한 능력을 발휘하는 것은 미국의 과학자만이 아니다. 내가 치료했던 유고슬라비아의 한 기술자는 정신분열증 발병 초에 독일 과학자들이 자기에게 비치는 빛을 피하느라고 병실 구석으로 피해 달아났다.

흥미롭게도 정상인의 꿈에서 나타나는 바와 마찬가지로 분열증 환자도 어둠과 밝음의 양극 사이의 갈등을 해소하는 방법을 그의 체험 속에서 때로는 망상의 형태로 제시하는 경우가 있다. 한국인 환자에게서 나타나는 대극의 갈등은 흔히 남북갈등으로 나타나고, 정신분열증의 정신적 와해현상은 천재지변과 같은 세계의 몰락, 또는 한반도의 난리나 전쟁으로 표현되는데 대극의 해소는 이 경우 당연히 '통일'의 상징을 통해서 이루어지는 것으로 되어 있다.

또 한 가지 사례를 보자.

    38세의 여자 정신분열증 환자인데 처음에는 남편의 이혼한 전 부인이 자기를 괴롭힌다는 비교적 현실성 있는 호소를 하기 시작했다. 이것이 망상으로 발전하여 "전 부인이 나를 미행한다"라고 했다. "남편이 나를 죽이려고 독약을 지어 갖다놓았다"며 남편을 고발하고 "가는 곳마다 그 여자가 따라와 나를 죽이려 한다"는 주장이 강해졌다. 나중에는 "비바람이 몰아치니 이 사람 저 사람이 이유 없이 시비를 붙여 내게 무엇을 달라하면서 빼앗는다. 나는 힘이 없어서 피하기만 하는데 연줄연줄 연결되어 괴롭힌다." 또 "악령에 눌려서 헤어나지도 못하고 타락만 했다. 자포자기 상태다"라는 말을 하기에 이르렀다. 빨간색을 싫어하고 물바가지를 머리에 쓰거나 비가 오게 한다고 하면서 바가지를 매우 소중히 간직했다. 기도원에 수용되었다가 도망친 뒤로는 "비상이다. 계엄령이 내렸다. 이 골목, 저 골목 피하라" 하면서 주위에 불길한 일이 생기고 있다고 주장, "내가 나가면 길이 막히고 사방에서 가스차가 몰려든다. 집안에서 화약 냄새, 연기 냄새가 난다. 세상이 위험하다. 내게는 하느님이 내렸다. 내가 움직이면 수천만이 죽고 내가 죽으면 남한 일대가 죽을 것이다. 김일성에게 가서 남북통일을 시키겠다"고 말했다. 입원 가료 중 통일된 한반도를 그렸고 회복기에는 음양합도(陰陽合道)를 묘사한 태극기를 그렸다.

    정신분열증에서 피해망상은 여기서 제시된 것처럼 처음에는 대개 아는 사람, 비교적 가까이 있는 가족이나 친지를 '박해자'로 삼는 것이 보통이다. 그렇다고 해서 박해자의 일반적인 성격을 유추해서 그것이 환자의 무의식의 그림자상의 특성이라고 추정하는 것은 너무나 단순한 생각이다. 왜냐하면 겉으로는 개인적인 그림자처럼 보이지만 환자의 지각으로는 평소의 가족성원이나 친지를 보고 있는 것이 아니라 원형적 그림자, 파괴적이고 비인간적인 신화상(神話像)을 포괄하는 매우 위협적인 인물들로 보고 있기 때문이다.

이 환자에게 그러한 원형층에 오염된 그림자상의 성격은 점점 더 확대되어 세상 전체가 위험한 것으로 변한다. 그러자 그것을 해결하는 구원자가 등장하고 자기가 남북통일을 이룩할 수 있다는 자아팽창(Inflation) 현상을 일으킨다. 남북통일은 우리 민족의 현실적인 숙원일 뿐 아니라 환자의 마음속 대극의 합일을 상징적으로 표현하고 있다. 통일은 전체성의 상징, 즉 자기(Self)의 상징이다.

정신요법과 그림자 투사

자기원형의 그림자는 임상정신의학의 치료과정에서도 투사의 형태로 발견된다. 그것은 환자가 치료자에게 좋은 감정을 느끼거나 나쁜 감정을 느끼게 되는 긍정적·부정적 전이현상과 함께 볼 수 있다. 긍정적 전이는 환자가 과거에 겪은 인간관계에서 호감을 가졌던 이미지를 치료자에게 옮겨 거기서 비슷한 감정을 느끼는 경우이고 부정적 전이는 반대로 부정적 감정을 느꼈던 사람의 모습을 치료자에게서 보는 경우다. 그러한 감정이 심각할 정도로 항진될 때 환자는 치료자를 하느님처럼 보거나 악마처럼 보는 상태가 된다. 이때 환자는 치료자에게 개인적인 무의식의 내용이 아닌 집단적 무의식의 원형상——신화 속의 신들 같은——을 보고 있는 것이다. 그리하여 치료자는 자기를 속속들이 알고 있으며 병을 치료하는 초인적인 힘을 가진 사람이라고 보게 되는데 그것은 사실 환자의 무의식에 있는 치료자원형, 즉 자기원형상을 현실의 치료자에게 투사하고 그것을 보고 있는 것이다.

그런데 긍정적 전이가 받아들여지지 않으면 쉽게 부정적 전이로 바뀔 수 있다. 둘도 없이 훌륭하고 능력 있고 인자하고 모든 것을 알고 있는 치료자상은 반대극, 이 세상에 둘도 없이 극악한 사기꾼이며 자기를 조종하여 인형처럼 마음대로 농락하는 악인의 상으로 바뀔 수 있다. 자기원형의 그림자를 치료자에게서 보고 있는 것이다.

이와 같이 평범치 않은, 신과 같은 혹은 악마와 같은 상을 치료자에게 투사하여 이에 반응하는 현상을 원형적 전이(archetypal transference)라고 부른다. 원형상은 워낙 강력한 감정을 유발하고 원형상이 투사된 대상에 대해서는 그만큼 강렬하게 감정적으로 집착하여 그로부터 떨어져 나오기가 어렵기 때문에 거의 망상적인 믿음으로 변하기 쉽다. 프로이트가 이것을 정신병적 전이(psychotic transference)라 부른 것도 일리가 있다.

치료자 쪽에서도 환자에 대해서 거꾸로 이유 없이 좋고 싫은 감정을 느낄 수 있다. 그 감정의 뿌리에 치료자 자신이 과거에 겪은 부모와 이에 비길 만한 사람들과의 관계에서 체험한 감정체험이 있을 때 이를 환자에 대한 역전이(countertransference)라 부른다. 같은 성의 환자에게 치료자가 이유 없이 혐오감을 느낀다면 자신의 그림자를 환자에게 투사하는 부정적 역전이를 일으키고 있는 것은 아닌지 살펴보아야 한다. 치료자가 될 사람이 교육분석을 통하여 자신의 무의식을 의식화하는 훈련을 쌓는 이유는 바로 환자에게 자기가 해결하지 못한 문제를 될 수 있는 대로 투사하지 않도록 하는 데 있다.

부정적 전이나 역전이의 감정이 반드시 개인적 무의식의 그림자상이나 그림자원형의 투사 결과라고만 할 수는 없다. 이성(異性)의 환자-치료자 간에는 아니마, 아니무스 원형상이 투사될 수 있고 위에서 말한 대로 자기원형상이 투사될 수도 있다. 치료자는 자기 자신의 마음──무의식의 감정을 항상 살펴야 한다. 역전이가 있더라도 치료자는 환자에게 투사하지 않도록 훈련되어 있어서 곧 이를 발견하고 처리할 수 있지만 환자의 경우는 쉽지 않다. 그래서 전이·역전이는 정신치료에서 해결해야 할 매우 중요하고도 어려운 과제다.

동성(同性)의 환자-치료자 간에 전이현상처럼 강하지는 않으나 저항이 있을 수 있다. 치료저항은 대개 그림자의 상호투사로 일어나는 경우가 있으므로 융학파에서는 치료자의 꿈에 자기가 치료하는 환자가 나타나거나 환자의 꿈에 치료자가 나타날 때 이를 환자-치료자 관계를 재검토하는 기회로 삼고 있다.

투사가 하나도 일어나지 않는 인간관계란 없다. 문제는 투사를 어떻게 인식하고 그림자를 어떻게 의식화하느냐 하는 것이다.

제4부

분석과 그림자의 인식과정

1. 그림자 인식의 어려움

지금까지 우리는 분석심리학에서 말하는 그림자란 무엇이고 어디서 어떻게 나타나며 또한 우리가 그림자를 어디서 만날 수 있는지를 여러 각도에서 살펴보았다. 이제 우리는 그림자를 어떻게 인식해 나가야 할 것인가, 그림자의 인식은 어떤 의미가 있으며, 그것을 '의식화'한다는 것은 무슨 뜻인지를 본격적으로 살펴보기로 하겠다.

1928년에서 1930년 사이에 스위스 취리히에서 영어로 실시된 융의 꿈의 해석에 관한 세미나에서 흥미롭게도 융은 그림자는 오직 분석[1]을 통해서 교육될 수 있다는 입장을 시사하고 있다. 이것은 세미나 중 질의·토론의 과정에서 나타났는데 그 내용은 다음과 같다.

슈미츠 박사 : 그림자가 삶 그 자체에 의해서 교육을 받을 가능성은 없겠습니까?

융 박사 : 네, 분석으로 그것이 가능합니다.

슈미츠 박사 : 통상적으로는 안 된다는 말입니까?

융 박사 : 안 됩니다. 왜냐하면 그림자는 어둠 속에 있기 때문입니다. 그것은 열등하며 조심스럽게 숨겨둔 찬장 속의 해골 같은 것입니다. 당신들은 그것을 거기에 그대로 보존해둘 수 있고 그렇게 하면 변하지 않은 채 남아 있도록 보장됩니다. 당신들은 그것을 손님들에게 소개하지 않습니다. 당신들이 더러운 침대 시트를 많은 사람들이 보는 데서 빨지 않는 것처럼 말입니다. 그러므로 그림자는 그저 통상적으로 교육될 수 없습니다. 결혼생활에서조차 부부간에 일정한 거리가 유지되어 있습니다. 사람들은 그들의 그림자를 서로 멀리 떼어놓습니다. 그들은 이것을 가리켜 '인격의 통합' 즉 "Integer vitae scelerisque purus" (순수한 삶이 추악한 삶을 통합한다)라고 말합니다.

슈미츠 박사 : 어른이 되면서 우리는 삶에 더욱 친숙해집니다. 더욱 부드러운 사람이 됩니다. 그림자도 성장하지 않을까요?

융 박사 : 긴 시간을 두고 본다면 그림자를 표면에 내놓는 것을 피하기는 어렵습니다. 특수한 상황에서 그림자는 사람들에게 모습을 드러냅니다. 예를 들어 당신이 친구를 시험해보기를 원한다면 그와 함께 만취하도록 술을 마셔보십시오. 그러면 당신은 한 마리의 짐승을 보게 될 것입니다.[2)]

내가 보기로는 슈미츠 박사의 말에도 일리가 있다. 지금까지 앞에서 설명했듯이 그림자는 꼭 분석을 받아야만 인식될 수 있는 것은 아니다. 살아가는 가운데 나이가 먹으면서 여러 가지 대인관계의 우여곡절, 오해, 모함, 실망, 질투 등 각종 불쾌한 경험과 자신의 실수를 통해서 자기 안의 그림자와 그 투사현상을 어느 정도 인식할 수 있게 된다. 그런 의미에서 자기 자신의 마음을 성찰하는 진지한 자세를 가지고 있는 사람들에게서 '삶이 그림자를 교육'할 수 있다고 보는 것이다. 그러기에 젊은 날 극렬한 흑백판단으로 남의 잘못이나 사회적 부패를 규탄하던 사람이 나이를 먹으면서 남이나 자기 자신의 실수에 관대한, '부드러운' 성품으로 변하는 것도 어느 정도 자기 내부의 그림자를 인식한 바탕에서 남들이나 사회에 더 이상 그림자 투사를 하지 않게 된 데 그 이유가 있는 것이다.

개체의 삶이 그 개체의 전체정신을 전개시키는 것이라면, 그리고 융이 말했듯이 삶을 움직이고 형성하는 것이 전체정신의 핵심, 자기(Selbst) 그 스스로를 개현하는 것이라면 그림자의 형성이나 투사, 인식과 의식화가 모두 인간의 정신 속에 내재하여 있는 자기의 커다란 기획(plan)의 실현이라 할 수 있다. 그러므로 모든 사람이 그림자를 의식화하기 위해서 분석을 받아야 하는 것은 아니다.

그러나 슈미츠 박사가 '그림자 교육'이라든가 '그림자의 성장'이라든가 부드러워진다(mellow)는 표현으로 물은 질문의 내용에는 약간 안일한 자세가 풍기고 있다. 특별한 노력을 하지 않아도 살다보면 그림자문제를 해결하지 않겠는가 하는 시사가 크다. 융의 그림자에 관한 여러 가지 언급을 종합해볼 때 융은 그러한 낙관주의를 가장 경계하고 있음을 알 수 있다. 그림자의 인식은 일생일대의 과업이다. 그것은 결코 편안한 마음으로 쉽게 인식되는 것은 아니고 '삶의 고통'을 통해서 만날 수 있으며 그 고통 속에서 의식화의 기회를 갖게 되는 것이다. 또한 그림자의 인식과 의식화가 그림자의 투사를 삼가고 자신의 그림자를 용인하는 '부드러운 사람'이 되는 것만으로 끝나는 것은 아니다. 그림자의 의식화에는 저 '찬장 속의 해골'을 내놓고 진지하게 그 처리를 고민하는 용기와 의지가 필요한 것이다. 그러므로 융은 말하고 있다.

열등한 인격측면이란 지성주의적인 현상으로 얼버무려서는 안 된다. 왜냐하면 그것은 전체 인간에게 미치는 체험과 고통을 의미하기 때문이다.[3]

그림자는 살아 있는 부분이므로 우리는 그것을 내쫓을 수도 없고 순진하게 그것에 대해 궤변을 농할 수도 없다. 그것은 어떤 형태로든 우리와 함께 살고자 한다. 열등한 인격부분이 우리와 함께 살고자 한다면 그래서 자기가 그것을 받아들여야 한다면 여기에는 말할 수 없는 갈등과 주저가 따를 것이다. 그림자의 인식이란 곧 살아 있으며 함께 살고자 하는 마음의 부분을 인식한다는 것이며 인식이란 이 경우 받아들이는 것, 의식의 일부로 소화하는 것, '의식화'다. 그러니 융이 그림자의 인식을 전체인간을 부르는 어려운 문제라고 하는 것이다.

이 문제는 비교할 수 없을 만큼 어렵다. 왜냐하면 전체인간을 그 구도 위로 호출할 뿐 아니라 동시에 그 사람에게 자신의 절망과 무능을 기억시키기 때문이다.[4]

융은 더 나아가 그림자의 인식이 어렵다보니 세상에서 성격이 강하다고 하는 사람들은 그런 망설임이나 절망이나 무능함의 감정적 동요를 싫어한 나머지 '삶과 악의 피안인 웅대한 저쪽'을 궁리해냈다고 한다. "그리고 고르디오스(Gordios)의 매듭을 풀기보다 단칼에 절단해 버린다. 그러나 그는 조만간 그 값을 치르게 될 것이다"라고 했다.[5] 다시 말해 어려운 문제를 일도양단(一刀兩斷)으로 깨끗이 잘라내어 다시는 보지 않으려 한다는 말이다. 그것은 그러나 해결책이 되지 못한다. 왜냐하면 그림자는 의식이 관계를 단절한다고 해서 없어지는 것이 아니기 때문이다. 그것은 무의식에 살아 있고 언제든 의식에 포함되기를 기다리고 있기 때문이다.

그림자를 의식에서 내쫓는 것만으로는 그림자문제를 해결하기 어렵다는 사실은 무의식이 스스로 증명해 주고 있고 간혹 피분석자의 꿈에 이런 관계가 분명히 제시된다.

20대의 한 청년이 있었다. 사법고시를 쳐서 '권력을 쥐고자' 하였으나 뜻대로 안되어 불만이 많았고 가족관계에서도 재산문제로 갈등이 많았다. 가끔 화가 나면 폭발적으로 공격적 행동을 하곤 했는데 그런 현실적인 갈등과 정신적·신체적인 증상으로 분석을 받게 되었다. 그의 다음 꿈을 보면 그림자의 억압은 문제해결을 더욱 악화시킨다는 사실을 제시하고 있다.

트럭을 주차하려고 하는데 난쟁이 같은 사람이 시비를 걸래 뭐 이 따위가 다 있느냐고 하여 싸움이 되었다. 싸우다가 그를 밖으로 힘껏 내동댕이쳤더니 뻗은 것 같았다. 잠시 후 내다보았더니 점점 커져 황소가 되었다. 미닫이문으로 달려들길래 나와 또 한 사람 둘이서 문을 꼭 잡고 막았다(겁이 났다).

• 연상
트럭 : 지엠시(G.M.C) 같은 것, 육중하고 둔하다.

주차 : 안정을 뜻한다.

황소 : 공화당, 꾸준한 것, 힘이 센 것이다.

난쟁이 : 기형, 본 일은 있다, 아는 사람은 없다.

'난쟁이'는 키가 작은 기형으로 열등한 것으로 간주되기 일쑤이다. 피분석자는 그렇게 생각하고 난쟁이의 시비를 대수롭지 않게 여기고 싸우다 마침내 내동댕이친다. 그것으로 난쟁이를 처리했다고 생각했는데 점점 커져서 황소가 되어 달려들어 두 사람이 미닫이문을 꼭 잡고 못 들어오게 막고 있는 꿈이다.

이 꿈의 메시지는 분명 하잘것없어 보인다고 업신여기거나 제거해 버린다고 해서는 문제해결이 안 될 뿐 아니라 더 큰 문제에 부딪칠 수도 있다는 사실을 알려주는 데 있다. 동시에 피분석자가 의도하는 주차에 대한 난쟁이의 비난을 귀담아들어야 한다는 뜻이다. 피분석자는 주차에 대해 '안정'을 연상했고 차는 지엠시 같은 큰 트럭이라 했다. 트럭은 다른 차와 달리 교통수단의 하나이라기보다 '일'이나 '짐'과 관계가 있다. 난쟁이의 시비는 일을 중단하고 잠시 안정을 취하려는 의식의 태도를 못마땅히 생각하는 무의식 속 반대자의 소리다. 그런데 의식은 그것을 대수롭지 않게 무시하고 갈등이 일어나자 무자비하게 내리눌렀다. 눌린 반대자는 가만히 있지 않고 점점 커져서 감당하기 어려운 힘이 되어 미닫이문을 붙들고 간신히 막고 있는 의식계를 뚫고 들어오려 한다.[6]

난쟁이가 커져 황소가 된 변화의 과정도 흥미롭다. 황소 역시 우리나라에서는 일과 관계가 있다. 농경민족에게 없어서는 안 될 노동의 수단이다. 그래서 한 식구처럼 귀하게 여겼고 꿈에 황소가 나타나면 '조상님'이라고까지 받들었다. 열등한 기형으로 보이던 것이 강력한 힘을 가진 동물로 변한 것은 난쟁이와 황소 사이에 어떤 공통의 뿌리가 있다는 것을 암시한다. 신화, 민담에서 난쟁이는 결코 열등한 기형이 아니다. 지하계에서 지하의 보배를 지키며 마법으로 나쁜 자를 응징하는 자연의 정령들이다. 우리나라에 난쟁이 설화는 많지 않으나 불구자(반쪽이)나 작은 사람이 비상한 힘을 발휘한다는 이야기는 널리 알려져 있다. 그들은 의식에서 멀리 떨어진 집단적 무의식의 원형상을 대변하고 있다.

'소'는 또한 '조상'의 이미지를 넘어서서 전세계적으로 원초적인 모성, 때로는 선불교(禪佛敎)의 「십우도」(十牛圖)에서와 같이 인간이 도달해야 할 자기실현의 궁극적 목표인 자기원형상을 대변하고 있다. 소는 물론 난쟁이의 이미지 속에 이미 전체정신을 상징하는 자기원형의 작용이 있었던 것이다. 자기원형은 항상 머리에 빛나는 후광을 이고 있는 인자한 산신령과 같이 나타나는 것은 아니다. 불친절하고 신경질적인 기인(奇人), 혹은 지극히 하잘것없는 것들로 나타난다. 그래서 곧잘 그림자와 혼동하기 쉽다. 아니 그림자 속에 자기원형의 작용이 이미 포함되어 있다고 할 수 있다. 그러므로 그림자, 가장 최초에, 쉽게 인식되는 무의식의 내용을 인식하는 작업이 그렇게도 중요한 것이다.

억제하면 억제할수록 커지는 동물은 민담의 보편적인 주제이다. 민담에 관해 잘 모르는 피분석자들도 그런 꿈을 꾼다. 앞의 피분석자는 뱀이 들어 있는 자루를 냅다 던졌는데 점점 커져서 도망치는 꿈을 꾼 일도 있다. 본능은 종종 이성적이고 도덕적인 의식의 적, 즉 그림자다. 본능적 충동을 억제하면 억제할수록 커진다는 뜻이 그런 꿈속에 담겨 있다. 그것은 이 사람에게 국한되지 않는다.

　내가 만난 스위스의 한 여자 피분석자도 뱀의 꿈을 꾸었는데 무서워 뱀이 방으로 들어오는 것을 막자 점점 많아지고 커져서 도저히 불안해서 잠을 잘 수 없게 되었다. 그녀가 너무도 불안해했으므로 나는 꿈의 상징적 해석을 자세히 하면서도 한편으로는 꿈에 대한 관심을 갖지 않도록 분석을 일시 중단했다. 그 뒤에 그녀의 꿈에는 분석가의 이미지가 수많은 뱀을 물리치게 되었고 그리하여 분석은 순조롭게 진행되었다. 억압으로 인한 무의식의 반작용은 때때로 위험할 정도로 의식을 과보상하여 자아의식이 감당할 수 없는 경우가 있다. 그것은 대개 개인적 무의식의 내용보다도 집단적 무의식의 원형상이 개입되었을 경우다.

　우리나라 옛이야기에도 그것을 암시하는 내용이 있다. 사랑의 뜻을 이루지 못해 원한을 품고 죽은 여자의 혼령이 처음에는 도마뱀만한 크기로 주인공의 자리 위로 기어다녔다. 그가 이를 죽이니 다음날부터 매일 나타났다. 계속 죽이니까 점점 커져서 구렁이가 되었고 아무리 죽여도 소용이 없어 하는 수 없이 궤짝 속에 넣어 밤에는 방 안에 두고 낮에는 밖에 내놓았다는 것이다. 결국 주인공은 점점 정신이 없어져서 병들어 죽었다는 이야기다.[7]

　그림자는 작을 때 잘 처리해야지 계속 억압하면 원형적 힘이 가세하여 그 세력이 커져서 자아의식을 위협하게 된다는 뜻이 제시되어 있다. 융은 말한다.

　인간 속에서 진정으로 창조적인 것은 언제나 당신이 가장 작게 기대하고 있는 것으로부터 온다. 아주 작은 것에서 ── 눈에 띄지 않는 것에서 ── 그러므로 그림자는 사람에게 아주 중요한

부분이다.[8]

　그런데 그 '작은 것'을 우리는 평소에는 느끼지 못한다. 그저 평소에 누가 밉고 좋은지를 느끼고 그렇게 알고 지낸다. 그런 것이 자기 마음속에 있는지를 알지 못한다. 그러다가 남의 지탄을 받게 되면 억울하다고 생각한다. 자기는 바로 자기가 비난하는 그런 행동을 결코 하지 않으려 해왔다는 것을 강조하고 밤낮 그런 행동을 하는 사람은 비난받지 않고 한 번 실수한 자기에게 비난의 화살이 던져진다고 생각하기 때문이다. 그러다가 점점 의식이 그림자의 요구를 무시하여 그것과의 관계를 완전히 단절해 버리면 의식과 무의식은 따로 놀게 된다. 사람들 눈에는 그가 이중인격자처럼 보인다. 그러나 그 자신은 그것을 눈치채지 못한다.
　이러한 정신적 해리는 노이로제의 시작이거나 주변의 사람으로 하여금 신경증적 장애를 일으키게 하는 간접요인이 된다. 그리하여 몸이 이유 없이 아프다든지, 건강을 염려하기 시작한다든지, 생각하고 싶지도 않은 생각을 자꾸 하게 되는 강박증에 사로잡힌다든지, 공연히 무엇이 무섭다든지, 이유 없이 불안에 시달린다든지, 잠을 못 이루게 된다든지 하는 등 갖가지 고통을 겪는다. 그럴 때 그는 내과, 외과를 전전하다가 요행 정신과 의사나 분석가를 만나고 분석상담이나 분석적 정신치료를 받게 되면 자기의 그림자──무의식의 여러 가지 열등한 부분을 볼 수 있는 기회를 얻게 된다. 혹은 가족 중 누가 신경증적 장애를 앓게 되었을 때 환자의 가족으로 의사를 찾아갔다가 부모로서, 또는 배우자로서 치료에 참여할 때 먼저 자기 내부의 '불씨'를 보는 작업을 하게 된다.
　그것은 말하자면 선택된 기회다. 왜냐하면 대부분의 사람은 신문이나 TV에서 지탄하는 부정부패, 비리의 규탄에 맞장구치고 아우성치면서 조금도 자기 자신을 들여다보거나 자기의 그림자를 통찰할 생각을 하지 않기 때문이다. 그러니 융이 분석 이외에는 그림자를 인식할 다른 방도가 없다고 말한 이유를 이해할 만하다. 자기의 무의식을 보고 그것을 의식화하는 데는 무의식을 보는 분석작업이 가장 적합하기 때문이다.

그러나 그림자가 너무나 창피하고 싫어서 무의식의 그림자를 보는 작업이 시작되면 얼른 무슨 구실이라도 붙여 도망가는 사람도 있다. 그러므로 분석작업이란 쉬운 일이 아니고 그림자의 인식이란 더욱이 용기를 필요로 하는 작업이다. 물론 앞에서도 말한 대로 고통스러운 체험은 어떤 사람에게는 커다란 깨우침의 계기가 되기도 한다.

필자가 아는, 지금은 작고한 융학파의 분석가가 있었다. 그는 유대계 우크라이나 사람으로 제2차 세계대전 당시 자기 고장이 독일군에 점령되었을 때 붙들려 유대인 수용소에 갇혔었다. 사람들이 가스실에서 죽어나가던 어느 날 꿈을 꾸었다. 꿈에 보인 것은 극악무도한 히틀러의 얼굴이었다. 그는 깊은 충격에 사로잡혔다. 고민 끝에 도달한 결론은 '나의 마음속에 히틀러가 살아 있구나' 하는 것이었다. 내 마음이 히틀러처럼 그렇게 악하다면 죽어도 할 수 없지 않은가 생각했다고 한다. 조용히 죽음을 기다리고 있을 때 연합군에 의해 수용소가 해방되어 죽음을 면할 수 있었다. '살고자 하면 죽고, 죽기를 각오하면 산다'—어느 격언처럼 그는 수용소를 나와 중립국 스위스로 와서 융연구소에서 분석을 받고 훌륭한 분석가가 되었다. 그가 꾼 꿈은 그로 하여금 자기 안의 그림자를 살펴가는 첫 계기를 만들어주었던 것이다.

그런데 그런 종류의 꿈을 꾸는 수많은 사람 중 그것이 자기 안에 있는 것이라는 해석을 내리는 사람은 많지 않을 것이다. 그 우크라이나 사람은 사실 그 순간 자기 속에 실존하는 그림자를 받아들였고 그것이 그를 죽음의 공포에서 해방시켰으며 또한 기묘하게도 그러한 내적인 체험이 수용소의 해방과 구출이라는 외적인 사건과 일치하는 동시적 현상을 겪게 되었다. 그 순간 그는 이미 융학파 분석가의 자질을 나타냈던 것이고 그 뒤를 이은 장기간의 분석수련으로 무의식을 보는 능력은 더욱 분화되었던 것이다.

2. 그림자의 의식화 과정

앞에서 그림자에 대한 인식은 곧 그림자를 받아들이는 것과 같다고 했다. 그림자를 받아들인다는 것은 그것이 자기의 마음속에 살아서 존재한다는 것을 인정할 뿐 아니라 의식에 수용함을 말한다.

근검절약하고 정신적으로 고상한 생활을 원칙으로 삼고 살아온 한 부인이 어느 날 꿈에 옷을 잘 차려입고 나타난 친구를 만난다. 꿈속에서 그녀는 친구의 화려한 모습을 약간은 부러워하면서 자기의 초라한 행색을 조금 부끄럽게 여겼다. 대학동창인 그녀는 항상 사치스럽게 치장하고 다녀서 '물질적'이라 별로 좋아하지 않았다고 한다. 요즈음은 만난 일도 없는데 왜 꿈에 나타났는지 모른다고 했다.

우리는 이를 보고 꿈을 꾼 사람의 무의식에 의식에서는 별로 좋아하지 않는 어떤 요소가 활개치고 있다고 해석할 수 있다. 꿈속에서 자아(꿈의 자아, dream-ego)는 그 물질적이고 사치스런 친구를 의식에서와는 달리 약간 부러워하고 있다. 그리고 자기의 행색이 초라함을 부끄러워하고 있다. 지금까지의 이야기로 보아 꿈에 나타난 친구는 분명 꿈꾼 사람이 의식에서 배제한 그림자상이라 할 수 있다.

"당신 마음속에도 물질적이고 사치를 좋아하는 마음이 있군요." 내가 말하자 그녀는 마지못해 "그럴지도 모르지요" 하고 시인했다. 그러나 다음 순간 곧 "그래도 나는 그런 생활을 좋아하지 않아요" 하고 단언했다. 자아의식이 싫어하는 성향이 자기 마음속에 있다는 지적은 대개 저항에 부딪치게 마련이다. 그럴 리가 없다, 그건 다른 뜻일 게다 하고 생각하고 싶어한다. 전후 사정으로 볼 때 그 꿈은 객관단계에서의 해석, 즉 그 꿈에 나온 현실적인 인물과의 관계에서 해석할 만한 근거가 전혀 없는 꿈이었다. 현실적인 관계가 있다고 해도 주관단계의 해석, 즉 꿈의 영상을 꿈꾼 사람의 무의식의 콤플렉스를 상징적으로 표현한 것으로 보는 것이 융학파의 꿈의 해석에서 매우 중요시하는 태도다.

그림자의 인식에 대한 저항을 극복하고 자기 마음속에 그것이 존재한다는 사실을 시인한다고 해도 아직 그림자의 '의식화'가 완수된 것은 아니다. 여기에 어려움이 있다. 사람들은 자기에게도 자기가 남을 비난하는 성격경향이 있다는 것을 인정할 수 있다. 이것만 해도 큰 성과임에는 틀림없다. 비난의 화살이 이제는 밖에서 안으로 와야 할 차례이고 최소한 그는 남에 대한 비난의 화살을 무디게 함으로써 그림자의 부질없는 상호투사를 종식시키는 데 첫 번째 기여를 하기 때문이다.

그림자의 통찰은 사람으로 하여금 불완전함을 인정하는 데 필수적인 겸손한 마음을 갖게 한다. 인간적인 관계가 형성되어야 하는 곳에서는 언제나 이러한 의식된 인정과 배려를 필요로

하는 것이다.[9]

융은 이와 같이 말한다. 또한 "자기의 그림자를 보고 자신에 관한 앎을 견딜 수 있을 때, 그는 비로소 과제의 한 작은 부분을 해결한 것이다. 즉, 그는 최소한 개인적 무의식을 극복한 것이다"[10]라고도 했다. 『종교와 심리학』에서 융은 그림자의 인식이 세계의 문제에 해답을 주는 첫 걸음임을 시사한다.

뻔뻔스럽게 우리 자신의 그림자를 남에게 투사하지 않도록 우리는 각별히 조심해야 한다. 그런데도 우리는 아직도 투사된 착각 속에 있다. 만약 우리가 이 투사를 모조리 되돌려올 만큼 용감한 사람을 상상한다면 그는 그림자의 상당 부분을 의식한 사람이다. 그런 사람은 새로운 문제와 갈등의 짐을 지게 된다. 그 자신이 그의 진지한 과제가 된 것이다. 왜냐하면 그는 이제는 더 이상 다른 사람이 이런저런 일을 한다고, 그들이야말로 잘못을 하고 있다고, 그래서 그들과 싸워야 한다고 말할 수 없기 때문이다. 그는 이제 '자기성찰의 집', 내적인 침사(沈思) 속에 살게 된다.

그러한 사람은 이 세계에서 잘못된 것은 또한 자신 속에서도 잘못되어 있는 것임을 알고 있다. 그리고 이제 자기 그림자를 완전히 끝내는 법을 배우기만 한다면 그는 이 세계를 위해서 진정한 어떤 일을 한 셈이다. 그리되면 그는 해결되지 못한 오늘날의 엄청난 문제에 대해 최소한 극히 적은 일부분이나마 해답을 찾는 데 성공할 것이다.[11]

그러한 노력이 매우 어려운 것은 그림자의 상호투사에 오염되기 때문이라고 융은 말한다. 그러나 그의 궁극적인 논지는 변함이 없다. 해결책은 개인의 자기인식이다.

일찍이 자기 자신도 못 보고 모든 행동 속에 무의식적으로 끌고 들어간 저 어둠을 그가 직시하지 않은 채, 어떻게 현실을 투명하게 볼 수 있겠는가?[12]

그림자의 인식은 그림자의 의식화로써 완결되어야 한다. 그림자의 내용이 개인적 무의식인 경우에는 특히 그러하다. 그것은 그림자의 존재를 알고 인정할 뿐 아니라 그것을 살려내 의식의 내용으로 동화하는 작업이다.

융이 여러 곳에서 말했듯이 "그림자를 없애는 것이 아니라 그림자와 더불어 사는 법"을 배울 것,[13] "그림자가 개인의 의식된 삶에 실체화되는 정도가 적으면 적을수록 그의 그림자는 더욱 검고 더욱 진하며, 열등성이 의식화되면 그것을 교정할 기회가 생긴다"[14] "그림자의 동화(同化)로써 인간은 어느 정도 실체성을 갖게 된다"[15] "그림자의 깨달음은 전체인간에 미치는 체험과 고통을 의미한다" "통찰되고 동화되어야 할 성질로서의 그림자"[16] 등등에 관한 설명은 모두 그림자가 단순히 그 존재의 확인만으로 인식되는 것이 아님을 말해주고 있다.

융의 수제자 마리 루이제 폰 프란츠는 '민담에 나타난 그림자와 악'이라는 강의에서 이 뜻을 분명하게 부각시키고 있다.

사람들은 자신들이 그림자를 가졌음을 알지만 그것을 충분히 표현하고 그것을 그들의 삶에 통합하지 않는다. 그들과 직접 관계된 직업환경에서는 어떤 사람이 변하는 것을 달갑게 생각하지 않는다. 왜냐하면 그 주변 사람들도 새로운 변화에 재적응해야 하기 때문이다. 지금까지 양같이 순하던 가족의 일원이 갑자기 공격적이 되고 어떤 요구에 '노'(아니오)라고 말할 때 가족들은 불같이 화를 낼 것이다.[17]

가족들의 비난을 받게 되면 비난받은 사람도 더 이상 그림자의 표현을 통한 변화를 하지 않게 되고 그림자의 통합을 중단하고 만다. 그러므로 자기가 좋아하지 않는 자신 속에 있는 것의 성질을 수용하는 데는 용기가 필요하다.

어떤 일이 내게 일어났다, 무엇이 내게서 새어나갔다고 말하는 것은 그림자를 보고 그림자를 인정하는 과제의 일부다. 그러나 사람이 자기의 그림자를 의식적으로 표현하기로 마음먹기 시작할 때 커다란 윤리적 문제가 대두된다. 장해를 주는 반응을 일으키지 않으려면 무척 조심성 있게 성찰하는 태도를 필요로 한다.[18]

이 절의 앞에서 든 부인의 꿈 사례에서, 사치스럽고 물질적인 동창생과 같은 욕구가 자기의 무의식에 존재한다는 것을 아는 데 그칠 것이 아니라 그 욕구를 살리도록 노력해야 한다. 다시 말해 그 동창생과 같이 화려한 옷을 입고 물질적인 데도 관심을 가지고 설치고 다니는 등 의도적으로 노력하는 것이다. 이런 경우처럼 그림자의 내용이 그리 크게 부정적인 것이 아닌 경우는 약간의 계면

쩍음과 부끄러움을 극복한 뒤 그림자를 살리는 작업이 비교적 큰 갈등 없이 이루어질 수 있다. 그리고 그 결과는 매우 만족스럽다.

대개 도덕적으로 열등한 내용의 그림자를 표현하려면 갈등을 겪게 된다. 남들이 좋지 않다고 하는 무례한 행동, 여우 같은 짓, 속임수, 낭비, 게으름, 공격적 자기 주장, 요염한 교태, 탐욕, 고집, 멍청함, 지배욕, 독설, 교만, 음란함, 비굴함. 사회가 비난하고 모든 고등종교가 기피하는 부도덕하고 무책임한 성질의 그림자를 어떻게 표현하라고 하는가? 마치 피분석자에게 나쁜 사람이 되라고 권하는 것과 마찬가지가 아닌가?

그러나 이 점에서 노이로제 환자를 치료하는 의학적 심리학이 종교의 도덕관이나 사회의 행동규범과 다르다. 분석심리학은 '좋은 사람'이나 '나쁜 사람'을 만들기 위해 있는 것이 아니다. 노이로제에 걸린 많은 환자, 또는 그러한 고통 속에 있는 환자 아닌 환자들이 분리된 인격을 통합하고 하나의 전체정신을 이루어 나가도록 하기 위해서 그림자의 의도적 표현을 권장하는 것이다.

내향적인 태도에 지나치게 치우친 사람은 무의식의 외향적 그림자를 살려야 하고, 외향적인 태도와 동일시하여 열등한 내향적 태도를 그림자로서 무의식에 가진 사람에게서는 그것을 살려내야 한다. 감정형인 사람은 무의식의 열등한 부정적 사고를 살리고, 사고형에게서는 열등한 감정을 지닌 그림자를 살려야 한다. 그것은 '전일적 인격'을 실현하는 고매한 목표 때문이라기 보다 사람이 사람다워지며 그로써 건강한 정신을 되찾게 하는 치유의 실제적 목표 때문이다. 그런데 심리학적 의미의 '선'이란 바로 분열되지 않은 전체의 정신을 실현하는 것이다.[19]

열등한 인격은 처음에는 열등하게 표현될 수밖에 없다. 무의식에 오래도록 갇혀 있던 내용들은 햇볕을 보지 못한 채 창고에 내팽개쳐져 있어 곰팡이가 많이 슬어 있는 것처럼 열등한 상태일 수밖에 없다. 그러므로 사고형이 자기의 열등한 감정을 표현하면 처음에는 폭발적인 표현이 되어 남들이 놀라고 자기도 당황하게 된다. 그러나 의도적으로 표현을 계속한다면 원시적 감정은 차츰 분화되어 남들이 싫어하지 않게 하면서도 적절히 감정을 표현할 수 있는 수준으로 발전되는 것이다. 그러므로 그림자의 의도적 표현은 맹목적 표현보다 훨씬 덜 위험하고 덜 해롭다. 왜냐하면 작은 감정 폭발은 오히려 억눌린 감정의 대폭발을 막아주기 때문이다.

그러나 이 모든 경우 그림자를 밖으로 표현해야 하는 것인가? 그것은 그리 간단하지 않다. 왜냐하면 사람에 따라서는 그림자와 완전히 동화되어 일부러 못된 행동만 골라서 하는 사람도 있는데 그런 행태를 정당화할 수는 없기 때문이다. 모든 것은 개개인의 의식과 무의식의 관계를 살펴본 뒤에 판단할 일이다. 의식에서 배제된 것이 드물게 '선한' 그림자일 수도 있다. 그럴 때 그는 '선한 그림자' 또는 '우수한 그림자'를 표현하도록 해야 할 것이다.

꿈은 의식상황을 보상하는 기능을 가지고 있고 또 고도로 개인적이다. 그러므로 그 개인의 의식상황을 검토한 바탕 위에서 꿈의 내용에 대한 개인의 연상에 따라 의식화 작업이 실시되어야 하므로 누구에게나 맞는 일정한 공식을 만들 수는 없다. 그러기에 폰 프란츠가 조심스럽게 성찰의 태도를 가지고 그림자의 표현을 유도해야 한다고 한 것이다.

그림자의 의식적 표현이라는 말의 '의식적' '의도적'이라는 말은 매우 중요한 의미를 함축하고 있다. 거기에는 전체정신을 실현하려는 노력, 분열된 정신을 하나로 묶으려는 의지, 자신의 행동을 한편으로 체험하면서 다른 한편으로 관찰하는 자아가 있다. 그것은 그림자의 표현에 어느 정도의 방향과 절도를 부여하고 분화발달의 목표에 접근한다. 아무런 분화발달 없이 반복적으로 폭력과 공격을 퍼붓는 사람에게는 그러한 성찰과 전일에의 의도가 없다. 그러므로 그림자의 표현은 심리분석작업을 통해 이루어지는 것이 바람직하다.

그림자는 주로 부정적인 모습으로 꿈에 나타나지만 그림자의 의식화가 어느 정도 진행되면 꿈에 나타나는 그림자상의 적대성도 많이 완화된다.

최고의 교육을 받고 영성 생활을 충실히 이행하고 있는 한 중년 남자가 어느 날 꿈에서 선배와 함께 최근에 다녀간 외국인 교수가 강연을 재미없게 했다는 이야기를 나누고 있었다. 그 사람의 성격이 건조한가 그렇지 않은가 하는 이야기였다. 그러던 중 꿈속에서 놀이가 시작되었다.

많은 사람이 서 있는 사이로 갑자기 P씨가 나를 업고 반대쪽으로 가더니 아무 데나 내려놓는 것이었다. 그냥 업고 가서 내려놓아도 되는 게임인데, 나를 업고 몸을 휘휘 돌리며(재미있고 익살스럽게, 친숙해지려는 듯) 가다가 반대쪽에 내려놓는다. 나는 그보다 더 재미있는 동작으로 그를 업고 반대쪽에 내려놓는다. 그리고 다시 앉았는데, 어떤 여자가 내게 "선생님에게도 그런 재미있는 면 — 다정한 면 — 이 있는 줄 몰랐다"고 이야기한다. 그때 어떤 흑인 여자(덜 까만 피부, 30대 초반의 키가 작고 통통하게 생긴)가 사람들이 빙 둘러 있는 데서 돌다가 작은 공으로 나도 모르는 사이에 내 머리를 터치한다. 내가 술래가 된 것이다. 난 그 공을 들고 사람들 사이를 빙빙 돌고 있다. 누군가를 터치하면 그가 술래가 되는 놀이다. 사람들이 엄청나게 많은데, 거의가 흑인이다. 난 그중 사람들 사이를 거닐고 있던 키가 작은 한 백인 남자의 머리를 터치한다. 그렇게 해서 그가 술래가 되었다.

• 연상

꿈꾼 사람은 지난 주에 있었던 어떤 교수의 강연을 회상하였다. 강연이 강의 같아서 기대에 못 미친다고 생각했다. 기대에 못 미친다는 것은 감흥이 없었다는 말이다.

외국인 교수 : 철학을 공부한 합리적인 사람이다.

P씨 : 꿈꾼 사람의 선배다. 이 사람 앞에서는 항상 조심해야 한다. 만만찮은 사람이다. 합리적이고 착하고 양심적이나 옳고 그름을 분명히 따지기 때문에 꿈꾼 사람은 좀 두려움을 느낀다. 그 앞에서는 늘 긴장된다. 그렇게 가까운 사이는 아니다.

흑인 : 평범한 여인이다. 지식인 같지는 않다. 나쁜 인상은 아니다. 미국에는 좋지 않은 흑인도 있었다.

꿈의 내용은 어떤 사람의 성격에 관한 평가로 시작되다가 이 꿈에서 중요한 역할을 하고 꿈꾼 사람에게는 좀 대하기 거북한 P씨와의 관계로 이어졌고 흑인과 백인들이 함께 하는 놀이로 끝난다. P씨에 대한 연상과 설명으로 미루어볼 때 P씨는 분명 꿈꾼 사람의 그림자에 해당한다. 꿈꾼 사람은 감정적이고 추진력이 강하면서 인간적인 데 비해 P씨는 판단이 냉철하고 이성적이며 논리적으로 따져 말하고 사람의 실수를 봐주는 일이 없다. 그것은 꿈꾼 사람이 분화, 통합해야 할 부분인데 오래도록 무의식에 방치되어 온 또 하나의 성격이다.

그러나 결코 열등한 측면이라 할 수는 없다. 오히려 우월한 사고기능이라 할 수 있다. 그런데도 P씨에 대해서 현실적으로 무언가 거북한 느낌을 받는 것은 P씨에게 무의식의 그림자를 투사하고 있기 때문이다. 객관적으로 훌륭하나 자아가 소화하기에는 버거운 무엇이 P씨와의 관계에 개재해 있다. 대상에 대한 '그 무언가 알 수 없는 거부감'은 항상 대상을 잘 모를 때, 대상에 자기의 무의식적 내용이 투사되었을 때 생기는 감정이다. 대상을 명확하게 인식하고 있지 못하고 미해결 문제를 대상 속에 섞어놓기 때문이다. 그것은 곧 의식화해야 할 자기 안의 또 하나의 인격, 그림자인 것이다.

꿈은 꿈꾼 사람과 P씨의 관계를 상징적으로 유머러스하게 묘사하고 있다. 현실적인 P씨와의 관계에 비추어볼 때, 꿈은 P씨와의 관계가 꿈의 놀이처럼 그렇게 편안해질 수도 있다는 가능성을 보여줌으로써 P씨에 대한 긴장을 완화해주고 있다. 그것은 꿈꾼 사람의 성격 속에 있으나 근엄해야 하는 직업과 그러한 가족교육 배경으로 인하여 발휘하지 못한 '재미있는 면'——유머를 구사함으로써 가능하다.

그런데 이 꿈은 이와 함께 매우 흥미 있는 정신기능 사이의 관계를 상징적으로 표현하고 있다. 그것은 업고 업히는 놀이에 나타나 있다. P씨는 꿈꾼 사람의 그림자상으로서 권위적·합리적인 정신기능과 이에 수반되는 여러 부수적인 특성의 성격을 대변한다. 소박한 감정의 소유자인 꿈꾼 사람을 P씨가 업고 반대쪽으로 가서 내려놓는 행위는 마치 의식의 기능과 무의식의 기능의 관계와 비슷하다.

　처음에는 무의식의 기능(이 경우에는 이성적 측면)이 의식의 기능(감성적 측면)을 떠받들고 다음에는 자리를 바꾸어 의식의 기능이 무의식의 기능을 떠받들고 이쪽에서 저쪽으로 자리를 옮긴다. 무의식의 의식화는 의식이 무의식의 내용을 떠받들듯이 겸허하게 수용함으로써 본래 있던 의식의 시점을 다른 곳으로 옮겨놓는 시점의 이동으로 이루어진다. 이 꿈에서는 그 의식화의 시작을 주도하는 것은 무의식의 그림자다. 무의식이 자율적으로 자아의식에 호소하여 무의식의 그림자에 대한 자아의 태도를 바꾸게 만든 것이다.

　앞에서 이미 지적한 것처럼 열등기능의 분화 발달은 그 반대극인 주기능을 잠시 억제하면서 실시될 수밖에 없다. 감정과 사고는 합리적 기능의 양극인데 우리는 이성적으로 판단하면서 동시에 느낄 수 없다. 사고기능을 발달시키려면 감정기능을 눌러야 하고 감정기능을 발전시키려면 사고기능을 잠시 억제해야 하는 것이다. 꿈의 놀이는 정신기능 상호 간의 이러한 관계를 상징적으로 표현하고 있다.

　꿈에 나오는 흑인여자는 아직 완전히 의식화되지 않은 꿈꾼 사람의 아니마일 것이다. 그림자의 문제가 해결되자 아니마가 등장해서 또 다른 놀이에 초대한다. 그런데 여기서 벌어지는 술래잡기는 주로 흑인과 더불어 이루어진다. 꿈꾼 사람은 공을 백인의 머리에 댐으로써 그를 술래로 만든다. 꿈꾼 사람은 꿈에 나온 백인남자에 대해서는 특별히 연상하는 것이 없다.

　술래잡기는 동서고금을 막론하고 오랜 탐색을 위한 원초적 놀이다. 무의식적인 아니마에 의해 과제를 받고 그것을 백인남자에게 넘기는 과정, 술래에게 잡히고 잡힌 사람이 술래가 되어 다음 사람을 잡고 잡히면 다시 술래가 되어 또 다른 사람을 잡는 이 순환의 과정은 강한 자가 약자가 되고 약자가 강한 자로 바뀌면서 숨은 것을 찾아다니는 과정으로 무의식의 내용을 찾아내는 의식화의 과정에 비유될 수 있다.

그림자의 의식화란 그림자의 표현으로 완결된다고 했다. 그것은 그림자가 개인적 무의식의 내용으로 나타날 경우에 한한다는 사실도 언급했다. 집단적 무의식의 그림자상을 발견했을 때 우리는 어떻게 할 것인가. 앞에서 말한 우크라이나 분석가의 꿈에 나타났던 '극악무도한 히틀러'와 같은 무시무시한 '살인마', '마귀'라고 부르는 무서운 형체를 꿈에서 만났을 때 그것을 표현할 수는 없다. 그것이 인간의 마음에, 다름 아닌 자기 마음속에 있다는 사실만으로도 큰 충격을 받기에 충분하다. 그 충격을 간직하는 것 이외의 일을 할 수 없고 그것만이 우리로 하여금 그러한 파괴적인 충동에 휩쓸리지 않고 조심하게 하는 유일한 수단이다.

그러한 원형적 그림자의 특징에 관해서는 이미 앞에서 제시한 바 있다. 자아에게 엄청난 놀람이나 충격을 주는 초능력적·불가항력적인 파괴의 힘으로 자아를 위협하는 것이 있다면 그것은 무의식의 원형층에서 나온 내용이다. 그것은 자기원형의 그림자, 아니마, 아니무스 원형의 그림자, 모든 밝은 신에게 따라다니는 어두운 신의 그림자들이다.

한 청년 환자가 꿈에서 허름한 건물에 들어선다. 사람들을 만나려고 2층으로 올라가는 문을 여는데 불안하다. 뭔가 있을 것 같아서—문을 열자 시커먼 그림자가 덮치는 바람에 소스라쳐 놀라서 깼다. 너무 무서운 꿈이었다. 그림자는 근육이 잘 발달된 힘센 도둑 같았다고 했다. 청년은 피해의식에 고통을 받고 있었는데 이 꿈을 꾼 뒤 너무 무서워 며칠 동안 일을 제대로 할 수 없었다. 그는 주위 사람에게서 그 도둑과 같은 모습을 상상하고 두려워했다. 피해의식은 가해의식으로 변하여 자기가 다른 사람을 해칠 것 같은 공포감에 사로잡혔다.

꿈에 나타난 도둑은 대개 개인적 무의식의 콤플렉스를 이루는 그림자로 의식화하여 의식에 동화시킬 수 있는 내용이다. 도둑이기 때문에 위험하고 무섭지만 그 목적은 언제나 의식으로부터 무엇을 얻어내려는 데 있다. 다만 그 목적을 이루는 수단이 강압적이다. 그것은 어떤 콤플렉스가 오랫동안 무의식에 억압되어 있으면 정상적인 보상작용을 넘어서는 급격한 자극을 의식에 가하는 것과 같은 현상이다.

자극이 강하여 의식의 혼란과 불안이 있을 수 있지만 그 무의식의 아직 확실치 않은 내용이 어떤 것인지를 알기 위해서는 도둑으로 대변된 무의식의 공격충동과 용기 있는 대면이 필요하다. 대면을 통하여 그림자를 의식화할 수 있고, 그리되면 의식은 그동안 무의식에 있던 파괴적인 충동을 살려서 그것을 의식에 포함시켜 창조적인 힘으로 분화시킬 수 있는 기회를 갖게 된다. 소심한 의식이 남성적이고 대담한 자세를 갖추게 된다.

그런 의미에서 꿈속의 '도둑'은 대부분 우리가 피하고 보지 않아야 하는 것이라기보다 대면해서 그 목적과 의도를 파악하여 변화시켜야 하는 무의식적 콤플렉스로서의 그림자다.

그러나 이 환자의 경우 '시커먼 근육질의 남자'로 나타난 그림자에 대해서 자아는 보통사람과는 달리 무척 예민한 반응을 했고 그 공포감은 깨어 있는 낮 시간을 지배했다. 그림자를 제대로 보기도 전에 자아는 전전긍긍하며 그림자를 인식하고 의식화할 마음의 여유조차 없었다. 그리고 여러 가지 정황으로 보아 꿈에 나타난 그림자가 반드시 개인적 무의식의 그림자인지 원형적 성격을 띤 그림자상인지가 확실치 않았다. 그래서 그에게는 소량의 항정신약물이 투여되었다. 뒤에 계속되는 피해의식, 관계관념, 가해의식의 공포 때문에 꿈의 분석을 중단했고 약물치료와 함께 정신요법을 실시하는 것이 그에게 더 도움을 줄 것이라 판단되어 그렇게 했다.

그림자의 의식화에는 적당한 자아의식의 안정성과 용기가 필요하다. 그림자가 원형적 요소를 내포할 경우, 우리는 그 존재에 경악하고 전율하고 조심할 뿐, 섣불리 대결한다든가 없애려 한다든가 하지 않는 것이 좋다. 왜냐하면 원형은 자아의식이 소화하기에는 너무나 엄청난 에너지를 갖고 있는 콤플렉스이므로 자칫 잘못하면 자아가 여기에 휩쓸려 원형의 영향 아래 꼼짝없이 사로잡혀 지리멸렬할 위험이 있기 때문이다. 잠재성 정신병에 꿈의 해석을 삼가는 이유가 여기에 있다.

『전이의 심리학』에서 융은 이렇게 말했다.

그림자에 대한 인정은 겸손의 바탕을 제공한다. 심지어 끝을 모르는 인간존재에 두려움을 갖게 한다. 자기의 그림자에 대한 무지(無知)로 말미암아 인간이 해로운 존재가 아닌 듯이 생각하는 한 그 사람에게 이러한 조심성은 매우 적절한 태도가 될 것이다. 자기의 그림자를 아는 사람은 자기가 결코 해롭지 않은 사람이 아니라는 것을 안다. 왜냐하면 이 그림자의 출현과 함께 고태적 정신, 전체원형적 세계가 의식과 직접 접촉하여 그 고태

적 영향으로 의식을 속속들이 침투해 들어가기 때문이다.[20]

원형적 그림자와의 대면이란 그것을 '직접 본다'는 뜻이다. 개인적 무의식의 내용으로서의 그림자는 표현을 통한 대면이고 궁극적으로 의식의 일부로 동화하는 어려운 작업이다. 원형적 그림자를 직접 보고 그러한 것이 자기 마음속에 있음을 분명히 인식하면 어떤 효과가 있을 것인가? 원형적 충동에 휩쓸리지 않게 된다. 원형적 그림자를 바깥 대상에 투사하여 집단행동을 하는 맹목적 충동에 사로잡히지 않게 된다. 융은 말한다.

주관적 의식은 이 무서운 집단정신의 위협을 피하기 위해 그의 그림자를 인식하고 원형의 존재와 의미를 인식함으로써 집단적 의식과의 동일시를 피한다. 이것은 사회적 의식과 그것과 통하는 집단정신의 우세한 지배력에 대한 효과적인 방어벽을 이룬다.[21]

우리는 지금까지 그림자의 인식과 의식화에 관해 살펴보았다. 그림자는 열등한 성격을 가지고 있으므로 보통 인식하기를 꺼리는 것이며 신경증적 장애를 앓거나 자기가 부족하다고 느끼는 사람만이 그 통찰이 긴급히 필요함을 느낀다.[22] 이들 고통을 겪는 사람은 그러므로 자신만만하고 모든 것을 갖추었다고 생각하는 사람보다 오히려 자기성찰의 귀중한 기회를 갖도록 선택된 사람이다. 고통스러운 삶에서 사람은 자기를 찾고 자기를 찾는 사람만이 그림자를 인식할 기회를 갖고 있다. 그러므로 그림자와의 대면은 경솔하게 장난삼아 해보는 놀이도 아니고 지적인 용어의 유희나 이론적인 토론의 대상은 더구나 아니다. 그림자의 대면은 자기 자신에 대한 '진실성'을 필요로 한다.

그림자를 의식화할 때 무의식이 장난을 하지 않고 그림자와의 진정한 대면이 일어나는지 그렇지 않은지 주목해야 한다. 환자는 자기 속의 어두운 것을 한순간 볼지 모른다. 그러나 다음 순간 모든 게 그렇게 나쁜 것은 아니라고 대수롭지 않게 여긴다. 또는 어떤 환자는 후회를 과장하기도 한다. 회한(悔恨)은 아름다워 이를 즐긴다.[23]

개인적인 그림자를 살린다고 해서 무작정 사회규범에 어긋나는 충동을 마음대로 발휘하는 것을 그림자의 의식화라고 볼 수는 없다. 무의식의 분석, 꿈의 분석에 대해 초보적인 지식과 경험밖에 가지지 못한 치료자는 환자에게 억압된 욕구는 무엇이든 풀라고 권장하는 수가 있다. 그것은 일시적으로 효과가 있다. 그러나 정규적인 분석과정에서 보면 무의식은 때에 따라 여러 다른 과제를 제시하고 때로는 오늘의 과제가 내일의 과제와 모순되는 것처럼 보일 수도 있다. 오늘은 그림자의 '살림'과 의식화를 요구하고 다음날에는 위험한 공격적 충동에 휩쓸리지 않도록 조심하라는 뜻을 전할 수 있다.

개인에 따라, 처하고 있는 의식상황에 따라, 또한 자기성찰의 경과와 관계에 따라 무의식은 의식의 태도를 세심하게 보상해나간다. 사랑의 문제, 아니마, 아니무스에 얽힌 문제를 제시할 수도 있다. 그러므로 분석과정은 규격화된 어떤 수행과정보다도 개성적인 섬세한 작업이다. 자기실현 또는 개성화에는 누구에게나 맞는 획일적인 처방이란 없다. 따라서 만들어놓은 공식에 맞추어 개인을 치료하면 그 개인의 고유성을 몇 가지 인공적인 법칙에 묶어놓는 결과가 되고 그 사람의 진정한 개성 전체를 발휘하지 못하게 만든다.

앞에서도 이미 말한 대로 처음에 그림자를 표현할 때 얼핏 생각하기에는 '나쁜 사람'이 되라는 것 같고 나쁜 사람이 되는 것 같아 주저하지만 궁극적인 목표는 어둠이 아니라 어둠을 통한 빛을 발휘하는 것이다. 다시 말해서 그림자 속에 숨은 빛을 나타내게 하는 것이다. 검은 그림자는 살림으로써(표현함으로써) 변하여 환한 실체가 될 수 있다. 우리가 비록 그대로 표현할 수는 없으나 전율과 경악과 때로는 감동으로 원형적 그림자를 직시하는 작업도 한편으로 인간이 얼마나 '악'해질 수 있는가를 인정해야 하는 것이지만 동시에 다른 한편으로는 또한 그 반대극이자 창조적인 '선한' 측면을 인정하는 작업이 될 수 있는 것이다.

어떤 사람을 그의 그림자 앞에 세우는 것은 또한 그의 밝은 면을 가리키는 것과 같다. 우리가 그것을 몇 번 경험하면, 우리가 판단하면서 대극 사이에 서면, 우리는 필연적으로 자기 자신이 무엇을 말하는지 느끼게 된다. 자기의 그림자와 자기의 빛을 동시에 자각하는 사람은 자신을 두 측면에서 본다. 그리하여 그는 중앙으로 나온다.[24]

융의 이와 같은 말은 그림자의 인식이란 결국 세상에서 말하는 이른바 '선'과 '악', '정의'와 '부정' 등 가치체계상의 대극 갈등을 겪은 뒤 궁극적으로 대극의 통합을 지향함을 말하는 것이다.

그러나 우리는 또한 이와 같은 인식(그림자에도 좋은 성질이 있다)에 머무를 수 없다. 모든 원형은 스스로 이롭고, 또한 이롭지 않으며, 밝고 또한 어두우며, 좋고 또한 나쁜 작용을 전개하고 있다는 것이 증명되기 때문이다. 결국 우리는 자기(Selbst)가 하나의 대극의 복합(complexio oppositorum)을 묘사한다는 사실을 인식하지 않을 수 없다. 왜냐하면 대극 없이는 아무런 진실(Wirklichkeit)도 없기 때문이다.[25]

대극의 통합은 대극 중에 하나를 억누르는 것으로 이루어지지 않는다. 대극을 하나의 요청(Postulat)으로 받아들임으로써 이루어진다. 양극이 모두 삶의 조건으로 존재 가치가 있다는 전제에서 상호 비교할 때 융이 말하는 '중앙'(Die Mitte)의 자세가 생긴다.

무의식과의 대면은 정신적 해리를 극복하는 데 목적이 있다. 흩어진 마음, 갈기갈기 찢긴 마음, 단절된 정신세계의 상황에서 오는 보이고 보이지 않는 고통을 극복하게 하는 목적을 말한다. 그러나 그 목적의 실천은 결코 달콤한 것이 아니다. 오히려 쓴 약과 같이 고통스럽다. 그러나 의식화의 고통은 치유의 고통이기에 우리는 참고 스스로를 지탱해 나가는 것이다.

(무의식과의) 대면은 해리를 극복하는 데 목적이 있다. 이와 같은 치료적 목표에 도달하기 위해서 인간 본성 자체 또는 의학적 기술상의 도움이 대극의 갈등과 충돌을 일으킨다. 그런데 이런 충돌 없이는 대극의 통합이 가능하지 않다. 이것은 대극의 의식화를 의미할 뿐 아니라 하나의 특수한 양식의 체험이다. 즉 내 속에 있는 낯선 타자(他者)를 인정하는 것, 즉 객관적으로 존

재하는 다르게 하고 싶은 것(Anderswollen)을 시인하는 것이 다.[26)]

그림자의 의식화는 그림자의 존재만을 보는 게 아니라 빛과 그림자, 밝음과 어둠이 인간의 본성, 다시 말해서 정신의 전체성을 구성하고 있다는 사실의 의식화이기도 하다.

자기의 정신적 존재를 낮과 동일시한 사람은 밤의 꿈을 아무 것도 아니라고 무시한다. 밤이 낮과 마찬가지로 긴데도 ─ . 우리는 낮에 작은 것이 밤에 커지고 또 그 반대인 경우를 알고 있다. 그러므로 비록 눈에 보이지는 않으나 또한 낮의 작은 것 옆에 언제나 밤의 큰 것이 서 있다는 것을 안다. 이를 아는 것은 모든 통합의 필수적 전제조건이다. 즉, 하나의 내용은 오직 그 이중측면이 의식될 때라야만 통합될 수 있다. 그리고 그것이 지적으로만 파악될 뿐 아니라 그의 감정가치에 알맞게 이해될 때 통합이 가능한 것이다.[27)]

그러나 사람들은 항상 밝은 것, 선한 것, 정의로운 것, 깨끗한 것, 지혜로운 것만 향하여 달려간다. 그것이 좋기 때문이다. 그처럼 이상을 추구하다가 억제된 그림자의 세계를 무시한다. 그러나 진정으로 선한 것은 선한 집단적 행동규범을 따르는 것이 아니고 그 사람의 전체정신을 실현하는 것임을 알아야 한다. 융은 서구의 신지학(神智學, Theosophie)이 의식을 이상적인 표상으로 채우는 작업을 함으로써 그림자를 무시하고 있다고 비판하면서 이렇게 말한다.

밝은 것을 상상한다고 밝아지지 않는다. 어둠을 의식화함으로써 밝아지는 것이다. 그러나 그것은 불쾌하고 그래서 인기가 없다.[28]

밝음을 위한 밝음이 아니라 어둠을 통한 밝음이 진정한 밝음이다. 어둠의 바다를 통과한 태양만이 아침의 바다 위에 떠오르는 일출의 환희와 구원을 주는 존재로서 인정된다. 그럼으로써 이상은 이상에 머무르지 않고 현실에 발을 붙인다. 그러나 무의식의 의식화는 끝없는 작업이다. 전체정신인 자기는 항상 자아의식을 넘는 크기를 가지고 있기 때문이다. 무의식을 의식화해도 거기에는 항상 남는 것이 있다. 무의식을 의식의 그림자라고 볼 때 그림자는 언제고 남아서 의식화를 기다리고 있다. 그러므로 『전이의 심리학』에서 융이 한 다음과 같은 말에는 그림자에 대한 인식의 결과와 과제가 압축되어 있다.

전체성은 완전한 것(Vollkommenheit)이 아니다. 원만성(Vollstän-digkeit)이다. 그림자의 동화로써 인간은 어느 정도 실체성(körperhaft)을 갖게 되고 그의 동물적 충동영역이나 원시적인, 혹은 고태적인 정신이 의식의 광추(光錐, 빛의 원추)에 나타난다. 그럼으로써 그것들은 허구와 환상의 도움으로 억압하지 않게 된다. 이로써 인간은 그 자신이 바로 풀어야 할 어려운 문제가 된다.[29]

제5부

그림자의 문화적 대응양식

1. 민속문화 속의 그림자와 그 표현

여러 가지 그림자 의례

인간집단은 집단행동을 통하여 집단적 그림자를 만들어내고 이를 다른 집단에 투사하여 서로 반목하고 서로 비난하며 싸우기도 하지만 때로는 그림자를 사회표면으로 끌어내어 사람들이 그것을 보고 경험하게 하는 문화적 장치를 가지고 있다.

폰 프란츠는 많은 원시사회에서 집단의 규칙과는 무엇이든 반대로 하는 광대집단이 있었음을 상기시켰다. 심각해야 할 때는 웃고, 웃어야 할 때는 운다. 북아메리카 인디언은 집단의 규준과는 반대되는 충격적인 것들을 의식을 통해 수행할 사람을 선발한다. 아마도 사람들의 그런 행위에는 '다른 쪽'도 공개되어야 한다는 막연한 관념이 있는 것 같다고 폰 프란츠는 보았는데, 그것을 그림자 세척 축제(shadow catharsis festival)라 했다.

스위스에서 그런 종류의 진정한 유산을 보려면 바젤 사육제(카니발)에 가보라(현재는 너무 많은 외국인이 가서 분위기를 망치고 있지만). 거기서 당신들은 탁월하고 멋진 솜씨로 집단이 집단의 그림자를 표출하는 것을 볼 수 있을 것이다.[1]

유럽의 카니발(Fasnacht)은 가톨릭 교회가 지배하고 있는 라인 강가에 살아 있다. 해가 바뀌는 연말에는 각지에서 가면무도회가 열리고, 부활절 전의 카니발에서는 기상천외한 분장을 한 대규모의 사람들이 등장한다. 마치 근엄한 가톨릭 수도원 곳간에 유폐되었던 이교(異敎)의 귀신과 데몬과 별의별 '부도덕한' 불한당들이 뚜껑을 열고 나온 듯하다.

1960년 후반 무렵 라인강 상류, 보덴 호숫가의 유명한 빈스방거 집안의 벨뷰 정신병원에서 근무하던 나는 병원 사육제에 참여한 일이 있다. 유교적 도덕규범에 꽁꽁 묶여 있던 나는 유머의 빈곤함과 연희적(演戱的) 무능에 실망하면서도 매우 흥미 있고 재미있는 추억을 남겼다. 병원의 의료부장 부부는 배꼽 옆에 문신을 드러낸 애꾸눈의 해적선장과 빨간 머리의 아내로 분장했다. 독일인 동료의사 한 사람은 알트하이델베르크의 고뇌에 차고 건방진 학생이 되어 깨진 안경을 쓰고 아내인 '여자친구'를 끼고 나타났다. 평소에 근엄한 사람들이 그날만은 완전히 다른 모습으로 — 이를테면 그림자의 모습으로 나타나 행동하는 것이었다. 그런데 그 그림자는 분장의 주인공에 완전히 부합되어 포복절도할 지경이었으나 본인들은 아랑곳없이 마음껏 복수인간(double)의 연기를 멋지게 해내고 있었던 것이다.

스위스 군대에는 부대 송아지(company calf)라 불리는 사람이 있다. 불행하게도 그는 부대에서 무의식 간에 속죄양으로 선택되어 집단의 그림자를 강제로 행동화하도록 강요당한다고 한다. 대개 자아가 약한 사람이 그 대상이었다. 이런 비극적 역할을 하는 속죄양은 비단 스위스 군대에만 있는 게 아니고 모든 군대에 있으리라 생각한다. 군기가 엄하고 일사불란한 지휘체계로 통제된 집단생활 속에서 규율에 어긋나는 것들은 모두 억압되어 집단적 그림자를 형성하게 되므로 그것이 배출구를 찾다보면 가엾은 희생자가 나오게 된다고 볼 수 있다.

독일 미신사전2)에 의하면 여러 지역에 일정 기간 특수한 목적을 달성하기 위해 바보같이 행동하는 사람이 있다. 바보는 많은 전설에서 중요한 역할을 하는데 요즘도 교회당 헌당식이나 결혼식에서 악당으로 나타나서 손님들을 즐겁게 해주기도 한다. 즉흥적으로 꾸며진 무대에서 농민들의 교활성은 탁월하게 표현된다. 또한 옛날부터 '바보의 집' 또는 '징벌탑'이 있었다. 이곳은 지방경찰의 감옥으로 죄를 지은 사람을 일정 시간 구금해 두는 곳이다.

가톨릭 주교의 '바보의 집'에는 성직자나 종교를 욕한 사람을 가두었다고 한다. 바보의 재판은 중남부 독일의 여러 지방과 알프스, 스위스 지방의 사육제에서 실시되었다. 어떤 집이나 주막을 정해서 거기서 지난해 동안 저지른 사람들의 잘못과 바보짓을 요란한 소리로 응징했다.

5세기 초반 고대 인도에서도 욕설과 핀잔으로 낡은 것을 청소하는 봄의 정화와 비슷한 풍습이 있었다. 바보의 축제에서는 몸에 재와 쇠똥을 바른 남자들이 미친 사람처럼 돌아다녔다. 이들은 집집마다 멈춰 서서 헛소리를 한다. 이를 듣기 싫은 사람은 형편에 맞추어 동전을 준다. 바보들은 그것을 받고 다음 집으로 간다. 모든 수치의 금기가 떨어져나갔다. 그런 풍습이 다른 민족들에게도 있는 것으로 보아 악한 귀신을 쫓고 재앙을 없애려는 의도가 깔렸

으리라는 견해도 있다.[3]

북부 영국에서는 1월 6일 주현(主顯, Epiphany) 축일 다음 첫째 월요일, 밭갈이 월요일에 정식으로 청년들이 마을과 마을을 돌며 밭갈이를 하는 농업축제가 시작되는데 이를 바보 밭갈이(fool plough)라고 한다. 청년들은 칼춤 추는 사람과 악사들을 데리고 다닌다. 기괴한 모양의 여자옷을 입은 남자 베시(Bessy)와 가죽을 뒤집어쓰거나 가죽모자를 쓰고 꼬리를 단 바보가 집집을 돌아다니며 돈을 구걸한다. 모은 돈으로 큰 초를 사서 제단에 세워 불을 켜거나 음식을 사서 먹으며 서로를 축복한다.[4]

바보에 관한 민담은 전세계에 널리 퍼져 있다.[5] 바보가 저지르는 실수담이 주로 다루어져 있으나 바보의 결혼이나 바보이기 때문에 성공한 경우도 묘사된다. 이는 바보의 열등성을 말하는 동시에 그 저력의 위대함을 인정하는 것이다.

한국에서도 5월 단오에 전국 각지에서 민속놀이의 하나인 탈춤놀이가 실시되었다. 거기서 우리는 유교사회의 도덕규범에 위배되는 온갖 부도덕한 그림자가 연출되는 것을 본다. 바보 같은 양반, 파계승, 살인, 탐욕, 음란 등이 가면을 쓴 춤꾼에 의해 묘사되었다. 가면극이 민중의 양반에 대한 적개심의 표현이며 울분의 해소라는 점에서 심리적 세척(catharsis)의 목적이 있다고는 보지만, 비단 민중뿐 아니라 지배계급에게도 카타르시스의 역할을 했을 것이고, 그림자를 공개적으로 표현함으로써 사회의 통기구(通氣口)로서 의식·무의식 대극간의 건강한 균형을 이루는 역할을 했다고 볼 수 있다.

또한 우리나라 마을의 바보는 비극적인 속죄양으로서 구박을 받기보다는 서양 중세에서도 궁중에는 바보가 고용되었듯이[6] 오늘날의 개그맨 같이 마을사람들의 웃음거리이면서도 총애를 받는 존재였다. 가장 심각하고 침통한 장례의식에서 분위기를 정면으로 깨뜨리는 광대집단이 진도(珍島)에 있는데, 이들을 '다시래기'라 불렀다. 그들은 애도의 장소에 들이닥쳐 우스꽝스러운 표정과 몸짓으로 이야기를 연출하는데 슬픔에 잠긴 상주들도 나중에는 웃음을 참지 못하게 된다. 그들의 행색과 연기는 근엄한 유교의 질서와는 완전히 반대되는 것이다.

그런데 거기서 연출되는 이야기의 핵심은 무엇인가? 그것은 아기를 낳는 과정이다. 죽음을 애도하는 자리에서 아기를 낳는 것이다. 죽음은 축제요 또한 재생임을 상징적으로 표현하고 있는 것이다. 철학적으로 연구하여 만들어낸 것도 아닌데 민중의 지혜는 자연스럽게 인간 무의식의 그림자를 집단적으로 표현할 뿐 아니라 해소함으로써 빛과 어둠이 하나의 전체상에 포함된 양면임을 가리키고 있는 것이다.

그런데 한국에서 전승되어온 민속극이나 다시래기 같은 유랑극단은 이제 한정된 지역의 한정된 무대 위에서 연출되는 문화재에 불과할 뿐 현대 한국인의 생활 속에서 널리 살아 있지 못하다. 현대적으로 토착화하기 위해서는—그것이 필요하다면—소재와 내용과 공격의 대상이 바뀌어야 한다. 바보스러운 코미디가 있기는 하고 제법 날카로우면서도 웃음을 자아내는 시사만화도 있다. 그러나 코미디가 의식화로서의 그림자 의례의 역할을 하기에는 너무나 알맹이가 없다. 억압된 충동의 카타르시스뿐 아니라 어떤 '뜻'을 깨우치는 데까지 이르려면 코미디가 좀더 발전해야 하고 그것을 허용하는 자유와 아량이 생겨야 한다.

그러나 무대 위에서 전문가에 의해 만들어진 그림자의 의례보다도 사람들이 자생적으로 만들어내는 말 속에 그림자의 표현이 제법 잘된 경우를 볼 수 있다. 그 한 예는 오랜 군사독재시대부터 청소년들 사이에 입에서 입으로 전해 내려오는 유머로 60~70년대의 참새 시리즈, 80년대 이후의 만득이 시리즈 같은 것이다. 특히 만득이 시리즈는 집요하게 달라붙는 귀신 그림자와의 웃지 못할 대면이 서술되고 그 해결책이 여러 가지 변이로 계속 추가되고 있어 흥미롭다.[7] 얼마 전에 호남에서 욕대회가 성황리에 개최된 것은 그림자의 문화적 표현에 대한 사람들의 욕구가 매우 크다는 것을 입증하는 것이다.

그림자 의례는 한 사람에게 집단적으로 그림자를 투사하여 속죄양을 만들고 이를 제물로 삼음으로써 집단성원이 자기의 그림자를 보지 않으려는, 인격성숙면에서 보자면 매우 부정적인 기능을 가진 경우와 문화적으로 허용되고 예술적으로 승화된 형태에서 그림자놀이를 통해 각자의 그림자를 살려서 사회도덕 규범의식과 무의식적 충동 사이의 단절을 지양하는 '풀이'의 긍정적인 기능을 가진 경우가 있다.

불행히도 얼마 전부터 일본에서 한국 땅으로 수입된 청소년의 '이지메' 현상은 '따돌림'이라는 말로 번역되어 그림자 의례로 정형화해 버릴 정도로 만연되고 있다. 이것은 공격성, 증오감, 적개심 등 부정적 감정을 자유롭게 표현하지 못하는 사회에서 그 배출구로 은밀히 한 후보자를 정하여 괴롭힘으로써 부정적 감정을 발산하고 거기서 쾌감을 느끼는 가학, 자학의 심리적 현상이다. 원인은 여러 가지겠으나 그 하나로 특히 획일적·권위적 교육, 개성적·민주적 교육의 부재를 들 수 있을 것이다. 핵가족의 과보호 아래서 자라난 아이들의 유약한 자아, 부속한 사회성, 청소년의 삶에 대한 확신과 철학 부재 등 민주시민으로서의 자아 확립과 협동정신이 미흡한 데도 이유가 있을 것이다.

그러나 따돌림은 어른들 스스로도 저지르고 있다. 공부 못하는 아이를 따돌리는 교사, 정적(政敵)을 따돌리는 정치인 — 이처럼 따돌림이 성행하는 사회에서 청소년의 따돌림만이 문제겠는가? '왕따'현상의 뿌리는 속죄양을 만들었던 원시시대로 거슬러 올라갈 만큼 오랜 역사를 가진 것이다. 그러나 치열한 지능 경쟁 아래 기계적인 삶 이외의 인간적·정서적 우애를 키울 여유를 갖지 못한 청소년사회에서 일어난 '따돌림'현상과 '따돌림 공포'는 현대 한국사회에 새로운 경종을 울리는 현상이다.

한편으로 그것은 집단의 그림자로 자처하는 '저급한' 자의 '튀는' 자('고급한' 자)에 대한 적개심의 발로, 혹은 약한 자에 대한 분풀이현상으로, 이미 학교사회에서 소외된 청소년이 다시금 사회에 받아들여지고 싶어하는 몸부림이다. 다른 한편 따돌림보다 더 심각한 '따돌림 공포'는 이미 스스로를 사회공동체에서 소외시키고 있는 청소년의 불안의 발로이며, 그 불안에는 공동체에 참여하고자 하는 욕구와 기성세대가 내린 경쟁원리를 지켜야 하는 규제 사이의 갈등이 있다고 보아야 한다.

왕따현상과 관련한 또 한 가지 문제점은 인간사회에 흔히 있을 수 있는 인간끼리의 이합집산(離合集散), 반목과 패거리지음의 일반적인 현상마저 대중매체나 전문가들의 개념해석에 의하여 '왕따'라는 이름의 특수현상으로 만들어버림으로써 새로운 현대판 그림자 의례를 '정착'시키고 있다는 점이다.

따돌림이 심각하든 그렇지 않든 여기에는 분명 그림자의 투사현상이 있다. 그러므로 그것이 음성적으로 가해, 피해현상을 유발하도록 내버려둘 것이 아니라 그림자를 표현하게 해야 할 것이다. 그림자는 하나의 가치(공부를 잘하는 것 등)가 강조되는 데서 생긴다. 다양한 개성의 다양한 가치를 수용하고 키워주는 교육, 공격성과 불만의 건전한 형태의 표현과 발산, 인간생명의 존엄, 소외자에 대한 사랑의 가치, 공익을 위한 협동의 가치를 느끼게 하는 체험적 교육이 청소년뿐 아니라 전국민적으로 이루어져야 할 것이다.

무속에서 본 그림자의 상징과 그 처리

우리나라의 민간신앙으로 한국문화 기층의 일부를 이루고 있는 무속(巫俗)은 원시적 주술종교로서 분석심리학에서 말하는 그림자 개념에 비유할 만한 관념을 보여주고 또 그것을 처리하는 방법을 나름대로 고안해냈다.

정(淨)과 부정(不淨), 삶과 죽음

중앙아시아, 시베리아 지역의 샤머니즘과 뿌리를 같이하는 한국 무속에서는 사회적·윤리적 의미의 '선'과 '악'의 대비보다는 이롭거나 이롭지 않은 것, 나에게 좋거나 나쁜 것이라는 이기적 가치를 기준으로 한 대극을 가지고 있다. 병을 고쳐주고 재앙을 물리치고 부귀를 누리게 하는 것은 선신(善神)의 역할이고 이에 역행하는 것은 나쁜 잡귀의 소행이다. 그러므로 무속의 논법은 단순한 흑백이분법에서 시작된다.

그것을 가장 직접 표현하는 관념이 정(淨), 부정(不淨)의 이분법이다. '부정 탄다'는 것은 극도로 피해야 할 소행이다. 낯선 것, 밖에서 들여온 것, 삶의 통상성에서 벗어나는 것이 일상생활 속에 끼어들 때 모두 '부정'으로 간주된다. 서울의 열두 거리굿의 부정 거리는 다음과 같이 시작되며 부정이 무엇을 말하는지가 표현되어 있다.[8)

영정(迎淨)가망에 부정(不淨)가망,
들도 영정에 날이도 부정에
외상문(外喪門)[9)부정에 내상문(內喪門)부정에
말잡아 대마(大馬)부정, 소잡아 우마(牛馬)부정
천하(天下)로 불부정, 지하(地下)로 물부정,
화재부정에 두엄부정
날짐승 길버러지 살상(殺傷)부정
머리끝에 백나비부정
선후부정을 전전이 물리어 주소사
내외야 제산(諸山)으로 공수하시다 전물(奠物)영정(迎淨)

억울하게 죽어서 한을 품고 있는 사람의 넋을 영산(靈山)이라 하는데 당연히 부정의 계열을 차지하고 그 종류도 물론 다양하다.

빛 다른 영산에 색다른 영산에
부리영산, 신위(神位)영산, 호(虎)영산, 물에 빠져 수살(水殺)
영산
객사영산에 도추(路死?)영산
빛달리 가든영산에 하탈(産死)영산
총마저 죽은 영산, 많이 먹고 질겨 놀고

고픈 배불리고 마른 목 적시고

허씨의 가중열량 침차 없고 별화 없이……

죽은 달이 차지 않은, 죽음의 때가 가시지 않은 넋인 상문(喪門)도 부정으로 여기며, 여러 종류가 열거되고 있다.

시위들 하소사

남(男)상문, 여(女)상문, 늙은이 죽은 망경상문

젊은이 죽은 소년상문, 머리풀어 발상상문

은하수대곡(大哭)상문

뜰에 귀에 벌한 상문

지촉부의(紙燭賻儀)왕래(往來)상문,

통부서(通訃書)에 따라온 상문

여러 가지 상문들이 식상(食床)거완(巨碗)받아,

이것을 보면 부정은 모든 죽음과 살생에 수반되는 것이다. 그리고 그 죽음은 늘 죽음 그 자체의 한, 통상적인 규칙성에 어긋나는 죽음의 원한과 관계된다. 죽음이란 삶의 그림자, 분석심리학의 입장에서 상징적으로 해석하면 죽은 넋이란 의식에서 무의식으로 억압된 콤플렉스에 비유될 수 있다. 그런 의미에서 그림자의 속성에 비길 수 있다. 무당의 굿은 그러한 삶의 그림자들을 다루고 있는 것이다. 그렇게 볼 때 굿거리에서의 그림자의 처리는 마술적인 축출(exorcism)에서 위로와 접대와 포용에 이르는 다양한 방법으로 이루어진다. 여기 제시된 서울의 열두 거리굿의 부정거리에서는 덮어놓고 축출하기보다는 받아들이고 놀이에 참여시키는 방향을 취하고 있다.

> 시위를 하소사
> 영정가망이 놀아나오, 부정가망이 놀아나오
> 들이 부정이 놀아나오, 날이 부정이 놀아나오
> 외상문이 놀아나오, 내상문이 놀아나오
> 외상문 내상문이 흐린 잔물 맑은 물에
> 소지(燒紙)삼장에 호유전전이 다 놀아나소사

그런데 대개는 위계가 낮은 잡귀는 협박하여 내쫓고, 신위(神位)에 오르기 전의 무시 못 할 귀신은 잘 위로하고, 먹이고 놀게 하고 나서 보내는 과정을 나타낸다. 그러나 어느 경우나 낮은 귀신에게도 먹을 것을 제공하는 것을 잊지 않고 비교적 높은 위계의 신령이라 하더라도 이승에 오래 머물게 하지 않고 저승으로 보내는 일은 확실히 결행한다는 특징이 있다.

무속은 특히 우리가 보통 잊으려 하고 생각하지 않으려 하는 과거의 역사 속에 있었던 한과 고통을 죽은 자의 고통으로서 이승으로 불러와 이승의 사람과 저승의 혼을 만나게 한다. 잊혀 가는 한과 고통을 불러일으켜 다시금 살게 하는 혼과의 대화, '넋두리'는 무의식 속에 억압된 깊은 상처를 의식계로 환기시켜 재체험하는 현대의 분석적 정신요법과 비슷한 데가 있다. 그것은 삶과 죽음이 하나로 어우러지는 순간이다. 이를 통하여 죽음의 한, 죽은 넋의 한이 살아 있는 자의 한과 하나가 된다. 넋은 정화되어 저승으로 보내지고 산 자의 의식은 안정된다. 똑같은 것은 아니지만 그림자의 의식으로의 동화과정과 비슷한 데가 있다. 넋두리는 일종의 제반응(除反應, abreaction), 감정적 잔재의 재체험의 심리적 과정이다. 한국 무속에는 넋두리뿐 아니라 이에 덧붙여 죽은 넋을 서방정토(西方淨土)로 인도하는 바리공주——무당의 조상——의 이야기가 있어 죽은 자의 성인화(成人化, Initiation)를 돕는다.[10]

무속은 또한 죽음의 세계에 관심을 보일 뿐 아니라 죽음을 그 직전에서 막는 주술적 행위를 개발했다. 현재는 거의 쓰지 않는 치병주술로 갑자기 살(殺)을 맞아 죽음 직전에 이른 병자 앞에서 그의 장례를 지내는 주술적 의식이 그것이다. 허장(虛葬)으로 저승사자를 속이는 주술적인 방법이지만 자기의 시체가 나가는 것을 병자에게 보여줌으로써 오히려 삶의 욕구를 불러일으키는 심리적 효과가 있다.[11]

치유의 신과 그 그림자

무속사회의 신령들, 무신(巫神)으로 숭배의 대상이 되는 신령들 가운데는 어두운 짝을 가진 것이 있다. 예컨대 군웅신(軍雄神)은 군웅살(軍雄殺)을 거느리고 있으며 군웅, 즉 장군신을 내릴 때는 꼭 살귀(殺鬼)들이 같이 내려오기 때문에 이들도 함께 대접해야 한다고 믿는다.[12] 그것은 장군신들의 그림자들이다. 병을 고치는 의신(醫神)도 그를 따라다니는 원귀(怨鬼)가 있다. 과거에 맹렬한 위세로 우리나라에 창궐하여 의신의 반열에 든 천연두신의 경우를 보면 천연두를 고치는 주술적 의식에 천연두에 희생된 사람의 원귀를 어떻게 다스리느냐 하는 과정이 드러나 있다. 이 원귀를 '식문'(瘜門)이라 불렀는데 천연두신이 가는 곳은 어디든 따라다닌다. 식문을 소홀히 하면 천연두가 자연경과를 거쳐 회복되지 않고 죽게 되므로 항상 식문의 노여움을 완화시키지 않으면 안 된다는 관념이 있었던 것이다.

천연두신은 한편으로는 천연두라는 병을 만드는 병귀(病鬼)이고 다른 한편으로는 병을 무사히 거치도록 하는 치유의 신인데, 식문은 치유의 신이 치료하다가 실패한 사람의 넋이다. 천연두신은 자존심을 건드리는 이 식문을 만나는 것을 싫어한다. 만약 천연두신의 비위를 거스르면 천연두의 경과가 순조롭지 못하고 악화되어 아이가 죽음에 이를 가능성이 있다. 그래서 무속사회에서는 식문이 거처할 수 있는 자리를 마련한다. 팥밥 한 공기를 넣은 구럭을 집의 툇마루 밑에 놓는다. 구럭을 시루로 덮고 시루의 구멍을 도기파편으로 막아놓은 뒤 가족처럼 매끼 그 구멍으로 식사를 넣어준다.

일정한 시간이 흐른 뒤 마부의 역할을 하는 남자가 천연두신을 태울 짚으로 만든 말에 기(旗)와 음식물을 얹는다. 그것을 팔에 끼고 대문 밖으로 나가 먼 곳에 있는 나뭇가지에 걸어둔다. 그렇게 함으로써 천연두신을 배송(拜送)하게 되는 것이다. 이때 감금되었던 식문도 해방시켜 위로한 뒤 잘 먹이고 구럭과 된장을 문밖으로 버림으로써 그를 내보낸다.[13]

모든 원형상은 밝음과 어둠이 있다고 했다. 치료자원형을 나타내는 의신(醫神) 역시 양면을 가지고 있다. 신화학자 케레니(K. Kerényi)가 그리스 신화의 의신, 아스클레피우스(Asclepius)가 삶과 죽음의 경계선상에서 치유가 이루어진다고 말한 대로 병을 치료하는 신은 또한 죽음의 그림자를 지니고 있다.

우리나라 무속사회에서 행하던 손님굿은 종두법의 보급으로 없어진 지 오래이나 그 당시 손님굿 무가(巫歌)와 병굿의 과정은 치료신과 그림자의 쌍을 분명히 나타내고 있었다. 천연두신과 같은 의신의 경우에는 치료신의 치유력을 그림자의 부정적 영향과 완전히 분리하는 방법을 권장하고 있는 셈이다.

실제로 환자의 치료에서 중요한 것은 환자로 하여금 병의 경과에 대한 비관적인 생각, 의사의 치료능력에 대한 불신과 의혹을 억제하고 전적으로 치료자를 믿고 의지하게 하는 것이 가장 효과적이다. 천연두신과 그 그림자와의 관계와 그림자의 분리는 이러한 치유과정을 반영하고 있다. 물론 모든 치유의 과정이 손님굿의 이념처럼 단순한 것은 아니다. 제주도 무가 중 생명의 탄생을 돕는 삼승할망과 아이에게 질병을 주는 구삼신할망은 서로 경쟁관계에 있으나 양자의 타협으로 탄생과 건강이 보장된다.

그림자 투사의 문제

무속은 원시적인 주술종교인 만큼 나쁜 것은 모두 밖에 있다. 그래서 '탓'을 밖에서 찾는다. 조상 탓, 나무를 벤 탓, 부정한 물건을 들여온 탓, 부정한 사람 탓, 함부로 돌을 움직여 동토(動土)귀신이 노한 탓, 원한을 가지고 죽은 넋의 한 때문에, 손 있는 쪽으로 못을 쳐서 손님(천연두귀신)이 노한 탓 등등의 말이 있다. 무속이 가진 귀령관(鬼靈觀)에 따라 '나' 이외 다른 것 때문이라는 사고방식이 있다. '밖'은 늘 적의를 품고 있고 재앙의 원천이 된다. 그러므로 무속사회에서는 병귀 등 재앙을 일으키는 악귀를 물리치기 위해서 동네 밖, 마을 경계에 수살대를 세우고 장승을 세운다. 부정(不淨)을 물리치고 깨끗한 장소에 깨끗한 신(神明)을 모시고자 하는 염원의 표현이다.

그런 까닭에 무속은 나쁜 영향의 근거를 마음 안에서 찾지 않고 밖에서 찾는다는 점에서 무의식의 내용을 밖으로 투사한다고 말할 수 있다. 문제점이 자기 마음속에 있는데 그것을 받아들이기가 괴로우니까 남의 탓으로 돌린다는 점에서도 무속은 정신분석에서 말하는 '방어기제'의 하나로 '투사'의 기제를 쓰고 있다고도 할 수 있다. 또한 무의식에 여러 원형적 콤플렉스가 있다는 사실을 모르기 때문에 그것을 바깥세계의 귀령(鬼靈)에서 보고 있다는 점에서 분석심리학에서 말하는 투사현상이 일어나고 있다고도 할 수 있다.[14]

그러나 무속의 이와 같은 귀령관, 질병관을 무의식의 투사라든가 그림자의 투사로만 설명할 수만은 없는 측면이 있다. 물론 투사라는 설명이 잘못된 것은 아니지만 그밖에 고려해야 할 점이 있다는 이야기다. 무엇보다도 무속은 마음에 관한 한 안과 밖의 구분이 없다. 투사는 마음의 안과 밖을 구분짓는 심층심리학에서 말하는 것인데 무속에서는 밖이 곧 안이고 안이 곧 밖이라고 해야 할 것이다. 무속적 질병관에서는 모든 병과 재앙을 남의 탓으로만 돌리는 게 아니라 나의 탓이기도 한 것이며 나의 탓이란 내가 무속적 세계관의 질서를 무시했거나 어지럽힌 까닭에 귀령들이 노하게 되는 것이므로 나의 도덕적 태도가 문제가 되는 것이다.

귀령의 세계를 투사상(投射像)이라고만 하는 것도 꼭 과학적인 판단은 아니다. 우리의 과학은 귀령을 증명할 수 없으나 그렇다고 완전히 부인할 수 있는 단계에 도달한 것도 아니다. 그러니 무당이 거짓말을 의도적으로 하지 않는 한 세계의 진실한 한 면을 현대심리학과는 다른 용어로 표현하고 있는지 모른다. 주술 – 종교 현상을 이러한 관점에서 보지 않는다면 기독교의 성령관, 저승관이 모두 투사에 불과하다는 환원적 해석의 잘못을 저지르게 될 것이다.

그것은 상징들이고 상징언어다. 안과 밖을 포괄하면서도 아직 알 수 없는 어떤 것에 관한 표현이다. 다만 무속에서는 상징들이 지나치게 구체적 실체로 간주되어 상징이 가진 포괄적인 의미가 많이 희석될 위험을 안고 있다. 또한 고통의 체험을 획일적인 무속의 귀령체계와 정, 부정의 가치체계에만 귀착시킨 나머지 모든 문제를 그것만으로 해결하려는 경향을 조장하고, 현대과학이 발견한 신체의 생리기능과 심리기능, 개인의 사회적 책임, 문화적 역할을 소홀히 하게 할 위험이 있다. 그러나 이러한 위험은 비단 무속에 국한되는 것이 아니다. 현대과학을 무시하는 기독교계 광신자 집단이나 심지어는 과학의 탈을 쓴 각종 사이비 과학적인 의술의 '신앙'에서도 한결같이 발견된다.

만약 어떠한 세계관, 우주관, 인생관이 인간정신의 전체성을 포괄하지 못한 채 그 일부만을 강조한다면, 그리고 그 일부가 절대적 신앙의 대상으로 강요된다면 여기에 어긋나는 모든 것은 이 체계에서 배제되고 그림자가 된다. 그러므로 문제는 어떤 학설, 어떤 치료술, 어떤 질병관 자체가 문제가 아니라 그 한계성을 보지 못한 채 그 유일 절대성을 믿고 일체 그밖의 것을 배격하는 사람들의 마음의 자세가 문제인 것이다.

그런데 오늘날 과학적인 현대의학 이외에 이른바 대체의학이 성행하는 것은 현대의학이 실험실의학의 합리적 보편주의 전통에 집착한 나머지 인간정신의 비합리적 측면, 개체의 특이성, 정신생리적 측면, 종교성을 소홀히 했고 질병의 박멸에 치중한 나머지 질병의 예방, 건강증진을 위한 '섭생'의 측면을 소홀히 한 때문이다.

마찬가지로 주술종교인 무속은 역사적으로 고등종교가 소홀히 해온 측면을 보존하고 살려왔다는 점에서 가히 고등종교의 '그림자'로서의 역할을 해왔다고 해도 과언이 아니다. 어떤 의미에서 무속은 기독교계 광신집단의 마귀론처럼 짙은 그림자를 만들지는 않는다. 무당들은 때로는 상당히 융통성이 있고 현실적인 처방을 내리고 현대의학에 대해서도 안수기도의 치유능력을 신봉하는 기독교계 성직자보다 포용성을 나타낸다는 사실이 보고된 적도 있다.[15]

무속의 문제는 모든 것을 상대적으로 보려는 데 있을지 모른다. 다시 말해 무속은 기독교나 고등종교가 지향하는 '빛'을 강조하지 않았다. 최고의 윤리, 최고의 도덕, 최고의 선이라는 개념이 무속에는 없다. 그런 만큼 그림자도 그렇게 '악'하지 않다. 그러한 흐리멍덩함 때문에 무속은 역사적으로 고등종교로부터 배척을 받아왔고 지금도 각 고등종교가 종교성의 타락을 지탄할 때 마술적 태도의 대명사로 '샤머니즘적'이라는 용어로서 지탄받는 대상이 되고 있다. 무속은 빛을 강조하는 고등종교의 그림자에 해당되었던 것이다.

무속의 그림자 풀이

우리나라 무속은 고등종교의 세례를 받아 매우 높은 종교성을 내포하고 있는 것이 사실이다. 다만 무속인은 그 의미를 확실히 파악하지 못하고 있을 뿐 아니라 그것을 교리나 의식의 형태로 옮겨놓지 못하여 알려지지 않은 채 남아 있을 뿐이다.

무속의 굿놀이는 매우 정교하게 구성된 것으로 참여자에게 다양한 체험을 시킬 수 있는 장치다. 보통 열두 거리 중 대감거리 같은 경우는 인간의 물욕, 성욕을 직접적으로 표현하는 음담패설을 늘어놓음으로써 점잖은 가면 뒤의 그림자를 끄집어내어 표현케 한다. 앞에서 지적한 바와 같이 조상신이나 죽은 혼이 무당을 통해 가족과 만나 대화를 나누는 넋두리는 모든 감정을 푸념하는 기회로 죽은 이와 관계되는 불만, 그리움, 원망이 모두 표출되게 마련이다. 평소에는 말할 수 없는 무의식에 간직해온 감정을 표현하여 풀어내는 기회가 되며 그런 의미에서 그림자의 표현이라고 할 만하다.

무당이 신이 되어 내리는 신탁(공수)도 일방적이고 권위적인 엄숙한 통보의 형태가 아니라 가끔 참여자의 항의와 변명에 부딪치는 게 상례이고 어떤 면에서는 신과 인간 사이 '실랑이'의 형태를 띤다. 그런 의미에서 무속은 권위적인 억압보다 권위와의 대등성이라는 성격을 지지하고 있다. 이는 그림자를 가장 적게 만들 수 있는 관계다.

물론 굿거리에는 조상, 보살처럼 경건한 신령이 내리는 거리가 있고 신들의 공수내용에 충·효 등 유교적 윤리도덕을 강조하는 대목도 있어 모든 것이 그림자의 표출을 위해 배열되어 있는 것은 아니다. 밝음과 어둠, 슬픔과 기쁨, 죽음과 삶이 모두 그 속에 있다. 그런 의미에서 무속은 인간정신의 전체성(totality)을 포괄한다고 할 수 있다. 게다가 우리 무속은 고통의 의미와 죽음을 통한 재생이라는 고등종교와 같은 높은 이념을 가지고 있다. 그림자는 그 모든 것 속에 들어 있는 일부, 내림굿에서 허주(虛主)라 부르는 것, 신명을 불러 내쫓아야 할 그 비본질적인 자아의 모습과 생각들이다.

그러나 고통의 의미, 고통을 통한 재생의 이념은 무속인에게 강한 호소력을 갖지 못한다. 현대 분석심리학적 정신치료에서 하듯 그림자의 표현에 그치지 않고 그것이 의미로 변환되는 것, 즉 그림자의 표현과 함께 그것을 의식에 동화하는 과정이 무속에는 분명히 나와 있지 않다. 때로 무속은 고등종교, 특히 유교, 기독교, 혹은 합리적 교조주의의 '희생양'의 위치에서 바로 자기가 갖고 있는 반도덕성, 반사회성의 일면을 부각시킴으로써 시대의 위선을 깨뜨리는 역할 속에서 윤리적 기능을 다해오고 있는지 모른다.[16] 왜냐하면 진정한 윤리(Ethos)란 융에 의하면 전체성 그 자체이며 전체성이란 대극의 갈등을 거쳐서 비로소 이루어지기 때문이며 무속은 곧 그 대극갈등을 일으킴으로써 전체성을 표현하는 시도를 해오고 있기 때문이다.

유교문화의 그림자로서의 무속

우리가 아는 한 무속은 적어도 삼국시대와 통일신라시대에는 외래종교인 불교, 도교, 유교와 큰 갈등을 겪은 흔적을 볼 수 없다. 오히려 불교, 도교와 무속은 둘이 아니라 하나였다고 할 수 있다. 그러나 고려 말에 이르러 무속은 분명히 지배층으로부터 배척의 대상이 되었다. 배척의 이유를 보면 무속이 무엇의 그림자였는지는 짐작할 수 있다.

사실 불교를 숭상하던 고려시대는 무속신앙이 크게 성행했다고 한다. 특히 인종(仁宗, 재위 1122~46) 이후 사회적·정치적 혼란과 왕권의 쇠퇴기에 재앙을 물리치고 복을 비는 데 나라에서 무당을 동원했다. 무풍(巫風)이 크게 성행하니 무당들을 성밖으로 내보내자는 청이 있었는데 무당들이 고관들에게 뇌물을 주어 인종의 마음을 돌려놓았다고도 한다. 충렬왕 24년(1298)에도 무당의 이주문제를 대사국(大史局)에서 청원한 일이 있을 정도로 무속이 성행했다. 무속의 폐해가 계속 보고되는데도 왕들은 대책을 세우지 않았다. 고려의 마지막왕 공양왕(재위 1389~92) 때도 무당추방론이 있었으나 나라에서 무당(巫堂)을 설립해서 별기은제(別祈恩祭)를 지냈다고 한다.

무속을 비판하는 내용은 유교적 이성주의자라고 할 만한 이규보(李奎報, 1168~1241)의 문집, 『동국이상국집』(東國李相國集)에 기록되어 있다. 그는 고율시(古律詩)의 하나인 「노무편」(老巫篇)에서 무당의 행태를 통렬히 비판했다. 그 요점을 간추려보면 다음과 같다.[17]

· 귀신을 믿고 허황하고 협잡하는 꼴이 더욱 가소롭다.

· 무당, 박수가 스스로 제 몸에 신이 내렸다고 하나 나는 웃으며 한탄할 뿐이다.

· 이것은 굴속에서 천년 묵은 쥐가 아니라면 반드시 숲속의 아홉 꼬리 달린 여우일 것이다. 무당은 사람들을 현혹한다.

· 남자와 여자들이 구름같이 모여들어 문앞엔 신발이 가득하고 어깨를 비비며 문을 나오고 머리를 맞대고 들어가누나.

· 천 마디 말 중에 행여나 한 마디가 들어맞으면 어리석은 남녀들은 공경하고 더욱 받든다.

· 제석님이나 성관(星官)이 하늘에 있지 어찌 너희 집에 거처하겠느냐.

· 사생화복(死生禍福)을 허망하게도 함부로 예언하니 제 어찌 나의 앞일을 알아낼 수 있겠느냐. 각처 남녀들이 먹을 것

을 모조리 긁어모으고 천하 부부들이 입을 것을 모조리 빼앗는
구나.

·추한 귀신과 늙은 살쾡이 같은 것들.

·북소리, 동이를 두들기는 시끄러운 소리가 듣기 싫다.

·울긋불긋한 것만 차려놓아도 조화를 부린다 하는데 제 몸
숨기기가 어렵단 말인가.

요컨대 그 실체를 알 수 없는 신을 섬긴다, 울긋불긋 치장해 놓
고 믿을 수 없는 신통술을 부린다, 신이 내렸다며 예언하고 사람
들을 현혹해 재물을 긁어모은다, 남녀가 어울려 다닌다는 것이
다. "굴속에서 천년 묵은 쥐", "숲속의 아홉 꼬리 달린 여우", "추한
귀신과 늙은 살쾡이" 등으로 무당을 매도했고 그에 대한 적개심
의 정도는 다음 시 구절에서 볼 수 있듯이 이만저만한 것이 아니
었다.

나는 서릿발 같은 날카로운 칼을 가지고 몇 번이나 그곳에 가
려고 하다가는 그만두었다. 그에게는 다만 법이 있기 때문일 뿐,
그의 신이 나를 해칠까 두려워서였겠느냐.

무당의 폐해가 그 당시에 현실적으로 컸던 관계도 있으나 이규
보의 시에 나타난 무속에 대한 이와 같은 강한 부정적 감정은 분
명 이규보의 의식의 고상한 종교관, 남녀유별의 사회규범, 조용하
고 깨끗함을 좋아하는 선비의 이성주의와 미적 감각의 그늘에 억
압된 열등한 비합리성, 열등한 감정과 직관의 특성을 지닌 그림자
에 해당된다고 말할 수 있다. 그것이 비단 이규보 개인의 그림자

일 뿐이라고 보기는 어렵다. 무당을 성밖으로 추방시키자고 주장한 사람들은 모두 한결같이 무당들의 혹세무민(惑世誣民), 남녀 간의 풍기 문란, 재물의 낭비를 비난했던 것이다.

물론 이것이 몇몇 지성계층의 그림자가 아니라 실제로 문제가 되는 종교적 신앙의 타락과 부도덕을 정확하게 지적하고 그 척결을 제안한 행위라고 볼 수도 있다. 그러나 그림자의 투사는 그림자에 일치되는 객관적 사실과 함께 일어나는 법이다. 그림자 투사를 했으니 그 대상은 비난을 면할 수 있다거나 비난하는 바를 가지고 있지 않은 것은 아니다. 오히려 고려 왕조 말기에 이르러 유교의 대두로 말미암아 시대정신은 합리적 사고의 틀을 잡기 시작했고 불교의 울타리 안에서 포용되었던 무속이 독자적인 소리를 냄과 동시에 유(儒)·무(巫)의 대극관계가 비로소 첨예하게 드러나게 되었다고 볼 수 있다. 그런 관계는 조선조가 유교를 통치이념으로 삼음으로써 더욱 뚜렷해져서 무속은 오래도록 유교의 그림자로서 서로 길항(拮抗)관계를 유지해왔다.

무속을 유교의 그림자에 비유하는 이유는 첫째 산신제(山神祭) 등 부락제의 초반부에 유교의식이 들어 있는 등 무속과 유교의 협동체계가 있기는 하지만 유교전통이 강한 전통적 마을에는 무업이 성하지 않고 그런 전통이 약한 상업도시에 번성한다는 사실이다.

다음으로 불교는 전통적으로 팔관회(八關會), 미륵신앙 등에서 무속을 수용해왔고 무속의 주술성에 비교적 덜 비판적이고 무속 또한 불교와 도교에서 수많은 신들을 받아들였고 무가(巫歌)에도 불교의 사상이 도입되고 있는 데 비해서 유교는 무속의 괴(怪)·력(力)·란(亂)·신(神)을 처음부터 고찰의 대상에서 제외시켜왔

다는 사실에서 유추되는 것이다.[18]

유교·불교·도교 사이에서 유교는 미적 연속성, 합리성, 지성과 이성, 현실 윤리·도덕규범을 가장 중요시하고 주자학이 비록 불교적 시각을 수용했다고는 하나 불교나 도교의 초현실성, 초개인성, 신화적 상징세계에 관해서는 큰 관심을 가지지 않았다. 이에 반해 무속은 가장 비합리적이며 야생적·감정적 체험을 강조하며 자아의 윤리적 실천보다 자아의 급격한 감정적 절정에서의 망아(忘我)를 목표로 하는 의식을 키워왔고 항상 초개인적 저승과의 관계를 강조해왔다. 그러한 '감정폭발' '망아' '저승 신령과의 교통'이 점잖은 유학자들의 의식과는 너무도 거리가 멀다는 사실은 능히 짐작할 수 있는 일이다.

유교도 악(樂)을 높이 받들고 유교의식에도 음악과 춤이 있지만 그것은 절도 있는 이성미(理性美)의 테두리 안에 있고 엑스타제(忘我)의 격렬한 표현이 아니다. 그런 의미에서 무속은 유교의 그림자 역할을 해왔고 유교문화의 통제 아래 눌려 있는 인간들의 세속적 욕구를 표현하는 배출구의 역할을 해온 것이다.

무속은 반드시 유교의 그림자에 머문 것이 아니다. 모든 합리주의적 문화에서 무속은 백안시되고 배척되었다. 그것은 이성의 순수성을 더럽힐지도 모르는 매우 위험한 망나니였던 것이다. 농촌에서는 박정희 시대 근대화의 역군인 4H클럽에 의해, 유일 절대신을 신봉하고 도덕적 순수성을 강조하는 기독교에 의해서 배척되었다. 그런데 기묘하게도 그것을 배척하는 교회가 차츰 무속화(巫俗化)하여 다른 얼굴을 하고 무속을 재현하는 경우를 본다.

춤과 노래와 흥분된 감정으로 실시되는 교회의 치병의식, 통역에 의해 전달되는 방언의식, 마술적 사고, 즉흥성과 물질주의의 교회 내 확산 등에서 나타나는 바와 같이 무속은 기성교회가 애써 보지 않으려 하는 인간의 여러 문제를 들추어냄으로써 교회를 동화시키고 있다. 여기서 말하는 인간의 문제란 여러 가지 욕구들, 즉 부귀영화의 욕구, 일확천금의 욕구, 성적인 욕구, 그리고 남녀차별의 사회적 계위의 파괴, 기적적 치유에의 욕구다. 무당은 이것을 소리 높여 외치고 신의 오만과 동일시하며 겸손을 미덕으로 삼는 유교문화와 남을 위한 희생봉사와 사랑을 중요시하는 기독교문화에 도전한다.

해방 이후 우리 사회는 문화적 그림자가 필요할 만큼 생활신조가 확고하지 않았다. 무속의 반문화적 그림자로서의 카타르시스 기능도 필요치 않게 되었다. 다만 존재하는 것은 미·소냉전의 영향 아래서 정치적인 그림자의 공방(攻防)뿐인 듯이 보였다.

그러나 전통적 유교의 가치체제는 무너지고 유교의 그림자로 있던 무속의 자기주장이 자유의 물결을 타고 활개치기 시작했다. 물질적 탐욕은 자본주의적 이윤추구원리로, 성적 탐욕은 성개방 풍조로 표현되기 시작했다. 상하의 위계질서는 무너지고 전통사회의 가치관이던 사농공상(士農工商)의 순서도 완전히 뒤바뀌거나 뒤죽박죽이 되면서 대중사회로 들어섰다.

무속이라는 그림자가 해소되면서 온 사회가 무속화하고 있다. 무속 그 자체는 한편으로는 순수한 전통문화를 지키는 문화재로, 전통예술로 나아갔고, 다른 한편으로는 선무당의 창궐이라는 부작용을 낳고 있다.

2. 옛날 이야기 속의 그림자상과 그 문제의 해결

옛날 이야기는 작자가 따로 없다. 언젠가 어디선가 누군가가 이 야기를 시작했으나 사람들 사이에서 입에서 입으로 전해 내려온 이야기다. 그 가운데 사람들의 마음이 이야기 속으로 들어가 줄거 리를 바꾸기도 하고 새로 붙이기도 하면서 내려온 것이다. 그래서 여기에는 이야기를 전하는 민족의 지혜가 깃들어 있다. 그런데 여 러 민족의 이야기를 모아서 비교해보면 뜻밖에도 그 속에는 공통 된 주제(motif)가 있음을 알 수 있다.

민족들의 문화배경이 저마다 다름에도 불구하고 어디서나 발 견되는 이야기의 핵은 비교신화학적 연구에서 추출되는 신화소 (mythologem)와 같은 것이다. 분석심리학은 그것을 우리 마음속 집단적 무의식의 원형(archetype)의 표현이라고 보고 있다. 옛날 이야기에는 민족의 지혜, 특정 문화집단의 지혜뿐 아니라 인류공 통의 심성이나 원초적 갈등과 이에 대한 해결책이 들어 있다.

옛날 이야기에 나오는 그림자문제에 대하여 융학파 민담해석의 대가인 폰 프란츠가 여러 가지 민담을 예로 하여 면밀한 해석을 내린 일이 있다. 옛날 이야기는 인간 심성의 원초적 경향을 모두 포함하기 때문에 그림자문제만을 주로 다루는 이야기란 흔하지 않다. 그림자가 나오면 아니마, 아니무스, 자기원형상이 이와 얽혀서 출현하게 된다. 더욱이 우리가 '악'이라 부르는 그림자원형이 출현하고 있는 이야기에 대해서는 정신의 전체성과의 관련을 설명하지 않을 수 없다.[19]

흥부와 놀부 등 선악의 짝에 관한 이야기

선과 악의 짝을 등장시키는 이야기는 많이 있다. 흥부와 놀부, 콩쥐와 팥쥐, 착한 노인과 나쁜 노인(「혹 떼러 갔다가」) 등. 선은 끝까지 선하고 악은 끝까지 악하여 선을 괴롭힌다. 그리고 결국은 초월적인 힘에 의하여 악은 파멸하고 응징되며 선은 크게 보상을 받는다. 권선징악(勸善懲惡) ─ 선을 권하고 악을 응징하는 ─ 을 목적으로 하는 이야기라 그 결말은 간단하다.

이러한 유형의 이야기들은 악의 영악함을 매우 실감나게 묘사하고 있다. 놀부의 끝없는 횡포, 팥쥐와 의붓어머니의 끝없는 심술, 욕심 많은 노인의 탐욕 등이 크게 부각됨으로써 선의 아름다움이 지극히 돋보이게 된다. 이야기의 독자들은 선을 동정하고 성원을 보낸다. 천신만고 끝에 선이 악을 물리쳤을 때 이야기를 듣는 사람은 안심하고 만족해한다. 통속극의 보편적인 맥락과 같다.

그러나 이것으로 문제가 해결된 것은 아니다. 이야기 속 악의 주인공은 우리가 보아온 그림자의 모습을 그대로 표현하고 있다. 심술, 욕심, 오만은 착하고 겸손하고 예의 바른 선의 그림자다. 그것이 제압되었다고 해서 문제가 해결된 것인가? 분석심리학적인 입장에서는 그렇지 않다고 볼 수도 있다. 왜냐하면 여기에는 그림자가 의식의 내용으로 동화되지 않고 다만 제3자에 의한 억제가 성공했을 따름이기 때문이다.

그렇다고는 해도 그런 이야기들은 단순한 도덕적 교육목적뿐 아니라 '나쁜 마음'을 다스리려면 어떻게 하여야 하는가 하는 물음에 각기 나름의 해답을 주고 있다. 이 이야기들은 내 마음속, 즉 무의식에 심술과 탐욕이 일고 있다, 증오와 경멸하는 마음이 일어나 선한 의식의 의지를 자극하고 의식을 괴롭히고 있다는 사실을 표현한다고 볼 수 있다. 그것은 대극 간의 갈등으로 유도된다. 곧 자아와 그림자와의 갈등이다.

그런데 그림자와의 갈등은 대극 자체로는 해결되지 않는다. 대극을 넘는 어떤 커다란 의지, 강력한 어떤 것에 의해서 해결된다. 자아에게는 오직 성실하게, 변함없이 악의 횡포를 받아들이는 자세가 권장된다. 「흥부와 놀부」에서는 악을 물리치는 오직 유일한 보편적인 법칙인 '새의 부러진 다리를 보살피는 마음'이 결정적인 해결책으로 제시되고 있다.

그것은 본능에 대하여 친밀하게 대하는 자세다. 본능이란 식욕, 성욕 등으로 알려진 자연 그대로의 인간 본성의 가장 밑바닥을 이루고 있는 것이다. 좋거나 나쁘거나 한 것이 아니라 생명의 필수적인 요건이다. 본능을 해치는 자세, 그것은 갈등을 증폭시킨다. 놀부의 자세가 그러하다.

「혹 떼러 갔다가」에서도 '자연스러움'의 중요성이 강조되고 있다. 노인은 도깨비 앞에서 자연스럽게 노래를 불렀다. 이와 비슷한 도깨비 이야기로 착한 아이와 나쁜 아이의 대비에서도 착한 아이의 '자연스러운 감정의 표현'이 도깨비를 물리치는 가장 효과적인 방법이었다. 효자인 소년이 개암을 따러 산에 갔다가 해가 저

물어 숲속의 오두막에 들어간다. 도깨비가 들이닥쳐서 대들보 위에 올라가 숨었는데 너무 무서워서 입에 물었던 개암을 깨물었더니 '딱' 하고 소리가 났다. 도깨비는 대들보가 무너지는 줄 알고 금은보화를 놓아두고 도망을 갔다. 그러나 자연스러움의 모방은 부자연스럽고 그것은 결코 자아에게 이익을 가져다주지 않는다.

　이것이 두 이야기가 제시하는 우리나라 특유의 그림자 극복책의 하나다. '마음에서 우러나오는 자연스러운 태도'는 결국 '본능의 보살핌'이라는 마음과 다를 바 없다. 자연스러운 감정표현은 본능에 가장 가까운 정신기능이기 때문이다. 그러니 권선징악의 이야기라 할지라도 해석하는 관점에 따라 권선징악의 등식과는 다른 심리적 사실을 발견할 수 있게 된다. 다시 말해서 선은 흉내내는 것만으로는 효과가 없고 마음속에서 우러나와야 한다는 것이다.

　「콩쥐와 팥쥐」 이야기는 앞의 두 이야기보다 훨씬 복합적인 내용을 담고 있다. 권선징악의 목적보다도 인격의 성숙과정, 분석심리학적으로 개성화 과정을 상징적으로 표현하고 있으며, 특히 여성의 자기실현을 표현하고 있다.

　그림자의 문제, 그림자와의 대면과 갈등은 결국 대극의 합일과 완성의 상징 ── 결혼이라는 목표에 도달하기 위하여 겪어야 하는 필수적인 고통의 과정임을 나타내고 있다. 그런데 그 과정에도 많은 동물들이 콩쥐를 돕는다. 본능의 중요성이 여기에서도 제시되고 있는 것이다. 의붓어머니와 그 딸과 전실 딸과의 삼각관계는 전체정신의 구조로 유도되는 과정에서 일어나는 과도적인 콤플렉스의 배열이라 할 수 있다. 의붓어머니는 어머니의 그림자이고 팥쥐는 콩쥐의 그림자일 수 있다. 물론 그 반대의 경우도 가능하다.

242

긍정적인 그림자를 상정한다면 말이다.

의붓어머니+팥쥐 대(對) 친어머니+콩쥐의 대결은 글자 그대로 선과 악의 대결이다. 친어머니는 이야기의 무대 뒤에서 초능력을 발휘해 콩쥐를 돕는다. 다시 말해 그녀는 무의식의 지혜와 가까이 있고 의붓어머니와 그 딸은 세속적 욕망에 사로잡혀 있다. 한 개인을 놓고 볼 때 사람은 때로 이 둘 사이에서 방황한다. 세속적 명예냐, 부귀영화냐, 가난이냐―그런데 악한 의붓어머니가 콩쥐에게 부과하는 불가능한 과제는 오히려 콩쥐에게 그것을 극복할 지혜를 찾도록 유도한다.

절망 속에서 우리는 구원을 찾을 수 있다. 편안할 때는 찾지 않던 것이다. 고통이 오히려 보배를 가져다준다는 것은 이런 경우를 두고 하는 말이다. 그런 의미에서 의붓어머니는 나쁜 의도로 콩쥐에게 시련을 줌으로써 본의 아니게 콩쥐가 자기실현을 하도록 도와주는 성인식(成人式)의 주재자(initiator) 역할을 한다. 인생에서 우리는 많은 '나쁜' 사람을 만난다. 괴롭힘을 당할 수 있다. 그러나 생각해보면 그들이 우리에게 많은 것을 깨우쳐주었다는 것, 그 핍박의 시련이 우리가 좀더 원숙한 사람이 되고, 좀더 강한 사람이 되는 데 도움을 주었다는 것을 알게 된다.

대인관계뿐 아니라 개인의 내면세계―즉 정신세계 안에서의 고통과 고민도 겪을 때는 매우 견디기 어렵지만 우리는 그것이 있기에 더욱 튼튼해질 수 있음을 알 수 있다. 우리 무의식의 그림자는 흔히 그러한 목적의미(Zwecksinn)를 우리에게 가져다준다. 그러나 우리의 그림자가 갑자기 불경스러운 생각이 떠오르거나 감당할 수 없는 충동이 일어남을 느낄 때처럼 엄청난 힘을 가지고 의식의 질서를 무너뜨릴 때, 혹은 그러한 위험성을 직감할 때, 사람들은 불안과 공포를 느끼고 아예 창조의 씨앗을 가지고 있을지도 모르는 그림자를 의식 밖으로 축출하려 든다. 이에 관련된 이야기로 「장수설화」가 있다.

장수설화

「장수설화」가 언제 성행했는지는 알 수 없으나 분명 나라가 혼란에 빠지고 위기에 처했을 때 사람들의 마음속에 움튼 구원자에 대한 기대와 관계가 있을 것이라 짐작된다. 힘센 장수가 나타나 세상의 도둑들을 물리치고 질서를 잡아주기를 기다리는 마음이라고 할까. 그런데 우리의 장수설화는 모두 비극으로 끝난다. 장수의 겨드랑이 밑에는 비늘이 있었는데 그것을 보고 부모는 불안해한다. 아이가 장차 장수가 되어 나랏님에게 대항하여 모반을 일으킬지도 모른다는 생각 때문이다. '나랏님'이란 상징적으로 기존질서의 중심을 말한다. 기존의 가치체계를 개혁할 수 있는 요소가 나타났으나 부모는 불안하다.

변혁의 가능성을 앞둔 불안이기는 하지만 부모로 대변되는 기존 가치수호의 보수주의와 소극주의의 소심한 의식은 창조의 가능성을 잘라버린다. 부모는 아들이 자는 동안 겨드랑이에 난 비늘을 잘라버렸던 것이다. 그것은 아들의 죽음, 장수가 못된 한을 품은 채 매번 장자못에서 우는 말의 울음으로 남는다.

한국인의 소극주의, 현세순응, 기존질서의 고수주의는 결국 한국인의 마음속에 '못다한 삶'의 한을 남기고 한의 슬픔을 반추하는 데서 끝나고 있다. 이야기에서 아들은 기존질서를 새롭게 할 안트로포스(Anthropos), 영웅원형의 상이었던 것이다. 의식의 면에서 보면 그것은 의식의 적수가 될 수 있는 의식의 그림자, 구원자로서의 가능성을 안은 그림자다.

진짜와 가짜

그림자의 형성과정과 그 해결책에 대해 아주 명확한 처방을 제시한 이야기로 진짜와 가짜에 관한 이야기가 있다. 「네가 누구냐」라는 제목인 이 이야기의 줄거리는 다음과 같다.

어떤 소년이 절에 가서 수행을 하고 여러 해 만에 집에 돌아오니 자기와 똑같이 생긴 사람이 아들 행세를 하고 있는 것을 발견한다. 부모들도 둘을 구별하지 못해 여러 가지 시험을 한 끝에 가짜 아들을 진짜라고 판단하여 진짜를 내쫓는다. 쫓겨난 진짜 아들은 방황 끝에 한 스님을 만난다. 스님은 소년에게 묻는다. 절에 있을 때 손톱, 발톱 깎은 것을 아무 데나 버린 일이 있느냐고 ― 그렇다고 하니 그것이 개천으로 흘러가 그 아래에 있던 쥐가 먹고 사람이 된 것이라고 설명한다. 그리고는 집으로 돌아갈 때 고양이를 한 마리 품고 가라고 한다. 아들이 집에 돌아가니 가짜가 나와서 기세등등하게 야단을 친다. 이때 고양이를 풀어놓으니 달려들어 가짜를 물어뜯었고 마당에는 커다란 쥐가 죽어 넘어져 있었다.

가짜 아들은 진짜 아들의 그림자, 또 하나의 복제인간이었다. 그 원인은 손톱, 발톱을 간수하지 않고 아무 데나 버린 때문이다. 손톱, 발톱은 문명인이나 교양인에게는 쓸데없는 신체부위다. 인간이 지니고 있는 짐승과 같은 야성(野性)의 일부, 이제는 쓸모 없는 공격의 수단이다. 절에서 행하는 수도는 고도의 정신성, 고상한 정신적 경지를 지향하므로 그러한 동물적 속성은 잘라버려야 한다. 그런데 버린다고 없어지지 않는다. 하류(下流)의 쥐가 그것을 받아먹는다.

민간신앙은 문명사회가 하찮은 것이라고 버리는 것을 매우 소중하게 생각한다. 손톱, 발톱은 원시신앙에서 발끝과 손끝으로 흘러나온 정기(精氣)를 담고 있는 것이라 본다. 그래서 주력(呪力)을 가지고 있다고 믿는다. 과거에 군대에서 전쟁터에 나가는 군인의 머리카락과 손톱, 발톱을 모아두는 것도 그것이 그 사람의 생명의 표징이라 여겼기 때문이다. 그러므로 민간신앙이나 원시종교에서는 손톱, 발톱을 소중히 다루어야 한다. 그러나 높은 정신성을 지향하는 고등종교에서는 민간신앙의 주술적 사고를 무시한다.

이런 관계를 심리학적으로 설명하자면 자아의식이 이성적 태도를 길러가는 가운데 의식에서 배제된 동물적인 공격본능은 무의식에 남아 그림자를 형성하게 되었고 그러한 억압이 오래 지속되는 가운데 그림자는 의식의 자아를 능가할 만큼 큰 세력을 갖추게 되었고 자아를 대치하기에 이르렀다고 할 수 있다. 이 이야기는 그림자를 인식하지 않고 내버려두면 어느덧 그림자가 자아를 동화해버려서 자아의 참모습인 듯이 착각하게 되는 과정을 암시하고 있는 셈이다.

자기가 자기의 모습을 보는 자가시(自家視)현상(autoscopy)은 실제로 임상에서 목격되는 정신의 해리현상이다. 반드시 신경증적 해리뿐 아니라 신체적으로 피곤할 때도 일어날 수 있다. 원시인들은 죽음의 징조라고 두려워하지만 그런 것은 아니다. 자아가 여러 개로 쪼개져서 번갈아 여러 인격이 의식면에 나오는 이중인격, 다중인격도 인격장애현상이다. 물론 이 모든 경우에 똑같은 '나'가 여러 개 나오는 것은 아니고 완전히 다르거나 약간 다른 성격들이 해리된 상태에서 나타난다.

위의 이야기는 가짜가 진짜행세를 하는 상태를 그리고 있다. 그러므로 이 이야기는 우리의 허위의식이 진실의 탈을 쓰고 나타나는 상태를 더 가깝게 표현하고 있다. 그리고 그것이 가식이라는 사실을 까맣게 모르거나 진정한 마음과 가식된 진실 사이의 구별이 안 되는 상태를 가리키고 있다. 매우 심각한 일이다.

사회적으로 우리는 때로 장님이 눈뜬 사람을 나무라고, 도둑이 피해자에게 큰소리치는 적반하장(賊反荷杖)의 현상을 볼 수 있다. 가짜 상품이 진짜처럼 포장되어 나도는 것은 흔히 있는 일이다. 남의 논문을 베낀 뒤 자기 논문처럼 내는 경우도 있고 조금 아는 것을 가지고 대가처럼 행세하기도 한다.

그런데 오늘의 이 이야기는 그 책임의 일부가 진짜에게도 있다는 것이다. 진짜가 자신의 것을 잘 챙겨야 하는데 열등하다고 버리면 가짜가 그것을 이용해 진짜와 맞서려고 한다는 것이다. 가짜는 진짜의 열등한 것을 섭취하여 진짜처럼 성장하여 진짜의 존재를 위협한다. 그러므로 이 이야기는 정신 내부의 진실성과 그 위장의 양면성의 문제뿐 아니라 사회적 현실로서의 진짜와 가짜의 상관관계도 제시하고 있다고 할 수 있다.

그런데 이 이야기가 제시하는 문제의 해결은 무엇인가? '고양이를 품에 안고 가는 것'이다. 고양이는 쥐의 천적이니 고양이를 가지고 가는 것은 당연한 귀결일 것이다. 그러나 상징적으로 보면 고양이와 쥐는 양(陽)과 음(陰)의 관계에 있다. 쥐는 어두운 땅속을 기어다니는 음의 동물이다. 반면에 고양이는 해의 상징이며 양의 동물이다. 음을 제거하는 데는 양을 써야 한다. 양은 빛과 밝음의 세계, 의식이며 음은 어둠의 세계, 무의식을 대변한다. 또한 고양이는 동물로서 우리나라에서 영악한 여성의 대명사로 불리고 사납고 자기 잇속을 잘 차리는, 자립성이 강한 동물이다. 가짜를 물리치려면 그러한 단호함, 줏대, 사나움으로 표현되는 의식을 필요로 한다는 뜻이기도 할 것이다.

그림자원형 이야기

그림자원형은 이야기 속에서 지상의 권력에 배치되는 지하계 왕국의 지배자, 즉 「지하국대적설화」(地下國大賊說話)에 나오는 도둑귀신, 또는 「지네장터설화」처럼 지상의 괴물로서 지역에 재앙을 일으키는 악으로 표현된다.[20] 땅속 나라의 도둑귀신은 무의식의 파괴적인 충동에 해당되며 그림자원형이라 할 수 있다. 그것은 흔히 지상의 집단적 권력체계, 즉 집단의식을 자극하고 변화를 주어 위기상황을 조성한다. 도둑귀신이 원님의 딸을 훔쳐가는 경우가 그러하다.

이 사실은 집단의식이 아니마의 상실이라는 위기를 맞이했음을 가리킨다. 그리하여 그림자가 아니마를 감싸서 그림자와 아니마를 구분할 수 없는 충동으로 남아 있게 된 경우를 나타낸다. 집단의식이 아니마를 상실했다는 것은 아니마와의 관계를 잃은 것이며 우울하고 경직된 상태처럼 감흥을 잃어버린 의식상황이 되었음을 말한다.

이와 같은 급격한 정신적 위기에 처하여 의식은 당연히 이 상태를 원상태로 되돌려놓기 위해서 노력한다. 영웅의 출현이 기대되는 것은 이런 시기다. 이때 자원하고 나선 주인공은 심리학적으로 정신적 위기에서의 새로운 자아의식의 시도라 볼 수 있다.

주인공은 지하세계로 가서 우여곡절 끝에 도둑귀신과 싸워 이기고 도둑귀신에 붙들린 사람들을 풀어주고 귀신이 도둑질한 금은보화를 끌고 지상으로 돌아온다. 원님의 딸도 구출되어 돌아온다. 도중에 나쁜 사람이 주인공의 공을 가로채고 자기의 공로처럼 꾸몄다가 탄로가 나서 응징되는 사건이 삽입되기도 한다. 마지막은 진짜 공로자가 원님의 딸과 결혼하는 것으로 귀착된다.

이 이야기는 분석심리학에서 말하는 '개성화 과정'(individua-tion, 또는 자기실현)에서 그림자의 극복이 어떻게 이루어지는가를 나타내는 것이다. 여기에는 항상 붙잡혀간 여인들의 도움이 필요하다. 이들은 도둑귀신의 약점을 잘 알고 있다.

주목할 것은 이런 이야기에서 보는 것처럼 분명 원형적 층과 연결되어 있는 그림자, 그림자원형이라고 할 만한 것도 아니마의 도움으로 극복이 가능하다는 사실이다. 그림 동화의 '트루데 부인'(Frau Trude), 러시아 민담의 '바바야가' 같은 마파(魔婆)는 자연귀로서 원형적 요소이다.[21] 이들은 조심스럽게 대해야 한다. 인간 속에 있는 쉽게 변할 수 없는 파괴적 요소처럼——우리는 그것과 대결하여 이겨낼 수 없으므로 그 존재를 인식하고 조심스럽게 피해야 할 것이다.

그러나 「지하국대적설화」의 도둑귀신은 극복하기만 하면 아니마뿐 아니라 금은보화도 되찾을 수 있을 만큼 풍요한 보배를 얻을 수 있다. 그림자의 극복은 어렵지만 그렇게만 되면 큰 이익이 따르고 그전 상태보다도 더욱 의식을 풍요롭게 하는 것이 그림자 속에 숨어 있다는 사실이 이런 이야기 속에 담겨 있다. 그러나 지네 장터류 설화나 그밖의 대사(大蛇) 제치(除治)설화에서는 그림자의 제거로써 지상의 재앙이 없어지지만 그 이상의 소득은 없다.

「지네장터설화」의 지네는 마을사당에 살면서 해마다 처녀의 희생을 강요하고 그렇지 않을 때는 마을에 재앙을 일으키는 무서운 괴물이다. 이는 괴물제치설화로 전 세계에 분포되어 있는 페르세우스(Perseus)형 설화의 한국적 유화(類話)의 하나로 보편적인 주제를 가지고 있다. 영웅은 괴물을 제거하고 괴물에 붙잡혔던 여인을 구출해내 그녀와 결혼하는 것이 이런 류의 신화가 가진 핵심이다.

「지하국대적설화」라든가 「금강산 호랑이」 같은 우리나라 설화가 이에 속하고 「지네장터설화」는 괴물제치의 방법이 페르세우스 신화와 좀 다르다. 즉, 지네와 싸워서 이를 죽이는 것은 스스로를 제물로 제공한 여자 주인공이 아니라 그녀가 측은히 여겨 길러온 두꺼비였고 지네와 싸웠던 두꺼비도 지네와 함께 죽었다는 점이다. 본능을 잘 가꾸고 기르는 것이 중요함은 이 설화에도 나와 있고 그것이야말로 파괴적인 충동과 지배욕을 이겨내는 방책이라는 사실이 제시되고 있다.

그러나 파괴적인 충동, 그림자원형은 그 세력이 너무도 강력하여 이에 대항하는 건강한 본능적 세력 또한 이 갈등의 와중에서 해소되고 만다. 본능의 차원에서 일어나는 내적인 갈등은 어느 한 쪽의 우위로 끝나는 것이 아니고 상쇄됨으로써 해소된다. 주인공은 살아남고 그 뒤로부터 지네의 재앙과 악습은 사라진다.

필자는 「지네장터설화」에 관한 연구에서 지네장터는 한국적 영웅상의 한 면을 표현하고 있다고 말한 적이 있다.[22] 칼과 창으로 괴물을 제거하는 페르세우스형 영웅신화와는 또 다른 영웅의 모습이며 그것은 묵묵히 밥찌꺼기로 두꺼비를 기르는 소녀의 마음이다. 못생기고 약한 동물에게 애정을 나누어주는 마음, 지극히 내향적이며 여성적인 마음, 동양의 도(道)가 지닌 부드러움(柔)이 갖는 '강인함을 기르는 자세'다.

「지하국대적설화」는 남성적이며 외향적인 영웅의 모습이다. 우리는 영웅상을 그러한 모습에서 본다. 그러나 사실 창이나 칼을 쓰지 않고도 가만히 앉아서 내면에의 집중을 통해 밖의 괴물을 제거하는 이야기는 서구의 민담에서도 발견된다. 악한 마음이 일 때는 그 마음과 직접 용감하게 대결해서 이기는 방법도 있지만 평소에 선한 마음을 키워서 악한 것을 이겨내는 방법도 있다. 두꺼비를 기르는 마음은 전혀 목적의식이나 공리심이 없는 순수한 '측은의 정'을 살리는 태도이다.

우리 민담에서의 악의 처리법

그림자원형은 우리가 말하는 '악한 것'(das Böse, the evil)의 문제와 당연히 결부된다. 왜냐하면 의식은 어떤 문화를 막론하고 선을 장려하기 때문에 무의식에는 악의 그림자가 있게 마련이고 그것은 개인적으로나 사회적으로 자신을 여러 모습으로 노출시키고 있다. 폰 프란츠는 여러 나라의 민담에서 이 관계를 살폈는데, 악을 처리하는 데 있어 민담은 실로 수없이 다양한 방법을 제시하고 있으나 오직 유일하게 변함없는 공통된 방식은 동물을 돕는 사실이라고 설명했다.[23]

필자는 한국 민담에서 악을 어떻게 처리하고 있는가를 살펴본 일이 있는데 폰 프란츠가 말한 대로 실로 다양한 방법이 있다는 것을 알게 되었다. 때로는 악한 것을 속여야 하고, 때로는 악에 용감하게 대항해야 하고, 때로는 비겁하게 도망가 숨어야 하고, 때로는 절망 가운데서 모든 것을 체념하는 것이 도움이 되고, 때로는 꾀를 내거나 때로는 우둔해야 하는 등, 서로 모순되는 여러 가지 처리방식이 권장되고 있었다.

꿈속에서 그림자에 대응하는 무의식의 방식도 사실 이처럼 다양하고 그 처방이 서로 모순되는 듯 보여 꿈꾼 사람을 어리둥절하게 하지만 사실 그것이 옳은 것이다. 획일적인 일정한 처방이란 없다. 왜냐하면 의식상황은 항상 변하며 무의식 또한 변하고 의식상황에 따라 보상기능을 발휘하기 때문에 오늘은 그림자와 용감한 대결을, 내일은 그에게 타협을 제안할 수 있다. 물론 그 둘은 모두 옳다. 의식화해야 할 것들은 그때그때 다르게 나타난다는 말이다.

그런데 우리나라 옛날 이야기에서 제시한, 악에 대처하는 가장 특징적인 자세는 앞에서도 잠깐 언급한 것처럼 소박한, 지극히 자연스러운 감정표현이다. 그것이 절망이든 공포든 꾸밈없이 표현하는 것의 중요성이 도처에서 강조되어 있다. 또한 동물을 돕는 것이 악을 물리칠 수 있는 좋은 조건을 마련한다는 점은 한국 옛이야기에도 등장하는 공통된 사실이다.

악의 해결문제에서 우리가 꼭 살피고 지나가야 할 이야기가 있다. 삼국시대 때부터 전해오는 「처용설화」(處容說話)다.

처용설화

이 이야기는 처용과 처용의 그림자라 할 수 있는 역귀(疫鬼)와 처용의 아니마인 아내, 이렇게 3자가 관계되는 이야기로 복합적인 심리문제를 제시하고 있다. 그러나 그림자문제의 해결에서 특이한 가능성을 보여준 점에서 여러 학자들 간에 논란을 일으킨 이야기이기도 하다. 세부적인 고찰은 피하고 다만 그림자문제를 이렇게도 해결할 수 있구나 하는 점에 주목하고자 한다.[24]

동해 용왕의 아들 처용이 서울에 와 정사를 보필했다. 왕은 미녀를 아내로 삼게 하여 그를 머물게 했다. 역신(疫神)이 그 아름다운 아내를 흠모하여 사람으로 변해 밤에 그 집으로 가서 몰래 동침했다. 처용이 밖에서 돌아왔는데 자리에 두 사람이 누워 있음을 보고 노래를 부르며 춤을 추고 물러갔다. 노래에

동경 밝은 달에 밤새도록 노니다가
들어와 자리를 보니
다리가 네일러라
둘은 내해이고 둘은 뉘해인고
본디 내해지만 뺏겼으니 어찌하리

했다. 그래 신이 현형(現形)하여 꿇어앉아 말하기를 "내가 공의 아내를 사모하여 지금 과오를 범했으나 공이 노하지 아니하니 감격하여 아름다이 여기는 바입니다. 금후로는 맹세코 공의 형상을 그린 것만 보아도 들어가지 않겠나이다" 했다.

동해 용왕의 아들——지상의 왕이 그를 아껴 정사(政事)에 참여하게 하고 지상에 머물 수 있도록 아름다운 여인을 아내로 맞게

한 그는 분명 촉망받는 왕의 자문역이며 상징적으로 무의식의 자기(Self : 용궁)에 뿌리를 둔 새로운 의식성, 새로운 정신성(das Geistige)에 비길 수 있는 존재다. 자기란 정신의 전체성, 또는 전체성에 이르게 하는 힘이다. 용궁은 무의식의 그러한 전체성의 토대를 상징하고 용왕의 아들은 곧 용왕의 사자(使者), 즉 자기에의 매개자라고 할 수 있다. 지상을 다스리는 왕은 집단의식의 중심으로서의 자아, 시대의식과 같은 것이다.

그것은 새로운 변화를 요한다. 처용은 그 창조적 변화의 주체이다. 하나의 빛, 밝은 미래를 향한 희망이다. 그러나 그의 행로에는 항상 반대자의 도전이라는 난관이 기다리고 있다. 영웅에게는 항상 대자(對者)가 있어 영웅의 힘을 시험하듯이 ─ 또한 그러한 도전을 거치지 않고 영웅이 영웅다울 수 없다.

역신은 그러한 의미에서 처용의 대자, 즉 그림자다. 역신은 마치 빛의 신 아폴론(Apolon)을 시샘하는 신들같이, 또는 우리나라 의식의 하나인 마마신을 따르는 식문처럼, 혹은 삼승할망 대 구삼신할망과 같이, 처용이 가진 희망과 빛과 창조의 그늘에서 은연 중에 처용의 아니마를 탐내고 음성적으로나마 빛의 '은총'을, 처용의 일부를 취하려고 한다.

처용의 아내는 미인이라는 것 이외에는 다른 성격을 알 수 없다. 그것은 아니마 이미지 중에서도 낭만적인 사랑, 애욕의 수준에 있는 아니마상인 듯하다. 처용은 이 부분의 아니마를 소홀히 한 듯하고 역신은 처용이 소홀히 한 바로 그 측면을 건드림으로써 처용의 의식을 일깨운다. 처용이 빛이며 희망이며 치유의 신의 아들이라면 ─ 용궁의 치유능력을 생각해볼 것이다 ─ 역신은 어둠과 절망과 정욕과 질병의 화신(化身)이다. 처용의 아내가 역신과 동침했다는 사실은 소홀히 버려둔 아니마가 무의식의 병적인, 열등한 인격에 의해 침범되었음을 뜻한다.

빛과 어둠의 서로 떨어져 있던 두 측면은 아니마를 통해서 만나게 된다. 자아의식이 무의식을 소홀히 하면 그림자가 아니마를 감싸버려서 아니마를 인식하기 어려워진다는 사실, 그림자를 인식함으로써 비로소 그림자에 오염되어 분간하기 어려웠던 아니마가 드러나서 인식하기 쉬워진다는 말이 여기에 해당된다.

그런데 이 이야기에서 그림자의 인식과정은 좀 특이하다. 그것은 노래와 춤이다. 노래의 내용은 자기가 부재중에 부인을 빼앗겼음을 확인하고 물러나는 것이다.

　　본디 내해지만 뺏겼으니 어찌하리

이 마지막 구절이 체념이 아니라 협박이라는 설도 있다. 그러나 대체로 도가(道家)와 같은 유연한 '버림'의 태도라고 보는 듯하다. 어느 쪽이든 처용의 태도는 삼각관계에서 결투를 벌이는 근대 서양의 남성들과는 전혀 다르다. 물론 한국에도 그런 결투의 심성이 남성들 사이에 없지 않다. 그러나 처용은 그것을 택하지 않고 춤을 추고 노래를 하며 평화롭고 유연하게 물러가고자 했고 역신은 그의 이러한 태도에 감복하여 용서를 빌고 처용의 초상만 보아도 나타나지 않을 것이라 약속한다. 역신의 항복과 자리매김이 이루어지고 이때 처용은 명실상부한 의신(醫神)이 된다. 처용이 취한 유연한 태도는 당시에도 통상적인 태도가 아니었던 듯하다. 사사로운 소유욕을 '버리는' 자세이며 진정한 의미의 깨달음, '진제'(眞諦)의 태도다. 그림자를 억압하지 않고 그림자를 받아들이고 인정함으로써 음성적인 그림자는 조절 가능한 상태로 변한 것이다.

이렇듯 우리의 옛이야기는 전 세계 이야기와 같은 맥락에서 여러 가지 그림자 처리방법을 제시하고 있는 동시에 동양 고등종교의 영향을 받은 한국문화 특유의 지혜를 보여주고 있다.

3. 그림자와 종교사상

　지구상의 고등종교는 모두 자기인식을 강조한다. 성경에는 "남을 비판하지 말라"는 구절이 있다. "소경이 어떻게 소경의 길잡이가 될 수 있겠느냐" 했다. 한 걸음 더 나아가 "너의 형제의 눈 속에 든 티는 보면서도 어째서 제 눈 속에 들어 있는 들보는 깨닫지 못하느냐?" "제 눈 속에 있는 들보도 보지 못하면서 어떻게 형제더러 '네 눈의 티를 빼주겠다'고 하겠느냐 이 위선자야. 먼저 네 눈에서 들보를 빼내어라. 그래야 눈이 잘 보여 형제의 눈 속에 있는 티를 꺼낼 수 있다"고 했다.[25] 분명 자기 자신의 무의식의 그림자를 먼저 인식하라는 말이 아니고 무엇이겠는가.

　유교에서는 수기치인(修己治人) ── 먼저 자기를 수도하고 남을 다스려라, 수기안인(修己安人),[26] 수신제가(修身齊家) 치국평천하(治國平天下) ── 몸을 닦고 집안을 다스리듯 나라를 다스리고 천하를 편하게 하라고 했다. 스스로 수도함에 있어 중요한 것은 공자가 『논어』에서 말했던 서(恕), 즉 '자기가 원하지 않는 일을 남에게 시키지 않는 것', 즉 인(仁)의 실천이다.[27] 남에게 무엇을 시키기 전에 자기 자신을 성찰하라는 뜻이고 그것은 일차적으로 심리학적인 그림자의 투사에 따라 행동하지 않는다는 말이다.

불교에서는 자심반조(自心反照)를 권하고 어리석음의 어둠──무명(無明)을 깨우쳐 하나의 마음(一心)으로, 무한한 광명으로 향하는 길을 제시한다. 노자(老子) 무위자연(無爲自然)의 도(道)에 입각한 삶은 선·악의 이분법적 가치관을 넘어선 진정한 의미의 선임을 말하고 있다.

모든 고등종교는 궁극적으로 '하나'가 되는 것을 지향한다. 그러므로 융은 각 고등종교가 최고의 것으로 지향하는 상징들, 도, 그리스도, 불성(佛性) 속에서 자기원형의 상징을 발견했다. 종교는 결코 프로이트가 본 것처럼 본질적으로 소아의 강박신경증 같은 것, 마르크스가 주장한 아편과 같은 것이 아니고 종교적 인류(homo religiosus)로서의 인간 마음의 근원에서 생겨난 것이며 의식으로 하여금 자아를 넘는 커다란 신화적 원형층과의 연결을 가능하게 하여 궁극적으로 인간의 자기실현에 기여한다고 융은 보았다.

그러나 종교적 심성을 바탕으로 생겨났으나 역사적으로 인간생활 속에서 인간의식에 의해 형성되고 믿음의 대상으로 발전한 교리나 신앙체계들은 반드시 종교 본연의 목표에 부합되는 사고나 행동을 항상 인간사회에 심어준 것은 아니다. 인간들은 종교라는 이름 아래 피비린내 나는 싸움을 거듭해왔다. 선의 그림자, 악은 어느 다른 세계보다도 진하고 강하여 때로는 종교 본연의 의도와는 달리 악을 실행하는 모순에 빠질 때도 있다.

앞 장에서 말했듯이 고등종교의 종파는 성서나 성전의 가르침처럼 자기 마음속의 그림자를 보지 않고 도처에 그림자를 투사해 놓고 밖에 있는 그림자를 쳐부순다고 광분하기도 한다. 왜 그런가? 일차적으로는 종파의 가치체계에 대한 인간집단의 태도에 문제가 있다. 예컨대 기독교나 유교 본래의 정신을 그대로 이해하지 못하고 인간의 공리적 목적, 권력욕, 신경증적 의존심을 채우는 데 맹목적으로 이용했을 뿐 아니라 오히려 자기 자신을 인식하지 않으려는 병적인 저항의 수단으로 삼았기 때문이다.

그러나 동시에 고등종교 자체의 교리나 도그마에 전체의 삶이 아닌 편향된 부분적 삶을 암시하는 부분이 있어 이에 따라 인간들이 편향된 시각을 가지고 부분적 삶에 만족하려는 경향을 조장하게 되는 경우도 있을 것이다. 다시 말해서 그 종교의 교리가 인간 정신의 전체성, 전체가 되는 길을 표현하는 상징을 갖추지 못하고 있을 가능성이 크다는 것이다. 이와 관련에서 융이 가장 깊이, 가장 흔히 언급한 종교는 역시 기독교였다. 그림자문제를 고등종교는 어떻게 보아왔던가. 융의 말을 중심으로 생각해보기로 하자.

기독교와 그림자의 문제

1937년 미국 예일 대학의 테리(Terry) 기념강좌에서 발표한 「심리학과 종교」라는 논문에서 융은 무의식의 연구를 통하여 발견된 전체성의 자연적 상징이 4위(quaternity)로 대변되며 기독교의 3위(trinity)에는 한 가지가 빠져 있다고 했다. 1940년 에라노스(Eranos) 회의에서 발표한 「3위 1체 도그마의 심리학적 해석」[28]에서 융은 네 번째 것(der Vierte)에 관해 티마이오스(Timaios)와 괴테의 파우스트, 그리고 그노시스파 신학의 견해를 심리학적인 견지에서 논했다.

3위에서 빠진 그 네 번째란 무엇인가? 그것은 정통 교회의 기독

교 도그마에서 절대선인 그리스도로부터 분리한 '마귀'라 부르는
것, 순수히 부성적이며 정신적 존재인 기독교적 신관(神觀)의 그
늘에 가려 있는 물질적인 것, 육체적인 것, 여성성, 모성성이다. 분
석심리학적으로 말해서 곧 자기원형의 그림자 속에 포함되는 것
들이다. 「심리학과 종교」에서 융은 다음과 같이 말한다.

> 현대인의 정신에서 산출되는 4위성은 직접 내적인 신뿐 아니
> 라 또한 신과 인간의 동질성을 제시하고 있다. 도그마와는 반대
> 로 여기에는 셋이 아니고 네 측면이 있다. 네 번째가 마귀라는
> 사실을 사람들은 쉽게 추론할 것이다.[29]

자연발생적인 무의식의 상징에서 볼 때 그러하다는 것이다. 그
러나 정통 교회의 입장에서 그러한 자연적 4위 1체성은 속임수를
쓰는 마귀(diabolica fraus)라고 설명할 것이고 그러한 생각을 시
도하는 것조차 결코 용납하지 않을 것이라고 그는 말했다. "교회
가 나눈 것을 자연이 합치는 것을 허용할 수 없기 때문"이다.[30] 그
리하여 융은 기원 2세기의 신플라톤 학파의 철학자로 전설적 인
물인 카르포크라테스(Karpokrates)의 선·악 대극간의 화해에 관
한 견해를 제시했다.

선이니 악이니 하는 것은 인간이 머리로 생각하는 것이라는 점,
이에 반해서 심혼(心魂)은 그가 또다시 육체라는 감옥에 사로잡히
지 않으려면 죽기 전까지 사람이 경험할 수 있는 모든 체험을 거
치고 지나가지 않으면 안 된다는 것이다. 이를테면 심혼은 인간생
활의 온갖 요구를 완전히 충족함으로써 데미우르그(Demiurg :
그노시스파의 용어로 세계 형성자, 최고신 밑에서 물질적 지상계

를 만든 신)의 육체 세계에 감금되어 있는 자신을 해방시켜 되돌려받을 수 있는 것이다. 인간에게 주어진 육체적 존재는 일종의 적대적인 형제다. 우리는 먼저 그쪽의 조건들을 지각해야 한다.

카르포크라테스 학파는 복음(「마태」 5 : 25, 「누가」 12 : 58)의 다음 구절을 이런 뜻으로 해석한다고 했다.[31)]

너희는 무엇이 옳은 일인지 왜 스스로 판단하지 못하느냐? 너를 고소하는 사람이 있거든 그와 함께 법정으로 가는 길에 화해하도록 힘써라. 그렇지 않으면 그가 너를 재판관에게 끌고 갈 것이며 재판관은 너를 형리에게 넘겨주고 형리는 너를 감옥에 가둘 것이다. 잘 들어라. 너는 마지막 한 푼까지 다 갚기 전에는 결코 거기에서 풀려나오지 못할 것이다.

카르포크라테스 학파는 '마지막 한 푼까지 다 갚는다'는 뜻을 정신의 적수(敵手)격인 육체적 조건을 지각하고 삶의 모든 요구를 완전히 충족한다는 뜻으로 풀이했다는 것이다. 융은 또한 신플라톤학파의 철학자들이 제기한 이러한 문제가 얼마나 중요했던가는 그노시스파의 철학자들이 '저지르지 않은 어떤 죄로부터도 구제될 수 없다'는 말에 반영되어 있다고 했다. 그는 계속하여 육체에 얽매인 인간, 이른바 '악마(적)'이라고 부르는 것이 '내 속에 있는 타자(他者)'인 한, 카르포크라테스 학파의 사고방식에 따라 결국 「마태복음」 5장 22절은 다음과 같이 해석할 수 있음을 제시하였다.

그러나 나는 이렇게 말한다. **자기 자신**에게 성을 내는 사람은 누구나 재판을 받아야 하며 **자기 자신**을 가리켜 바보라고 욕하는 사람은 중앙법정에 넘겨질 것이다. 또 **자기 자신**에게 미친 놈이라고 욕하는 사람은 불붙은 지옥에 던져질 것이다. 그러므로 제단에 예물을 드리려 할 때에 너 자신에게 원한을 품고 있는 것이 생각나거든 그 예물을 제단 앞에 두고 나서 먼저 너 **자신**과 화해하고 돌아와 예물을 드려라. 너 자신과 더불어 화해하라──**네가 너 자신**과 함께 길을 가는 동안 네가 너 자신을 재판관에게 넘기기 전에.

본래 성서에는 형제로 되어 있는 부분을 마음속에 있는 형제, 즉 그림자, 즉 **자기 자신**으로 바꾸어 생각할 수 있다는 말이다. 융은 이러한 문제성은 외전(外典)에 있는 그리스도의 말, "네가 하는 일이 무엇인지 네가 알면 너는 구원받으리라. 그러나 네가 무엇을 하고 있는지 모르면 저주받을지어다"[32)와 가까운 생각이라 했다. 나아가 「누가복음」(16장)의 '약은 청지기'의 비유에 더 가깝다고 했다. 교부(敎父)들의 강건한 심성이 이와 같은 미묘한, 현대적 관점에서 보아도 끝없이 실용적인 논란이 지니고 있는 가치와 그 오묘함을 평가할 수 없었던 것은 당연하다고 그는 말한다.[33)

"억압된 그림자의 경향들이 악 이외 아무 것도 아니라면 어떠한 문제도 없다"라고 융은 말한다. 그러나 대개 낮은 것, 원시적인 것, 적응되지 못한 것, 불쾌한 것일 뿐 절대악은 아니라고 주장한다. 그것은 유치한 원시적 성질을 가지고 있고 어떤 면으로는 인간적 존재를 활성화하고 미화할 수 있는 것이다. "현대문명의 꽃다운 결실인 교양 있는 대중은 그의 뿌리에서 단절되어 있고 대지와의 결속을 잃어버릴 지경에 이르렀다"고 융은 간파했다. "어떤 부분의 사람들은 보다 상급의 인간과 동일시하여 아래로 내려올 수 없고 다른 부분의 사람은 하급인간과 동일시하여 위로 올라가고자 한다." 문명국가치고 하층계급이 의견의 충돌에서 오는 불안한 상태에 놓여 있지 않은 나라가 없다고 융은 말했다.[34]

그런데 그 해결은 어떤 법적인 조치나 인공적인 개혁으로 되지 않으며 오직 전반적으로 사람들의 태도에 변화가 있어야 해소된다고 했다.

> 그런 변화는 선전선동이나 대중집회나 압력으로 시작되지는 않는다. 그것은 개인의 변화로 시작된다. 그것은 개개인의 개인적인 친화 또는 혐오, 그들의 인생관과 가치관의 변화로서 영향력을 행사할 수 있다. 그러한 개별적인 변화만이 집단적인 해결을 가져다줄 수 있다.[35]

집단적인 접근 이전에 개인의 마음의 변화가 가장 중요하고 확실한 효과를 보장하는 것임은 융에 의해서 누차 강조되어온 말이었다.

『아이온』에서 융은 자기의 그림자(Schatten Selbst)를 그리스도 시대 이후에 나타난다고 보는 반기독(反基督, Antichrist)의 상(像)에서 보았다. 그것은 자기의 그림자에 해당되는 인간적 전체성의 어두운 반측이다.[36] 이에 반해서 기독교의 관점에서는 원형이 두 개의 상용할 수 없는 반으로 분열되어 그 결과 형이상학적 이원론에 이르고 있다. 즉 천국과 저주의 연옥과의 분리를 야기할 만큼 분열되고 있다.[37]

반기독 문제는 기독교인에게는 받아들이기 어려운 문제임을 시인하면서 융은 반기독적인 현상은 신의 육화(Inkarnation)로써 유발된 마귀의 반격을 의미한다고밖에 달리 말할 수 없을 것이라고 했다. 마귀(Teufel)의 형이상학적 개념은 역사적으로 여러 가지로 변천해왔음을 융은 여러 곳에서 지적했다. 그 변화는 인간의 무의식의 요청에 의한 것이었다. 그런 만큼 '마귀'의 개념은 신학적인 관심사일 뿐 아니라 심리학적인 관심사가 아닐 수 없다.

이와 같은 변화의 역사를 이곳에서 일일이 설명할 필요는 없을 것 같다. 우리는 다만 마귀가 구약성서 「욥기」에서는 신의 아들 가운데 하나일 뿐 아니라 심지어 야훼의 신임자였으며[38] 「요한계시록」에 예수의 그림자(umbra Jesu)로 볼 수 있는 상이 있으나 사탄의 창조자인 반기독과 같은 존재는 보이지 않는다는 융의 주장을 확인할 뿐이다.

또한 웨르블로스키(Werblowsky)가 『루시퍼와 프로메테우스』(Lucifer und Prometheus)의 서문에서 간략히 언급한 대로 이미 이집트의 셋(Seth), 페르시아의 알리만(Alriman)에서 싹이 튼 악의 원리의 인격화는 기독교에 이르러 꽃을 피웠다는 것, 그것은 다른 무엇보다도 구약에서부터 강하게 고개를 든 선의 총화(summum bonum)로서의 신관(神觀)이 심리적인 균형을 맞추어야 할 이유로 해서 최하위의 악(infimum malum)을 요구했다는 주장에 주목할 필요가 있다.[39]

무의식적인 균형에의 요구가 그리스도와 마귀와의 관계에 관한 여러 가지 설을 낳게 하여 마귀가 형이상학에서 높은 자리를 차지하게 되자 마니교(Manichäismus)의 위협에 처하여 기원 4세기에 마귀의 존재를 강력하게 약화시켜야 했는데, 그것은 곧 악은 단지 선의 결여(privatio boni)에 불과하다는 합리적인 정의에 근거를 둔 것이었다. 그러나 이러한 움직임이 11세기 유럽 각지에서 일어난 믿음을 막을 수 없었는데 그것은 신이 아니라 마귀가 세계를 창조했다는 믿음이었다.[40)]

"그노시스에서 마지막으로 특히 인정되었던 '불완전한 세계 창조자'의 원형이 다른 모습으로 엄습해 들어온 것이다"라고 융은 말한다. 이것은 14, 15세기의 이단(異端) 박멸운동을 통해 다소 진정되다가 종교개혁과 함께 사탄의 유형이 모습을 드러냈다.

야콥 뵈메(Jakob Böhme)를 거쳐 밀턴(Milton)에 이르면 마귀는 개성화의 고유한 원리(principium individuationis)로서의 의미를 갖게 되는데 이는 이미 중세 연금술사 사이에서 예감되었던 것이다.[41)] 연금술사는 사탄의 이름으로서가 아닌 철인(哲人)의 제자(filius philosophorum), 즉 최고의 물질, 이중(duplex), 양가적인 것(ambiguus) 등으로 불리는 메르쿠리우스(Mercurius)가 나타나는 양식을 말하는데 그것은 곧 분석심리학의 자기와 일치되는 상징이다. 그리고 제자의 '어두운 반'은 루시퍼(Lucifer, 마귀)와의 관계를 나타내고 있다.

밀턴이 작품활동을 하던 때 이와 같은 생각은 일반적인 교양자료였다. 연금술의 메르쿠리우스, 철인의 돌은 전체인간 이외의 다른 것이 아니라는 생각을 가진 수도사도 있었다고 융은 말한다.[42)]

계몽사상의 출현과 더불어 형이상학은 흔들렸고 당시 출현된 앎과 믿음 사이의 분열은 더 이상 회복될 수 없는 지경에 이르렀다. 형이상학의 보다 밝은 상들은 어느 정도 자율적인 힘으로 형성될 수 있었지만 마귀의 상에는 해당되지 않았다고 그는 술회한다.[43)]

괴테의 『파우스트』에서 마귀는 매우 개인적인 노예, 무엇을 얻고자 애쓰는 영웅의 단순한 그림자가 되어버렸다. 합리주의적 자유를 지향하는 프로테스탄티즘은 마귀에 관하여 이를테면 '토론 종결'했고 그리스도 왕국의 불쾌한 형상으로서 전적으로 뒷전에 물러났으며 그럼으로써 교회가 싫어하지 않는 방식으로 이 원리를 관철했다. 모든 선은 신으로부터, 모든 악은 인간으로부터(omne bonum a Deo, omne malum ab homine). 마귀는 심리학에 매이게 되었다.[44)]

그런데 융은 마귀의 형이상학이 흔들리게 되고 교회의 논란으로부터 배제된 결과 심리학의 과제에 머무르게 된 마귀에 대한 일련의 역사적 변화 뒤에 기독교 문명의 전통을 지닌 유럽사회에 일어난 엄청난 재앙들이 어디에서 나왔는가를 제시하고 있다. 그것은 인간들의 자아팽창(Inflation)에서 온 오만 때문이었으며, 자아를 자기와 동일시함으로써 생기는 현상이다. 그것은 괴테가 그의 파우스트를 초인(Übermensch)이라 부르는 심리적 기대에 해당된다. 그러한 초인유형은 근대에서는 니체를 거쳐 현대의 정치심리학에 깊숙이 파고들었고 인간 속에서 초인이 육화함으로써 그와 같은 권력욕에서 예측할 수 있는 온갖 결과를 빚는다는 사실을 증명하고 있다고 융은 말한다.

자아팽창은 인간들 사이에 전염되고 도덕적·세력관적 불확실성을 만들어낸다. 그러므로 의학심리학자는 전문가로서 그러한 측면에 관심을 가져야 하고 그런 뜻에서 웨르블로스키가 밀턴의 낙원을 비판적으로 연구한다는 것은 의미 있는 일이며 이 기회에 마귀가 왜 정신의학자의 상담실에 오게 되었는지를 좀더 자세히

설명하는 것이 자기의 일이라고 융은 말한다.[45)]

　정신의학자나 분석심리학자가 '마귀'와 같은 신학적 개념에 외람된 의견을 말하고 여러 가지 도덕적, 형이상학적 의미를 내포하고 있는 개념을 단지 심리학적인 콤플렉스로 환원하는 것이 아닌가 의구심을 가지는 사람도 많을 것이다. 그러나 위에도 암시되어 있듯이 융은 마귀의 형이상학적 의미를 심리학으로 환원한 것이 아니라 마귀의 형이상학이 흔들리게 된 배경이 인간들의 무의식적 요구에 있고 그것이 빚게 된 심리적인 위험성을 지적했다. 또 인간 심성, 특히 그림자의 개념과 떼려야 뗄 수 없는 관계를 가진 마귀의 심리학적 측면, 우리 마음 안의 마귀라 일컬어지는 열등한 인격을 외면하지 말고 직면해야 할 필요가 있음을 강조했다.

　악의 존재를 단지 '선의 결여'(privatio boni)로 치부하고 그것이 지닌 현실적인 위력을 무시하는 것은 신의 절대선으로서의 권위를 최대한 신뢰하는 데서 나오는 것으로, 유럽은 신지학(神智學)에서 볼 수 있듯이 '의식을 이상적인 표상으로 채우고' 어둠의 세계를 마치 존재하지 않는 것처럼 간과했다.[46)]

　『모성원형의 심리학적 측면』[47)](1953)에서 융은 도덕적으로 이중적이었던 구약의 야훼 신상(神像)은 절대적으로 좋은 신으로 바뀌면서 마귀가 모든 악을 포괄하는 존재가 되어 신성(神性)의 양분을 일으켰음을 지적했다. 아마도 보다 강한 서양인의 감정발달이 이런 결정을 내리게 한 듯하다고 말하면서 그는 동양에서는 서양과 달리 신상의 그러한 양분을 볼 수 없다고 했다.

　그러나 동방에서는 반대로 주로 직관적-지적 입장이 감정가치에 아무런 결정권을 양보하지 않았다. 그래서 제신(諸神)은 그 본래의 도덕적 모순을 방해받지 않고 보존될 수 있었던 것이다. 그리하여 동방은 칼리(Kali)로, 서방은 마돈나(Madonna)로 대표되었다. 그런데 후자(마돈나)는 그림자를 완전히 상실했다.[48]

그 결과와 현상의 원인을 융은 다음과 같이 계속 논평했다.

그림자는 비천한 지옥에 빠졌다. 그곳에서 그는 마귀의 할머니로서 거의 주목받지 못하는 존재가 되어 있다. 감정가치의 발전 덕분에 밝고 선한 신성(神性)이 끝없이 고양되었다. 그러나 마귀로 묘사된 어둠은 인간에 국한되어 존재하게 되었다. 이런 특이한 발전의 원인은 기독교가 마니교의 이원주의에 너무도 놀라서 유일신교를 온힘을 다하여 지키려 했기 때문이다.[49]

동양종교와 그림자의 인식

1943년『동양적 명상의 심리학』[50]에서 융은 맹목적으로 동양의 요가(Yoga)를 흉내내는 서양인을 비판했다. 마음의 어두운 구석, 즉 무의식을 들여다보고자 하지 않는 자는 요가가 약속하는 목표에 결코 도달할 수 없다, 그러므로 서구인이 요가수행을 무비판적으로 받아들이는 것을 반대한다는 것이다. 서구인이 요가를 통해 어두운 구석을 보지 않고 억누르기 원한다는 것을 너무나 잘 알기 때문이라 했다. 요가를 그렇게 시작하는 것은 전혀 의미가 없는 일이라고 그는 잘라 말했다.[51]

우리는 우리의 개인적인 무의식의 추악함에 대해 끝없이 깊은 두려움을 가지고 있다. 유럽인들은 그래서 스스로 했어야 했던 일을 하지 않고 차라리 다른 사람더러 하라고 말하기를 좋아한다. 전체의 개선은 개인으로부터, 아니 나 자신으로부터 시작한다는 사실은 아예 생각조차 하지 않는다. 많은 사람들은 자기의 내면을 들여다보는 것은 병적이라고 생각한다. 어떤 신학자는 심지어 내게 자기를 들여다보는 작업 때문에 우울해진다고까지 말했다.[52]

그런데 서구에도 요가에 비길 만한 자기성찰의 방법이 생겨났는데 프로이트가 개척한 의학심리학이라고 융은 말한다. 그것은 무의식의 심리학이며 특히 번뇌(kleças)를 다루고 있다. 요가가 번뇌의 세계를 모르고 있는 것은 아니다. 그러나 그 종교의 소박성은 번뇌가 우리에게 의미하는 도덕적 갈등을 모른다고 그는 지적한다.

윤리적 딜레마가 우리를 우리의 그림자로부터 분리한다. 인도의 정신은 자연에서 자란다. 우리의 정신은 자연에 항거하고 있다.

요가는 물론 어둠의 세계를 충분히 알고 있으며 이미 그 문제를 해결한 전제 아래서 수행이 진행된다.[53] 그러나 서구인은 자연속에 파묻혀 있는 악의 문제를 먼저 해명해야 한다고 융은 주장한다. 그 해명은 물론 지적인 유희로 되는 것이 아니다. 개개인이 마지막 한 푼까지 지불하여 남김없이 체험함으로써 이루어질 수 있다.

그런데 요가의 경전은 개인적인 환상의 그림자 세계, 즉 개인적 무의식을 통과함을 전제로 하고 서구인에게 낯설고 상징적인 형상을 묘사하고 있다. 그것은 8각의 기하학적 상(像)인데 한가운데 연꽃에 붓다가 앉아 있는 모습이다. 그것은 모든 것을 포괄하는 해탈의 만달라(bodhimandala), 빛의 마법적 원의 단일성이며 이러한 내용은 분석심리학에서 집단적 무의식의 중심인 자기원형에서 발견한 것과 일치한다.[54]

분석심리학에서 발견한 마음의 중심, 자기원형은 요가나 동양종교에서 한결같이 중요시하는 마음의 핵심——그것을 도라 부르든 붓다라 부르든, 일심, 또는 태극, 만달라로 표현되든——과 일치하며 그 핵심에 이르는 길목에 그림자와의 갈등과 극복이라는 과제가——그것을 또한 무엇이라 부르든, 무명(無明)이라 하든, 미망(迷妄)이라 하든, 번뇌(kleças)라 하든——주어져 있다.

이제 유교, 불교, 도가의 사상 속에서는 분석심리학의 그림자에 해당되는 것을 어떻게 표현했고 어떻게 다스려 왔는지를 살펴보자.

『논어』와 유교문화의 그림자

융은 공자를 소크라테스에 비길 수 있는 위대한 교육자라고 하였다. 그러나 불교나 도교에 비해서 융이 공자를 인용한 예는 극히 드물다. 삼국시대 때부터 도입하여 조선왕조의 통치이념으로 각광을 받아 퇴계(退溪), 율곡(栗谷) 등 대유학자를 배출한 한국의 유교사상과 유교문화 속에서 500년 이상 살아온 한국인으로서 유교유산은 현대 한국인에게 엄청난 의미를 가지고 있다. 여기서는 다만 그중 극히 일부에서 그림자에 관련되는 부분만을 인용해보기로 하겠는데 필자의 생각으로는 그것을 가장 극명하게 보여준 문헌이 『논어』다.

분석심리학의 입장에서 『논어』는 인간본성의 존재와 그 발전에 관한 매우 적절한 설명을 하고 있다고 할 수 있다.[55] 공자가 주장하는 궁극의 목표 인(仁)은 그것을 인간 본래의 요구를 완전히 실현하며 사는 인간다움의 극치[56]라 볼 때 자기실현의 목표와 가깝다. 또한 『논어』에는 개성에 따른 교육이 강조되고 있어 유교문화에서 보듯 경직되고 획일적인 규범주의가 없어 좋다. 또한 공자의 천(天)에 대한 확신에서 무의식과 자기에 대한 확신을 읽을 수 있다. 『논어』의 가르침은 청소년기 의식의 통합과 적절한 페르조나 형성에 크게 이바지한다.[57] 그러나 『논어』에는 분명 공자가 '다루기 어려운 사람들'에 관한 언급이 있고 논하기를 거부하는 영역이 있다. 그것을 나는 공자의 그림자, 혹은 『논어』에 나타난 유교문화의 그림자라 말하고자 한다. 그것은 무엇인가. 그 첫째는 여자와 소인(小人)이다.

오직 여자와 소인은 다루기 어렵다. 가까이 하면 불손해지고 멀리하면 원망한다.[58]

여자와 소인을 중국의 하녀나 머슴을 일컫는다고는 하지만 이를 비천하게 여긴 것은 사해(四海) 안에 모두 형제가 있고 덕으로서 야만인도 교화할 수 있으며 인간은 교육이 문제일 뿐 신분의 차이는 문제가 안 된다[59]는 공자의 말에 비추어 매우 어울리지 않는 말이다. 여성심리에 관해서, 여성에 대한 남성의 반응에 관해서, 이성 간, 부부간의 관계에 대해서 『논어』에 아무 언급이 없는 것도 소인과 여자를 멀리하고자 하는 태도의 소치가 아닐까 추정된다.[60]

군자와 소인의 대비는 도덕적으로 성숙한 인간과 미숙한 상태의 인간을 비교한 것으로 교육상으로 설득력 있는 매우 명료한 구분이며 실천의 지표라고 할 수 있다. 그러나 공자가 『논어』에서 소인은 군자가 될 수 없는 존재처럼 말하고 있는 것은 소인의 발전가능성을 전혀 고려치 않고 있다는 인상이며 이 또한 관심의 대상에서 제외되고 있다는 느낌이다. "선천적으로 잘 아는 자와 아주 어리석은 자는 옮겨질 수가 없다."[61] "중등 이상에 도달한 사람에게는 높은 지식을 일러주어도 좋다. 중등 이하의 사람에게는 높은 지식을 일러줄 게 못 된다"[62]는 말에서 인간이 성숙해가는 데 사람마다 분명 차이가 있음을 암시하고 있다.[63]

이렇게 보면 여자와 소인은 각각 남자와 군자의 그림자로 남아 있을 가능성이 커진다. 왜냐하면 여자와 소인 이 두 가지 열등한 부류의 성격측면은 발전가능성이 없으므로 무시해야 할 측면이며 분석심리학에서 말하는 것처럼 그것을 표현하여 살림으로써 분화 발전시킬 수 있는 가능성이 배제되어 있기 때문이다.

『논어』에서 둘째로 들 수 있는 그림자의 예는 공자가 언급하기를 피했던 괴(怪)·력(力)·란(亂)·신(神)의 세계다.

선생님께서는 괴이한 일, 힘쓰는 일, 난동질 및 귀신에 관해서는 말씀하시지 않으셨다.[64]

이러한 것은 공자가 자기의 정치철학으로 주장하지 않았다는 것이다. 공자의 정치철학은 주공(周公)의 이성에 바탕을 둔 인간의 이성, 지성, 문화의 힘으로 현실사회를 합리적이고 평화적으로 발전 향상시켜야 한다는 생각으로 은대(殷代)와 같이 점복이나 무술(巫術)로 신의 뜻을 묻는 주술적인 것이 아니었다고 장기근은 말했다. 또한 그는 "사람이 지켜나갈 도의에 힘쓰고 귀신을 공손히 다루되 멀리 하면 지혜롭다 하겠다"[65]라는 말을 인용하여 그 논거의 하나로 삼았다. 괴·력·란·신의 반대는 상(常)·덕(德)·치(治)·인(人)이며 "공자의 합리, 현실, 인간, 문화주의는 인(仁), 즉 휴머니즘의 본질"이라고 그는 해설한다.[66]

이상으로 미루어 보아 괴·력·란·신은 분명 공자가 지향하는 상·덕·치·인의 대극으로서 그 그림자 측면임을 알 수 있다. 괴·력·란·신이 날뛰는 시대에 의식의 합리적인 발전을 위해서 그 반대극인 상·덕·치·인을 강조하는 것은 당연한 귀결일 것이다. 그것은 기독교가 도덕적 혼란기에 유일 절대선의 윤리적 실체를 크게 강조하게 된 것과 비슷한 동기에서 나온 것이다. 그러나 기독교가 지고선(至高善)의 하나님으로부터 악의 원리인 마귀를 선의 결여로 무시하면서 떼어버리고 진지한 고려의 대상으로 삼지 않음으로써 여러 차례의 세계대전을 통하여 인류가 엄청난 악의 충동에 사로잡히게 된 것과 마찬가지로 공자가 간과한, 혹은 무시한 비합리적인 세계와 악의 세계가 결코 선의 강조만으로 통제될 수 없음을 역사는 증명해왔던 것이다.

공자는 분명 의식 너머의 초월적 세계의 존재와 그 권능을 믿고 있었다. 귀신의 존재도 무시한 것이 아니다. 다만 그 세계에 깊이 관여하기에는 현실적인 의식의 발달과 강화가 더 급하다고 본 것 같다.

『논어』의 내용만으로 유교문화의 전부를 판단할 수는 없을 것이다. 그러나 조선왕조 500년간 유교적 명분을 둘러싼 피비린내 나는 당쟁의 역사를 볼 때 명분, 즉 페르조나에 가려진, 유교가 일찍이 다루기를 회피해온 괴·력·란·신이 어떻게 인간의 마음의 심층에서 의식의 체면을 거역하도록 준비해왔던지를 직접 목격할 수 있다.

실제로 신유학(新儒學)으로서의 주자학의 사단칠정론(四端七情論)도 사단으로 대변되는 선한 감정과 칠정의 일반적인 감정의 구분을 통해서 감정적 승화를 꾀하고 있는 데서 열등한 것을 포함한 일반적인 감정세계가 고상한 감정의 그림자로 간주될 소지를 안고 있다. 사실 '고상한 감정' 사단의 표현은 윤리적 인간의 원형적 감정이며 감정성숙의 목표이기도 하다. 그러나 '윤리적 인간'이란 목표설정 자체가 형식화될 소지가 있고 일상적인 인간적 감정을 세속적 감정차원으로 구분하는 데서 고상한 감정의 그림자가 형성되고 감정의 전체적 체험과 분화의 가치를 막는 결과가 된다.[67]

불교사상과 그림자의 관계

분별지(分別智)를 자기 실현의 장애로 보는 불교의 인간관에는 유교가 지닌 그러한 인격분리와 그로 인한 그림자 형성의 위험이 없는 것일까? 선을 지향하고 하나의 마음을 지향할 때 대극의 분열은 항상 있게 마련이다. 그러나 불교는 이 점을 간과하고 있다. 그래서 어떤 것에든 집착하지 말기를 권장하고 언제나 전체를 보도록 강조한다. 그러나 불교적 전체상에서 그림자는 포함되어 있을까?

대승 불교사상에 기독교사상의 마귀 존재처럼 분석심리학의 그림자에 비길 수 있는 관념이 있다고 단언하기는 어렵다. 물론 불교에서도 제압해야 할 수많은 마귀들의 관념이 있고 미망과 번뇌의 씨앗이 인간의 마음속에 있음을 안다. 그것들을 그림자에 비길 수 있는 표상이라 해도 무방할 것이다.

그럴 경우 그림자의 의식화는 불력(佛力)으로 탐(貪)·진(瞋)·치(癡) 삼독(三毒)과 신체적 쾌락(6道)을 극복하는 것이다. 이것 역시 그림자의 표현과 수용을 통하여 이를 의식에 통합하는 분석심리학적 과정과는 다른 '제압'과 '승화'의 과정이라고 보아야 할 것 같다. 그러나 이것은 지극히 평범한 사람들의 믿음의 장에서 볼 수 있고 대승불교 수행의 근본이 마귀의 제압과 승화에만 있다고 할 수는 없다.

대승기신론(大乘起信論)에서 우리가 수행을 통하여 돌아가야 할 하나의 마음(一心)은 분석심리학의 자기, 즉 정신적 전일성(psychische Ganzheit)과 같은 의미를 가지고 있으며 하나의 마음으로 돌아가는 것, 즉 귀일심원(歸一心源)은 곧 인간이 근원적 본성의 실현이라는 의미에서 분석심리학의 자기실현과 같은 뜻을 가지고 있다. 그런데 흥미로운 것은 일심이 구원의 목표이며 원동력인 동시에 번뇌와 고통의 근원이기도 하다는 말이다. 그것은 일심이문(一心二門)에 관한 기신론의 설명에 반영되어 있다.[68]

일심 이외 또 다른 법이 존재하는 것이 아니라 단지 무명(無明, 어리석음)이 그 하나인 마음을 잘 모르고 방황하는 까닭에 바다에 물결을 일으키고 바다에서 벗어나지 않고 일심이 움직여 6도(道)를 만들어놓으므로 널리 중생을 구하겠다는 소원을 나타낼 수가 있는 것이요, 6도는 일심 밖에 있는 것이 아니기 때

문에 동체대비(同體大悲)를 일으킬 수 있다. 이것이 의심을 버리고 큰 마음을 발하게 하는 것이다.[69]

6도는 여섯 갈래의 좋지 않은 한계상황으로 해석되고 있으며 '여섯 나쁜 길'(六惡趣)이라고 하여 그 행하는 바에 따라 전전하는 윤회세계를 의미한다고 한다.[70] 그런데 6도가 일심의 움직임으로 일어날 수 있다는 것이다. 일심이문의 하나인 진여문(眞如門)과 생멸문(生滅門)은 둘이면서도 하나다. 원효는 기신론에서 심진여문(心眞如門)이나 심생멸문(心生滅門)을 적멸(寂滅)과 여래장(如來藏)이라 각각 이름한 해석의 근거를 『능가경』에 둔다고 지적하면서 다음과 같이 말했다.

일심(一心)의 체(體)는 본각(本覺)이지만 무명(無明)에 따라서 움직여 생멸을 일으키기 때문에 이 생멸문 속에는 여래의 본성이 숨어 있어 드러나지 않는다. 그것을 여래장이라 부른다.[71]

여래장은 '그와 같이 될 수 있는 씨앗'[72]이라는 점에서 분석심리학의 집단적 무의식과 흡사한 개념이다. 그런데 생멸문 속에는 여래의 성품이 숨어 있지만 드러나지 않는 것이며 여래장은 『능가경』에 의하면 선과 불선(不善)의 동시적 원인이 되며 능히 모든 형태의 존재를 만든다. 선과 불선, 각과 불각(不覺), 본각과 무명, 심(心)진여와 심생멸이 한데 어울려 있는 마음을 왜 하나인 마음 일심이라 하는지 이에 대한 원효(元曉)의 다음과 같은 설명은 매우 의미가 깊다.

우리는 제법(諸法)(모든 사물)의 맑음과 흐림(染淨)을 가리지만 그 본성(本性)이 둘이 아니며 또 참됨(眞)과 거짓됨(妄)이 두 문(門)을 세우지만 그것이 따로 있는 것이 아니다. 그러므로 하나라고 한다. 둘이 아닌 이 자리에서 모든 사물은 알찬 것이 되며, 그것은 조금도 헛되지 않아 그 스스로 모든 것을 환히 아는 까닭(神解)에 이를 불러 '마음'이라 하는 것이다. 그러나 이미 둘이 없는데 어떻게 하나가 있으랴! 하나란 가짐이 없다는 말이니 어찌 마음을 누구의 것이라고 하랴! 이러한 마음의 도리는 언설(言說)과 사려(思慮)를 절(絶)한 것이므로 무엇이라고 지목할 바를 몰라 구태여 일심이라고 부르는 것이다.

그림자의 투사는 불교적 입장에서는 무명(無明)의 상태일 것이며 생멸문의 여러 현상일 것이다. 무명 ─ '밝지 않음'이 어리석음, 우리 존재의 밑바닥에 있는 근본적 무지, 그래서 12인연의 제1지(支)이며 생·노·병·사 등 모든 고통을 초래하는 원인이라면 그것은 분석심리학적으로는 그림자 자체가 아니다. 의식이 그림자에 휩싸여 있는 상태, 즉 무의식성(Unbewußtheit)을 말한다. 다른 말로 '맹목성'이다.

마음속의 열등한 것, 미숙한 것은 통제와 억제, 혹은 승화만으로는 해결되지 않는다. 그것은 오히려 '살림'으로써, 즉 움직이게 함으로써 발전·분화시킬 수 있는 것이다. 분석심리학에서의 그림자의 의식화는 바로 무의식의 열등기능인 그림자를 의식이 받아들이고 의식에 동화시켜 나감으로써 그 바라던 바 목적을 달성할 수 있다.

깨끗함과 고요함이 강조된 궁극적 상태에는 그러한 그림자의 문제가 전적으로 배제되어 있는 것이 아닐까 짐작된다. 그러나 염정무이(染淨無二)라는 사상 속에는 선과 악을 이분하지 않는 전일적(全一的) 사고가 있는 것은 분명하다.

종교사상 가운데서 불교사상이 분석심리학의 인간심성론과 가장 가까운 것이라고는 할 수 있으나 그래도 신앙체계를 갖춘 종교와 자연과학적 입장과 경험심리학적 사실을 바탕으로 세운 분석심리학을 같은 차원에 놓고 비교하기는 쉬운 일이 아니다. 분석심리학에서는 의식과 무의식의 내용을 마음의 구조 속에서 탐구하고 무의식의 특징적인 내용들에 적절한 이름을 붙이고 그 내용을 의식화하는 자기실현의 과정을 설명한다. 여기서는 심적 사실이 중요하며 그것은 어떤 형이상학적 의미도 도덕적·윤리적 색채도 없는 심리학적인 사실들이다. 다만 분석심리학은 인간이 자기 실현, 즉 전체정신을 실현하지 않을 때 노이로제와 같은 정신의 해리현상을 일으킬 수 있음을 발견했고 따라서 건강의 회복이란 곧 자기 자신의 전체가 실현되어야 함을 알게 되었다. 그리하여 인간에게는 누구에게나 자기실현의 잠재력이 그 마음의 핵심을 이루고 있음을 확인했다.

'악'의 대극으로서가 아닌 '절대선'을 분석심리학적으로 말한다면 그것은 곧 전체로서의 삶, 즉 자기실현이다. 그러나 분석심리학의 목표는 사회규범으로서의 도덕적 인간의 구현이라기보다는 건강한 사람, 성숙한 사람을 향한 노력이다.

불교의 방대하고 심오한 사상들을 충분히 이해하지 못한 채 단언하기는 어려우나 불교사상의 논법은 궁극적인 깨달음의 목표와 그리로 향한 '길', 즉 방편에 관한 설명에 중점을 두고 있는 듯하다. 이런 논법에서도 인간정신의 구조와 기능을 살펴보고 설명하고 있지만 그 목적은 어디까지나 해탈을 향한 도덕적 자세와 극복해야 할 반도덕적 행태와 욕구라는 차원에 있다.

그러므로 그림자 개념이나 아니마, 아니무스, 자기원형 개념처럼 하나의 중립적이고 독립된 자율적 콤플렉스의 존재를 전제로 한 그것의 의식화라는 논법이 아니고 허구의 현실, 허망한 욕구의 통찰과 인식이라는 과정을 집중적으로 다루고 있다는 느낌이다.

거기에는 마음의 경향, 마음의 상태에 관한 이야기가 많고 마음의 특수한 내용과 그것 자체가 가진 기능과 영향에 관한 구분이 잘 보이지 않는다. 정신현상을 매우 체계적이고 구조적으로 설명한 유식학(唯識學)에서조차도 깨달음의 상태와 그 수준에 관한 설명이 마음의 구조와 기능차원의 설명과 뒤섞여 있음을 볼 수 있다.

그러나 우리는 선승(禪僧)들의 말 가운데서 매우 흥미로운 구절을 발견한다. 곽암(廓庵)이 「십우도」(十牛圖)73)의 두 번째 그림, 「견적」(見迹)에 붙인 괴납련화상(壞衲漣和商)의 화송(和頌)이다.

소 찾아 나선 사람 많으나 찾은 사람 많지 않네
산 북을 보았나, 산 남을 보았나
해가 떠도 해가 져도 같은 길 오고 가는 것
이것을 깨달아야지, 다른 길 없는 걸세74)

문제는 이 가운데 명암일조래길로(明暗一條來吉路)라는 대목이다. 이기영75)은 해설하기를 명암은 낮과 밤과 같은 상대개념이고 일조란 길인데 낮만이 좋고 밤이 나쁘다든지, 빛만이 좋고 어둠이 나쁘다든지 어느 한편만 있는 길은 없다고 했다.

모든 길에는 명암이 있다. 거기를 오고 가는 것이다. 소는 산 북에 있는 것도 아니고 산 남에 있는 것도 아니다. 오고 가는 그 길 전체가 중요한 것이다.[76]

그는 이에 관련하여 남악석두(南嶽石頭) 화상의 「삼동계」(參同契)에 있는 다음 구절을 인용했는데 그림자의 상대성에 관한 융의 생각과 같은 입장임을 알 수 있다.

밝기 위해 어둠이 있다. 어둠이란 상으로 대하지 말라
어두워지기 위해 밝음이 있다. 밝음의 상으로 대하지 말라
밝음과 어둠은 서로 상대하는 것, 앞뒤의 발걸음과 같다
만물에는 제각기 쓸모가 있다. 쓰이는 곳을 보고 말하라[77]

선사(禪師)는 이렇게 어둠의 의미를 간파하면서 만물에는 제각기 쓸모가 있다고 말하고 있는 것이다.

36년 전 내가 스위스의 융연구소에서 수련을 받을 때 미국에서 온 동료가 전한 이야기가 생각난다.

그는 스위스에 오기 전에 일본에 간 일이 있다. 일본문화는 그에게 매우 신기했다. 어느 날 밤 그는 긴자(銀座)거리를 거닐게 되었다. 어느 절의 주지스님과 동행이었다. 그 거리는 술집과 스트립쇼와 디스코텍 등 미국의 라스베이거스를 옮겨놓은 것처럼 화려했으므로 매우 청교도적인 그는 화가 났다. 미국이 나쁜 것, 퇴폐문화만 수출하여 일본고유의 문화를 오염시키고 있다고 보았기 때문이다. 그가 막 그런 비난을 퍼붓고 있을 때 스님

이 소매깃 속에서 꼬깃꼬깃 구겨진 지폐를 꺼내 보이며 그에게 이렇게 말했다고 한다. "그럼 우리 한번 저 속에 들어가볼까?" 그는 기절초풍할 듯 놀랐다. 그리고 크게 깨달았다. 자기가 일본 거리에서 자신의 그림자를 투사하고 있었음을 알게 된 것이다.

그들이 실제로 그 속에 들어갔는지는 모른다. 중요한 것은 그 순진한 미국인의 자기인식 ―퇴폐적 그림자의 투사에 대한 깨달음이다. 그러나 분석심리학에서 말하는 상대적 그림자의 의식화 과정, 즉 그림자를 의식적으로 받아들이고 살림으로써 열등한 인격을 분화 발달시킨다는 관점은 아무래도 신앙과 결부된 종교수행으로는 그대로 받아들이기 어려운 관점이 아니었을까 하는 생각이다.

탐·진·치, 삼독(三毒)과 6도를 극복하는 계(戒)·정(定)·혜(慧)·팔정도(八正道)에서 제시하는 마음의 자세 속에는 그림자의 수용과 표현보다는 의지의 집중과 투철한 지적 인식을 통한 관조의 자세가 더 많이 강조되고 있는 듯한 인상이다. 이에 관련해서 융이 불교에 관해서 한 말은 시사하는 바가 크다. 인도인의 목표는 도덕적 완전성이 아니라 니르바나(열반)의 경지이며 자연으로부터 스스로를 해방시키고 공(空)의 경지에 도달하려는 것이라고 하면서 융은 자기의 입장을 다음과 같이 피력했던 것이다.

나는 이와 반대로 자연과 정신적인 상(像)의 생생한 관찰에 투철할 것이다. 나는 인간으로부터 해탈하고 싶지도 않고, 나로부터도, 자연으로부터도 해방되고 싶지 않다. 왜냐하면 이 모든 것이 나에게는 말할 수 없는 경탄의 대상이기 때문이다. 자연,

심혼(心魂), 삶은 모두 나에게는 신성(神性)의 열림으로 보인다. 이에서 무엇을 더 원하랴.[78]

그는 계속해 말하기를

나는 내가 소유하고 행하고 체험하지 않은 것으로부터 나를 해방시킬 수 없다. 진정한 해탈은 내가 무엇을 할 수 있었을 때, 그것을 했을 때, 내가 전적으로 헌신하며 전적으로 참여했을 때라야만 가능한 것이다.

융에게 붓다는 물론 그리스도와 함께 자기(Selbst)의 상징이다. "붓다는 이를테면 이성적인 통찰로서의, 그리스도는 숙명적인 희생으로서의 초극자(超克者)라고 그는 말한다. 기독교에서는 많은 고뇌를 겪었고 불교에서는 많이 보고 많이 행했다"라고도 했다.[79]

인식하는 종교(erkennende Religion), 종교적 인식(religiöse Erkenntnis)으로서의 동양종교가 갖는 관조의 의미에 관해서는 불교사상을 더 깊이 살펴볼 뿐 아니라 체험으로써 이해할 때 말할 수 있을 것 같다.

도교사상과 그림자의 문제

장자(莊子), 「어보」(漁父)에 다음과 같은 이야기가 있다.

공자가 어느 날 제자들과 함께 숲속에 들어가 거문고를 뜯으며 쉬고 있을 때 우연히 고기잡이 늙은이를 만났다. 그가 예삿 사람이 아님을 알고 찾아가 공손하게 두 번 절하고 가르침을 구했다. 고기잡이 늙은이는 이때부터 공자에게 사람이 빠지기 쉬운 여러 가지 결점을 열거하면서 공자의 명예욕을 바로잡아주려 했다.

늙은이의 말을 듣고 공자는 낯을 붉히고 한숨을 쉬면서 자기가 무슨 잘못이 있는 것 같지도 않은데 여러 나라에서 쫓겨나고 박해받고 비방을 받게 되었으니 어인 까닭이냐고 묻는다. 다음은 노인의 말이다.

　노인은 처연한 기색을 띠면서 대답했다.
　"심하군, 당신이 얼른 알아차리지 못하는 것은——자기 그림자를 두려워하고 발자취를 싫어한 나머지 그것을 떨쳐버리고자 도망친 사람이 있었는데, 발을 자주 놀려 뛰면 뛸수록 그림자도 몸에서 떨어지지 않았다. 그는 아직 자기의 속도가 더딘 때문이라 생각하고 더욱 질주를 계속했으므로 마침내 힘이 다해 죽고 말았다는 것이다. 그 사람은 그늘에 있으면 그림자가 없어지고, 고요히 있으면 발자취가 안 생긴다는 이치를 몰랐던 것이니, 참으로 어리석은 사람이라 할 만하다.
　그런데 당신은 인의(仁義)를 따지고, 사물의 같고 다름을 살피며, 세상의 변화에 신경을 쓰고, 주고받는 일을 조절하며, 호오(好惡)의 정을 다스리고, 희로(喜怒)의 감정을 조화시키려 애쓰고 있으니 이래 가지고는 화를 모면치 못할 것이다. 삼가 당신의 몸을 닦고 신중히 타고난 진실을 지켜갈 것이며, 공명(功名) 같은 것은 남에게 양보하도록 하면 번거로움에서 떠날 수 있을 것이다. 이제 당신은 자기 몸을 닦는 노력은 하지 않은 채 남에게만 어려운 요구를 하고 있으니, 잘못된 일이 아니겠는 가."80)

자기 그림자에 놀라서 달려간 사람의 이야기는 세계의 옛이야기에 더러 나오는 주제다. 그림자에 대한 원시적인 공포를 표현한 이야기다. 여기서는 심리학적인 의미에서 그림자—무의식의 열등한 인격 보기를 두려워하고 그것을 의식에서 떼어버리려는, 즉 자기의 그림자의 존재를 무시하고 그것을 보지 않으려는 태도를 비유하고 있다. "그 사람이 그늘에 있으면 그림자가 없어지고" 하는 말은 실제로도 그렇지만 상징적으로 그림자를 받아들일 때 자아의식과 그림자의 날카로운 대립을 피할 수 있다는 이야기가 될 것이다.

자기 자신의 그림자를 보지 않기 위하여 항상 이 사람 저 사람 남의 문제를 해결해 주고 도와준다고 바쁘게 돌아다니는 현대인이 얼마나 많은가? 사회활동이 상식적으로 아무리 좋은 일이라 할지라도 그 목적이 자기 자신의 문제를 들여다보지 않기 위한 방편으로 실시된다면 위선이며 진실한 마음의 표현이 아니다.

여기서 고기잡이 늙은이로 나타난 도가의 철인은 유교의 외향성—세상을 변화시키려는 의지, 사회의 도덕성을 구분하고 또한 통합하려는 인위적인 개혁을 지향하는 공명심을 비판한 뒤 자기의 몸을 닦고 신중히 타고난 진실을 지켜나가는 것(謹修而身, 愼守其眞)의 중요성을 강조하고 있다. 공명 같은 것은 남에게 양보하면 번거로움에서 떠날 수 있다. 고기잡이 늙은이는 그런데 "당신은 자기 몸을 닦는 노력은 하지 않은 채 남에게만 어려운 요구를 하고 있으니 잘못된 일이 아니겠는가"라고 공자를 질타했다. 그때 공자는 얼굴을 붉히면서 "선생님이 말씀하신 진실이란 무슨 뜻입니까?" 하고 물었다. 그 해답은 분명하다.

예법은 세상사람들이 만든 습관의 찌꺼기이며 진실은 하늘에서 받은 순수한 마음이다. 인위를 써서 자연을 고칠 수는 없다. 그러므로 성인은 자연을 본받고 진실을 귀히 여길망정 세속적 관례에는 구애받지 않는다. 그러나 어리석은 사람은 이와는 반대여서 자연을 본뜨지 못하고 인위를 걱정하며, 진실을 귀히 여길 줄 모르고 질질 세속에 끌려가 동화되어버린다. 그러기에 진실성이 부족한 것이다. 당신이 일찍부터 인위적 예법에 중독되고 늙어서야 위대한 무위의 도에 대해 듣게 되었다는 것은 참으로 유감스러운 일이다.[81]

남을 다스리기 전에 먼저 자기부터 수양하라(修己治人)는 것은 유교의 기본정신이기도 하다. 다만 남을 교화하고 나라를 걱정하다보면 자기수양이 소홀해지기 쉬운데 유교의 사회규범과 도덕함양의 욕구는 도가의 입장에서는 종종 여기서 말하는 것처럼 부자연스러운 것으로 비추어질 법하다. 분석심리학적 입장에서 보면 예법이란 페르조나이며 무위자연의 '진실'이란 자기(Selbst)의 태도라 할 것이다. 그것은 그림자를 떼어놓으려는 노력이 아니라 그림자를 자기의 것으로 받아들이는 자연스런 태도일 것이다.

그림자에 관한 이야기는 『열자』(列子), 『관자』(管子), 『회남자』(淮南子) 등에도 보인다. 『열자』 「천서」(天瑞) 5에는 '형체는 움직이어 형체를 낳지 않고 그림자를 낳는다'(形動不生形而生影)라는 말이 있다.[82] 소리는 움직여 소리를 낳지 않고 울림을 낳으며 움직이지 않음은 무(無)를 낳지 않고 유(有)를 낳는다는 말이 그 뒤를 잇고 있다. 삶의 유전과 끊임없는 순환변화를 말하는 가운데 그림자를 언급했다. 권8 「설부편」(說符篇)에서는 자기를 내세우지 말고 겸손하게 남을 따라 행동하는 것이 자기의 몸을 잘 보전할 수 있는 현명한 처신방법이라는 내용 속에 그림자가 비유로 등장한다.[83]

열자가 호구자림(壺丘子林)에게서 배웠다. 호구자림이 말했다. "그대가 남 뒤에 처신할 줄만 안다면 곧 처신을 잘한다고 말할 수 있을 것이다." 열자가 말했다. "남 뒤에 처신한다는 데 대하여 가르침을 받고자 합니다." "그대의 그림자를 돌아다보면 그것을 알게 될 것이다." 열자가 뒤돌아 그림자를 보니 형체가 굽으면 곧 그림자도 굽어 있고 형체가 곧으면 곧 그림자도 반듯했다. 그러니 굽고 곧은 것은 형체에 달려 있는 것이지 그림자에 달려 있지 않았다. 굽히고 뻗치는 것을 외물(外物)에 맡겨두고 자기 뜻대로 하지 않는 것, 이것을 남 뒤에 처신하면서도 남 앞에 서는 것이라 말하는 것이다.

'결국 중요한 것은 그림자에 있지 않고 그림자 주인(형체)의 태도에 달렸다'는 뜻이 담겨 있는 듯하다. 심리학적으로 말하자면 자아의식의 자세에 따라 그림자도 달라진다는 해석이 가능하다. 이 경우는 그림자의 자아의식에 대한 대립적 관계, 그 독자성이 부각되고 있지 않다. 그것은 다음 구절에서도 명백히 드러난다.

관윤(關尹)이 열자에게 말했다.

"말이 아름다우면 곧 그 울림도 아름답고 말이 악하면 곧 그 울림도 악하다. 몸이 길면 곧 그 그림자도 길고 몸이 짧으면 곧 그 그림자도 짧다. 이름이란 것은 울림과 같은 것이요, 몸이란 것은 그림자와 같아야 하는 것이다. 그러므로 그대의 말을 삼가면 거기에 화합하는 자가 있을 것이며, 그대의 행동을 삼가면 거기에 따르는 자가 있을 것이라 말했던 것이다. 그러므로 성인들은 나간 것을 보고서는 들어올 것을 알고, 지나간 것을 살핌으로써 올 것을 아는 것이다. 이것이 그들이 앞일을 먼저 알게 되는 이치인 것이다."[84]

분석심리학적 견지에서 해석하자면 자아의식을 강조하면서 무의식은 자아의 태도 여하에 달렸다는 생각이 반영되고 있어 앞에 든 장자의 「어보」에서 볼 수 있는 것과 같은 깊은 심리학적 통찰이 부족하다. 그러나 어쨌든 자기의 그림자를 돌아다봄으로써 무엇을 깨닫게 된다는 말이 흥미롭다. 그림자를 보고 부끄러워한다는 말은 『회남자』에 나오고[85] 『송사』(宋史)에도 있다.[86] 이태백은 달밤에 가까운 사람 없이 홀로 술을 드는데 밝은 달을 보고 잔을 드니 자기와 자기의 그림자와 달, 세 사람이 있더라고 했다.[87]

『남사』(南史) 「강암전」(江淹傳)에는 자기의 그림자를 밟고 마음을 위로한다는 말이 있는데 자기의 그림자를 상대로 혼자 마음을 위로한다는 뜻으로 환난을 당했으나 돕는 자가 없음을 비유한 것이라 한다. 이 모든 예는 그림자의 실체성을 인정하고 있는 것이며 동양의 문인에게 그림자는 그저 무의미한 것만은 아니었던 것이다.

노자의 『도덕경』

그림자(影)라는 말을 직접 쓰지는 않았지만 밝음과 어둠에 관해서 매우 흥미 있는 입장을 취하고 있는 것이 노자(老子)의 『도덕경』(道德經)이다.

융은 여러 군데에서 이를 인용했는데 노자의 음양합도(陰陽合道)를 전일(全一)의 체험, 대극의 비합리적 합일(合一)로 분석심리학의 자기와 같다고 했다. 도(道)는 기독교의 악의 개념에서 보는 선의 결여(privatio boni)설보다 훨씬 진실에 가깝다는 것이다.[88] 음과 양은 전체상(全體像) 속에 포괄되고 있다. 즉 그림자는 빛과 함께 전체상 속에 들어 있다. 그러므로 전체상인 도는 환한 빛이 아니라 부드러운 빛이다. 『도덕경』 제4장의 도에 관한 설명 가운데 다음과 같은 구절이 있다.[89]

그 예리한 것을 꺾고 어지러운 것을 풀며, 그 빛을 조화롭게 하여 티끌과도 함께하며 깊고 고요함에도 마치 실재하는 것 같다.

서계(西溪) 박세당(朴世堂)의 주석에 의하면 화기광(和其光, 그 빛을 고르게 한다)은 자체에 간직한 빛으로 그렇게 한다는 뜻이고 티끌과도 함께한다 함은 사물의 더러운 때에 묻는다는 뜻이다.[90] 간야도명(簡野道明)에 의하면 화기광이란 총명의 빛을 감싸고 숨겨 반짝이지 않도록 한다는 뜻이다. 『장자』(莊子) 「제물」(齊物)의 보광(葆光, 빛을 감춘다)과 같다. 또한 '티끌과도 함께한다' 함은 세속의 때에 혼동되어 있다는 뜻으로 불경(佛經)의 5탁악세(五濁惡世)라고 한 것처럼 세속의 오탁취두의 많음에 비유한다 하였다.[91]

비슷한 이야기가 『도덕경』 제56장에도 보인다.

아는 자는 말하지 않고 말하는 자는 알지 못한다.
그 구멍을 막고 그 문을 닫으며 그 날카로움을 꺾고 그 분을
풀며 그 광채를 부드럽게 하여 티끌과 함께 섞여 있을 수 있다
면 그것을 심원, 신비한 동일이라 한다.[92]

화기광의 정신은 『도덕경』 제10장 '명백함이 사면에 통달하는
데 무지라고 할 수 있느냐'(明白四達 能無知乎)는 말에서 보는 바
와 같이 총명하여 천하의 이치에 통달하고 있으면서 그 총명한 마
음을 감추고 외견상 무지한 듯 보이게 할 수 있느냐 하는 물음과
맥을 같이한다.[93] 또한 이것은 『도덕경』 제28장에 나타난 것처럼
'흰빛처럼 빛나게 세상에 들어온 길을 알면서 검은 빛처럼 남의
눈에 보이지 않는 자신을 지킨다면 그는 천하 사람들의 모범이 될
수 있다'(知其白 守其黑 爲天下式).[94]
간야의 주석에 의하면 백(白)은 지혜의 밝음이며 흑(黑)은 어둠
으로 어리석음을 말한다. 성인은 욕심이 없으므로 그 지혜가 밝아
진다. 그런데 그 밝은 지혜를 써야 할 길을 충분히 알면서 그 지혜
를 꺼내지 않고 묵묵히 혼자 어둡게 하여 어리석음을 지키는, 즉
'빛을 고르게 하고 티끌과 함께 하는' 화광동진(和光同塵)의 덕이
있으므로 천하의 모범이 될 수 있다는 것이다.[95]
그리하여 '밝은 도는 어두운 것 같고 전진하는 도는 후퇴하는
것 같고 평탄한 길은 기복이 있는 것 같고 최상의 덕은 골짜기처
럼 빈 것 같고 썩 흰 것은 검은 것같이 보이고 큰 덕은 부족한 것
같고'——라는 말이 나온다.[96]

성인의 정치를 '빛이 있으니 남의 눈에 부시도록 광채를 방사하지 않는 것과 같게 하는 것'이라고 하는 말이나[97] '그 표면에 보이는 빛을 밝음의 본체인 드러나지 않는 도에 되돌린다면 몸의 재해를 끼치는 일이 없을 것'[98]이라는 말이나 '성인은 남루한 굵은 베옷을 입고 가슴에는 보배로운 옥(玉)을 품은 것처럼 훌륭한 도덕을 가슴에 품었건만 겉보기에는 어리석은 듯하여 알아보기 어려운 것'[99], '도는 아득히 멀고 그윽하여 어둡기만 하건마는 그 속에 정기가 있다'[100]는 말들은 모두 음양대극의 합일이며 마음의 전일성인 도의 모습을 표현하는 것이다.

그러한 도의 본질을 밝음과 어둠의 비유에서 한마디로 집약하고 있는 것은 미명(微明)이라는 말일 것이다.

장차 그것을 수축하고자 하면 반드시 우선 그것을 확장시켜야 한다. 장차 그것을 약하게 만들고자 하면 반드시 우선 그것을 강하게 만들어야 한다. 장차 그것을 폐지하고자 하면 반드시 우선 그것을 진흥시켜야 한다. 장차 그것을 빼앗고자 하면 반드시 우선 그에게 주어야 한다. 이러한 것을 은미한 밝은 지혜라고 한다(『도덕경』 제36장).[101]

간야는 대외관계에서 힘들이지 않고 강한 폭력의 해악을 제거하는 방술로 그 길은 지혜를 감추고 나타내지 않아 남들이 쉽게 알아차리지 못하게 하는 것을 미명, 즉 명지(明智)를 은미하게 하여 감추는 것이라 보고 있다. 노자의 학이 자칫 권모술수를 제시한다는 평이 있는 것은 이런 말을 곡해한 까닭이라고 지적했다. 서계(西溪)는 해설하기를 "이 세 가지는 다 적을 어리석게 하는 방법이요, 암암리에 사용하는 비결로 명철하고 지혜로운 사람이 하는 일이다. 그러므로 미묘한 밝음이라 한다"[102]라고 했다.

그러나 탄허(呑虛) 스님의 해석은 좀 다르다. 그는 이 말들을 천지의 도를 인간사에 비유한 것으로 보고 적을 무력화하는 술수라기보다 자연의 이치에 따라 성인이 알아야 할 지혜로 간주한다.[103] 그는 미명은 그 위의 말을 종결한 것으로 글의 내용은 그 이치가 비록 명백해서 보기 쉽지만 그 기(機, 기회, 시기)는 실로 지극히 미묘하여 가히 헤아릴 수 없어 대개 길흉, 성패가 모두 가능하며 어떻게 적용하느냐에 달렸다고 말했다.

"성인이 용(用)하면 대도(大道)가 되지만 범부(凡夫)가 용하면 사욕(私慾)이 된다. 사욕이란 순(順)하여 용하는 고로 사욕이 되고 대도란 것은 반(反)하여 용하는 고로 대도가 된다. 이렇게 볼 때 그 이(理)가 어찌 명백하지 않으며 그 기(機)가 어찌 미묘하지 않겠는가. 그러니 미명이라 한 것이다" 했고 다음과 같은 말로 마감했다.

태상(太上)이 이에 미명의 묘(妙)를 지출(指出)함이니 천하 후세(後世)에 이 미기(微機)를 밝히는 자는 일거에 전핵(全核)하여 사자(四者)의 해에 빠지지 않음을 가히 알지로다.[104]

이렇게 보면 빌헬름(Wilhelm)이 미명을 단순히 '보이지 않는 것에 관한 명증성(明證性)'(die Klarheit über das Unsichtbare)이라 번역한 것은 오히려 탄허의 본뜻에 가깝다.[105]

『도덕경』의 제36장은 분석심리학에서 말하는 대극의 반전, 에난치오드로미아(Enantiodromia) 현상을 연상시킨다. 높고 낮음,

강하고 부드러움, 선이라고 하는 것과 악이라고 하는 것 ─ 인간 심성은 무수한 대극을 가지고 있다. 자아의식이 심리적 대극 중 어느 하나에만 극도로 집착하여 이를 이용하고 그 대극을 무의식에 억압하면 어느 시기가 지나 무의식의 대극이 에너지를 얻어 의식의 태도를 뒤엎음으로써 그동안 자아의식이 거부하여온 대극이 의식의 태도를 전적으로 사로잡는 대극의 반전이 생긴다는 사실이다.

그러나 바람직한 것은 대극의 반전이 일어나기 전에 자아의식이 무의식에 억압한 대극을 때때로 받아들여 의식화함으로써 대극간의 조화로운 관계를 형성하는 것이다. 실제로 대부분의 경우에 억압된 무의식의 내용은 그냥 정체된 채 있는 것이 아니고 자동적으로 에너지를 획득하여 의식에 자극을 가하여 의식의 변화를 일으킬 수 있는 기회를 주고 의식 또한 무의식의 이러한 보상작용으로 급격한 대극의 반전을 겪지 않고 무의식의 내용을 의식화하고 있다.

그러나 물론 의식화과정은 무의식을 의식화하고자 하는 자아의 결단과 성실한 의도가 있을 때 촉진될 수 있다. 『도덕경』의 위의 글은 그림자의 의식화에도 비유될 수 있다. '장차 약하고자 할진대 반드시 진실로 강하다', 혹은 '장차 그것을 약하게 만들고자 하면 반드시 우선 그것을 강하게 만들어야 한다'는 구절만 보더라도 무의식에 억압된 나머지 에너지를 모아 강력한 힘을 갖게 된 그림자, 밖의 사람에게 투사되어 인간관계에 반목과 오해를 불러일으키는 그림자의 힘을 약화시키려면 먼저 그림자를 의식에 떠올려 살릴 필요가 있다.

그림자의 의식화는 그림자가 있다는 것을 아는 데 그치지 않고 그것을 살려서 경험하지 않으면 안 된다는 것은 이미 누차 말했다. 그림자의 '살림'은 먼저 그 원시적 충동, 그 열등성, 그 유치함을 살리는 것과 같으므로 모두가 이를 피하고자 한다. 그러나 용기를 가지고 이것을 표현한다면 무의식의 그림자가 가진 미숙하고 부정적인 면이 약해지고 분화된 인격으로 변화하는 것이다.

탄허 스님이 이야기하듯 순(順)하여 용(用)하는 범부의 사욕(私慾)이 아닌 반(反)하여 용(用)하는 성인의 대도(大道)란 이런 것이 아닌가 생각해 본다.

그림자란 '무의식의 열등한 인격'이라 했다. 그것은 높은 것, 우수한 것, 좋은 것을 지향하는 내가 나의 의식에서 배제하여 생긴 것이다. 유치하며 세련되지 못한, 어리석은 또 하나의 인격부분이다. 그런데 노자의 도, 노자의 성인은 기꺼이 그 낮은 곳을 찾는다. 자기실현이 되려면, 즉 전일의 경지, 도의 경지에 이르려면 먼저 자신 속의 낮은 것을 받아들여야 한다.

　최상의 선은 물과 같은 것이다. 물은 모든 생물에 이로움을 주면서 다투지 않는다. 모든 사람이 싫어하는 낮은 곳에 즐겨 있다. 그런 까닭에 물은 도에 거의 가까운 것이다.[106]

물은 곧 살아서 작용하는 무의식의 상징이다. 무의식이 갖는 자기실현을 위한 초월적 기능(transcendent function)[107]은 정신적 해리, 고통과 갈등과 같은, 사람들이 기피하는 바로 그곳에서 가장 활발히 활동을 개시한다.

열등기능의 의식화와 분화발달은 자기실현의 또 하나의 과제이다. 그림자상은 사실 심리학적 유형설에서 말하는 열등기능에 따라 그 특징이 다르다고도 할 수 있다. 열등기능을 의식화한다 함은 자아가 즐겨 사용하는 우월기능을 잠시 누르고 열등기능을 의식면에 올라오도록 하는 것이다. 다른 말로 하면 자아가 무의식의 낮은 곳으로 내려감을 말한다. 물이 낮은 곳으로 흐르듯이 말이다.

그런 까닭에 귀한 것은 천한 것을 근본으로 하고
높은 것은 낮은 것을 기초로 하는 것이다.[108]

사회의 통합, 정치뿐 아니라 인간정신의 전체성을 실현한다고 할 때 우리는 귀(貴)·천(賤), 고(高)·하(下)의 양면을 모두 받아들여야 할 필요가 있다.

무위자연의 도에 순응한 선행(善行)에는 자국이 없고, 도에 맞는 선언(善言)에는 허물이 없으며, 선(善)으로 셈을 하면 산가지를 쓰지 않아도 된다.
선으로 닫으면 문빗장이 없어도 열 수 없으며, 선으로 맺으면 밧줄로 묶지 않아도 풀 수가 없다.
그러므로 성인은 항상 선으로 사람을 구제하기 때문에 버리는 사람이 없다. 무위자연의 도에 순응하여 작위(作爲)함도 드러내는 일도 없이 저절로 감화하게 하기 때문이다. 이것을 겉으로 드러내지 않는 밝음이라고 한다.
그런 까닭에 선량한 사람은 불선(不善)한 사람의 스승이 되고, 불선한 사람은 선량한 사람의 수양에 도움이 되는 것이다. 그 스승이 될 만한 사람을 귀중하게 여기지 않고, 남의 참고자료가 되는 사람을 사랑하지 않는 것은 비록 지혜가 있다고 해도 크게 헤매는 바가 되어 진정한 지자(知者)라고 할 수 없다. 이렇게 선한 사람, 불선한 사람이 서로 떨어질 수 없는 까닭을 알고 그 스승을 귀히 여기고 그에게 도움이 되는 이를 사랑하는 것을 한마디로 미묘한 자연의 길이라고 한다.[109)

드러내지 않는 광명, 즉 습명(襲明)이란 성인이 명덕(明德)을 간직하고 있으나 나타나지 않음을 말한다. 화광동진(和光同塵)과 같은 뜻이다.[110)

『도덕경』 제27장을 대인관계에서 보지 않고 개인 대 무의식관계의 상징으로 자아와 그림자와의 관계에 비추어 생각할 수도 있다. 그러나 대극의 합일을 위한 도에 이르는 기본자세를 뚜렷이 표현한 것은 『도덕경』 제77장 도를 활을 메우는 것에 비유한 내용이다.

하늘의 도는 활을 메우는 것과 같은 것인가. 높은 것은 누르고 아래 것을 올리며 남음이 있는 것을 덜어서 부족한 것을 보충한다.

활을 메울 때 활대의 위쪽은 누르고 아래쪽은 올린다. 길다란 활대를 굽혀 짧은 활줄을 돕는다.

하늘의 도는 이렇게 남음이 있는 것을 덜어서 부족한 것에 보충하는 것인데 세상사람들의 하는 일은 부족한 자의 것을 덜어서 남음이 있는 자를 받들고 있구나.

누가 능히 남음이 있어서 천하를 받들어줄 수 있겠는가.[111)

그것은 물론 오직 도를 지닌 자만이 그렇게 할 수 있다.

심리학적 유형설에 관한 논문에서 융이 유난히 노자의 『도덕경』을 인용한 것은 유형설이 결국 심리적 대극의 상호관계와 그 합일에 관한 학설이기 때문이다. 융이 말하는 열등기능의 발전양식이 바로 이 장에 표현되어 있다.

어떠한 밝음도 강함도 경계했던 노자의 입장[112]에서 볼 때, 음양합도의 위대한 과업을 완수하는 도는 결코 스스로 공을 자랑하지 않는다. 그러므로 그는 어두운 세계의 악귀를 물리치는 찬연한 태양의 상으로 나타나지 않는다. 그는 빛이 아니고 감추어진 빛, 빛을 머금고 있는 어스름 저녁, 또는 새벽이다. 아니 그것은 흐리멍덩하여 붙잡을 수 없는 것이다. 분석심리학적 의미의 자기원형상은 때로 남루한 옷차림의 도인으로 나타난다. 도는 스스로의 빛을 감추어 나타내지 않는 것일 뿐 아니라 스스로 우매하며 외롭고 어리석다. 그것은 절대고독이다.

학문이란 것을 없애버린다면 인간에게 근심은 없어질 것이다.

예! 하고 정중하게 응대하는 것과, 응! 하고 오만하게 대답하는 것이 얼마나 다른 것일까. 선과 악은 그 거리가 얼마나 되는 것일까.

남이 두려워하는 것이면 나도 두려워하지 않을 수 없을 것이다.

그러하건만 나는 세상 사람들과의 거리가 아득히 멀어서 가이없구나.

세상의 여러 사람들은 기뻐 웃으면서 소나 양의 맛있는 고기를 즐기는 듯, 봄동산에 올라 조망(眺望)을 즐기는 듯하건만, 나만은 홀로 휑하게 빈(空) 가슴으로 평안하고 고요하게 있네.

세속적인 욕망은 낌새조차 보이지 않는 것이, 마치 갓난아이가 아직 웃을 줄도 모르는 것과 같구나.

나른하고 고달파서 돌아갈 곳 없는 사람과도 같네.

여러 사람들은 다 세속적인 욕망에 의욕이 넘치고 있건만, 나만은 홀로 모든 것을 잃어버린 것만 같구나.

나의 마음은 어리석은 사람의 마음인가. 아무런 변별(辨別)도 분석도 하는 바 없이 흐리멍덩하기만 하네.

세상 사람들은 모두 똑똑하고 분명하기만 한데, 나는 홀로 흐리고 어둡기만 하구나.

세속 사람들은 사리에 밝고 빈틈없이 잘 살필 줄 아는데, 나만은 홀로 사리에 어둡고 어리석기만 하네.

바다처럼 안정되고 고요하며 끝없이 흘러가는, 매이지 않은 배처럼 구속됨이 없구나.

여러 사람들은 다 쓸모가 있건만 나만은 홀로 완고하여 촌스럽기만 하네. 나는 홀로 남들과 달리 생의 근원을 소중히 여기노라.[113]

이것은 융이 즐겨 인용한 대목이다. 우연히도 1986년 국제분석심리학의 베를린 학회에서 필자는 거기 모인 서양의 똑똑한 지식인들 앞에서 토론의 한 구절로 인용했다.[114] 비슷한 심정이었을까? 학문을 하면 할수록 도에서 멀어진다고 했다. 지적 분석과 논리적 설명은 전체성의 본질과 거리가 멀다. 이성과 합리주의는 정신 구조의 반을 차지할 뿐이다.

그러나 현대과학은 '생각하는 것'을 빼고 이루어질 수 없다. 심리적 사실을 규명하는 분석심리학도 면밀한 집중적 관찰과 관찰한 바에 대한 생각을 필요로 한다. 생각이란 단순한 지적 작업은 아니다. 직관과 감각과 감정이 유리되지 않은 정신작용의 총집중일 수 있다.

그러나 생각이 다만 감정적 체험을 떠난 지적 추리에 치중한다면, 그리고 그런 사람들로 가득찬 세계 속에서 도는, '전체성'은, 다시 말해 자기(Selbst)는 외로울 수밖에 없다. 노자는 그것을 경험했음에 틀림없고 융 또한 그것을 경험했다. 그의 학설은 이같은 경험을 하지 않은 많은 신학자들로부터 비판을 받고 오해를 받았다. '도'의 외로움은 노자의 『도덕경』에 국한하지 않을 것이다. 모든 창조적 개척자들이, 자기를 실현하는 길에 들어선 도반(道伴)들이 모두 겪은 외로움일 것이다.

제자들이 모두 잠든 사이 재판정에 끌려가 사형언도를 받고 십자가에 못 박혀 죽을 것을 알고 있는 예수가 홀로 깨어 '할 수만 있으면 이 쓴잔을 물리쳐 달라'고 기도하는 모습에서 우리는 세계 구원자의 고독과 슬픔을 읽는다.

그리스도와 노자의 고독이 다른지 같은지, 어디가 다른가를 말할 필요가 없다. 그 둘은 고독한 자로서 공통점을 가지고 있고 그 고독은 세계구원 — 자기실현 — 의 길목에서 필수적으로 거쳐야 할 체험이라는 사실을 확인하는 것으로 족하다.

이 시대에 '고독'은 병의 대명사가 되었다. 나 홀로 외롭고 나 홀로 어리석음은 '열등의식의 발로'라고 설명된다. 그렇다면 노자의 『도덕경』 제20장에 기술된 도에 대한 마음의 표현은 경직된 병적학자(病跡學者)의 눈으로 보면 '우울증'이라 진단될 것이다. 그러나 우리는 알아야 한다. 모든 형태의 외로움 뒤에 도의 드러내지 않는 지혜가 숨어 있음을.

성숙한 민주사회를 위한 그림자의 발견

▎에필로그

이상에서 필자는 분석심리학에서 말하는 그림자의 개념에 관하여 여러 가지 측면에서 생각해보았다. 심리학적·정신병리적·문화적 측면에서 그림자의 개념, 그림자의 현상, 그림자의 의식화가 어떻게 다루어져 왔는가를 살펴보았다. 그림자라는 말은 융이 시적·문학적 언어로 무의식의 한 부분을 가리키기 위해 고른 말이다. 그러므로 개념상으로도 그것이 가리키는 부분은 때로는 좁고, 때로는 넓고 다양한 측면을 포괄한다.

인류는 아득한 옛날부터 그림자에 관심을 가져왔다. 처음에는 구체적인 실체적 그림자로서, 나중에는 도덕적 열등성으로서 자기성찰의 대상으로——그러다가 근대에 들어와 한때 서구사회에서 인간이 초인의 환상으로 오만해지자 그림자를 무시하기 시작했고 무시된 그림자는 그것을 무시한 사람들을 역습하여 지배함으로써 두 번에 걸친 세계대전, 인간끼리의 살육이라는 엄청난 비극을 마련했다. 그리고 그 비극은 아직 사라지지 않고 있다.

동양에서는 일찍부터 악의 실체를 파악하고 있었다. 그 해악을 충분히 인식했으며 그것을 훈화(馴化)하거나 함께 사는 방법에 골

몰해왔다. 그런 면에서 악은 무엇이든 정의(正義)의 이름으로 싸워서 이길 수 있다고 믿는 순진한 근대 서구의 기독교적 대중에 비해 보다 성숙한 태도를 가지고 있었다고 할 수 있다. 그러나 동양인은 악(惡), 즉 그림자와의 공존을 구실로 그림자와의 도덕적 대결을 피하는 습성을 가지게 되었다는 점도 간과할 수 없다. 동양은 그림자와의 맞대결 없이 그림자를 뛰어넘는 지혜를 가르쳐왔다. 다시 말해 처음부터 그림자의 투사를 공허한 것으로 부정해버린 것이다.

그런데 이제 동양은 '서양'이라는 그림자의 세례를 받고 있다. 그것은 동양의 전통적 사고방식과는 정반대의 외향적 태도, 객관주의와 논리성이라는 특징을 가진 것이다. 어떤 면에서 동양인은 서양인보다도 더 외향적이 되었다. 서양인보다 더 외적 효과, 외적 화려함에 심취하게 되었다. 노자의 무위자연과 소박함이, 공자의 눌변이 무색할 만큼 물질주의, 공리주의, 감각적 향락주의, 외화내빈, 허영의 심성에 휩쓸리고 있다. 그것은 어찌 보면 필요한 무의식적 보상작용의 결과일지 모른다. 열등한 그림자의 보상은 항상 과장되게 마련이기 때문이다.

아마도 우리는 우리가 과거에 소홀히 해온 냉철한 객관적 증명, 객관세계에의 적응능력, 기계의 치밀성, 물질의 중요성, 육체감각의 충족을 더 많이 경험함으로써 이 부분을 재발견하고 발전시켜야 할지 모른다. 그러나 동양인의 이와 같은 변신이 그러한 서양 그림자와의 통합과정을 의미한다는 사실을 의식하는 사람은 드물다. 오직 동양의 전통적 사고의 본질을 조금이라도 알고자 하며 '서양'의 이름으로 들이닥친 자기 내부의 그림자를 보는 사람만이 이 변화의 의미를 알고 변화를 창조적인 통합으로 이끌 수 있다.

　동양 가운데서도 한국은 그림자의 최대 결투장이었다. 우리는 민족상잔의 전쟁으로 막대한 희생을 치렀다. 단지 생각을 달리한다고 해서 죽고 죽인 사람이 수없이 많았다. 이곳은 양분된 동서 진영의 그림자가 난무하던 곳──그런데 집단적 그림자 문제는 현재도 해결하지 못한 채 남아 있다. 민족의 분열과 화해의 문제는 우리가 수행해야 할 최대 과제로 남아 있다. 그러자면 밖에서 투사되어온 그림자를 각자의 마음에서 발견해야 할 것이다. 동시에 객체에 대한 정확한 현실인식을 할 수 있어야 할 것이다.

　우리가 객체를 모르면 모를수록 투사는 강해지고 편견은 망상으로 변하게 된다. 우리가 상대방을 모르면 모를수록 부정적인 그림자뿐 아니라 긍정적이며 이상화된 그림자를 상대방에 투사하여 상대방의 있는 그대로의 실상을 볼 수 없게 된다. 지나치게 이상화하는 것이나 지나치게 백안시하고 위험시하는 것이나 다 같이 일방적이고 전체상을 볼 수 없게 만드는 것이다.

　개방과 상호교류는 그런 의미에서 어느 사회에서나 필요한 상호이해의 지름길임에 틀림없다. 그러나 우리의 현실은 그리 간단치 않다. 아마도 우리는 세계에 유래가 없는 통제집단을 후원하고 이를 개방시키려 할 게 아니라 먼저 우리 자신 내부의 그림자를 의식화하여 이를 발전시키는 작업에 전념할 필요가 있을지 모른다.

　교육·문화·정치 모든 방면에서 각자의 그림자의 의식화에 도움이 되는 조건을 만들어나가야 한다. 그것은 다름 아닌 진정한 민주주의를 실천하는 길이다. 일사불란한 지휘체계로 사회질서를 바로잡고 강력한 지도자의 명령에 복종하는 그런 독재체재의 부활이 아니다. 그런데 아직도 한국에는 조용하고, 평화롭고, 지도자의 처분에 의지하는 독재정권의 질서의식에 대한 향수를 갖고 있는 사람들, 오랜 군사독재의 타성에 젖어 있는 사람들이 꽤 많은 것 같다.

자유민주주의는 시끄러운 법이다. 링 위에서 권투하듯 일정한 룰 안에서 그림자가 표현될 수 있고 개성이 숨쉴 수 있는 유일한 체제가 민주주의다. 민주주의가 정착하려면 공정한 언론이 살아 있어야 하고, 공정한 법이 운영되어야 하고, 개성 있는 교육이 이루어져야 한다. 그런데 이 모든 것을 누가 하겠는가. 다름 아닌 사회 현장에 있는 하나하나의 개인이다. 그것은 오직 그 모든 개인의 의식개혁을 통해 이루어질 수 있다. 한 사람 한 사람이 자기의 그림자를 통찰하지 않으면 집단적 투사는 해결되지 않고 집단의 성숙은 기대할 수 없다.

비록 매우 더디고 오랜 세월이 필요하다 하더라도 한 사람 한 사람의 자기실현은 오늘날과 같은 집단유행, 집단정신의 흐름에 전염되지 않는 면역성을 그 사람에게 확실히 부여한다. 그런 개인이 모일 때 그 집단은 성숙한 집단이 될 수 있다. 자기 잘못을 남의 탓으로 돌리지 않고 자기의 책임으로 걸머질 수 있는 용기 있는 시민의 집단이 된다. 한 사람 한 사람의 그림자의 의식화는 결국 집단의 성숙에 이바지하고 그 튼튼한 기반을 마련한다. 개인의 통찰 없는 제도상의 어떠한 개혁도, 어떠한 집단운동도 그 실효를 거두기 어렵고 오래 지탱하지 못한다.

사람들은 세기말의 불안을 말하고 미래세계의 불확실성을 말한다. 그런 건 없다. 불안하고 불확실한 것은 세계도 우주도 인류도 아니다. 자기의 마음이다. 미래사회가 어떻게 될 것이라는 둥 학자들의 의견이 분분하다. 미래는 마음 안에 있다. 아득한 과거가 마음 안에 있듯이. 미래는 한 사람 한 사람의 마음에 달렸다. 마음 속에 우주가 들어 있다. 그러길래 우리는 마음을 살피고 그 끝없는 세계를 탐구한다.

　그림자는 그 탐구의 첫걸음일 따름이다. 자기 마음을 깨우치고 자기 자신의 전체를 실천하는 자기실현의 길은 멀고도 험하다. 그림자의 의식화가 진행되면서 무의식에는 의식화해야 할 또 하나의 새로운 모습이 드러난다. 마치 어두운 구름이 걷히면서 태양이, 달이 모습을 드러내듯이 ─ 그것은 융이 아니마, 아니무스라 부른 우리 마음속의 심혼(心魂)이다. 그림자의 의식화는 우리가 내적 인격이라 부르는 아니마, 아니무스의 의식화의 길을 열어놓는 것이다. 그것은 또 하나의 어렵고도 긴, 그러나 보람 있는 도전과 시련의 길이다.

무의식의 의식화를 위하여

▌개정판을 내면서

한길사에서 '분석심리학의 탐구'인 『그림자』 『아니마와 아니무스』 『자기와 자기실현』을 '분석심리학 3부작'으로 개정·출판한다고 해서 이 기회에 책을 다시 살펴보고 몇 가지 눈에 띄는 부분을 수정 보완했다.

무엇보다도 정신의 구조, 자아의 발달과 자기실현, 의식화 과정, 아니마 아니무스의 그림에서 명암과 경계 등을 이론에 맞게 재조정했다. 또한 피분석자의 환상을 실제 경험에 더 가깝게 하기 위해 피분석자 자신과 전문화가의 도움을 받아 새로 묘사했다. 두 분의 노고에 깊은 감사를 드린다.

또한 『자기와 자기실현』에 있는 큰 나무 그림에 대해서는 피분석자의 설명을 추가했다. 표지 그림도 내용을 더 잘 표현할 수 있는 그림으로 바꾸었다. 본문은 문헌을 보충하거나 오자를 수정하는 데 그쳤다.

돌이켜보면 '분석심리학의 탐구' 가운데 첫 권인 『그림자』가 출간된 지 21년, 마지막 책인 『자기와 자기실현』이 나온 지 18년이 지났다. 그동안 우리는 많은 정치적·사회적 사건을 겪었고 또한 겪고 있다. 현재 우리가 처한 COVID-19 팬데믹 시대는 또 다른 문제를 제기하고 있다.

집단 현상 뒤에는 항상 원형이 도사리고 있다. 원형은 강렬한 격정을 일으키며, 막강한 전염력으로 사람들을 흥분시킨다. 그림자원형상의 투사는 상대방을 악마로 보고, 자기원형상의 투사는 상대방을 구원자로 보며, 부정적 아니마원형상의 투사는 상대방을 마녀로 본다. 긍정적 아니마나 아니무스원형상의 투사는 어떨까. 선녀나 영웅으로 볼 것이다.

긍정적이든 부정적이든 원형상의 투사는 위험하다. 사람을 바보, 장님으로 만들기 때문이다. 밖에 있는 그림자를 때려 부수면서 안에 있는 자신의 그림자를 못 보면 뒤에 그들은 안의 그림자의 제물이 되어 자기가 공격하던 것과 똑같은 죄목으로 규탄받게 된다.

장님이 되지 않으려면 개인 개인이 깨어 있어야 한다. 선동자의 교묘하고 달콤한 유혹에 넘어가지 않도록 할 뿐 아니라 그림자를 비롯해 자신의 무의식을 '의식화'해야 한다.

'분석심리학의 탐구'에서 나는 시대와 사건의 해석보다 개인 개인의 '의식화'가 무엇인지 더 많이 말한 것 같다. 개정판인 '분석심리학 3부작'에서도 그 주된 논조를 유지했다. 의식화에 대한 통찰을 바탕으로 독자 스스로 집단의 암시적 성격을 판별할 수 있도록 하고자 한다.

현재 우리가 겪고 있는 코로나 바이러스 유행에 대항하는 백신이 절대적으로 중요한 것처럼 우리는 정신적 전염에 대한 저항력을 기르도록 해야 한다. 집단정신병적 전염에 대해서는 개인의 자각 이외에 더 효과적인 백신이 없다.

책을 통한 자기성찰에는 한계가 있지만 그래도 이 '분석심리학 3부작'이 독자의 시야를 넓히는 데 도움이 된다면 기쁘겠다. 적지 않은 부담을 무릅쓰고 개정판 작업을 결정하신 한길사 김언호 대표님께 경의를 표하고 진행을 위해 애쓰신 편집부 여러분의 수고에 감사드린다.

2021년 1월 10일
성북동 한국융연구원에서
이부영

주(註)

제1부 마음의 세계와 그림자

1) 이 '마음의 세계' 제목 아래의 내용들, 즉 의식과 무의식, 무의식의 내용과 기능(아니마, 아니무스, 자기, 원형 등), 심리학적 유형설에 관한 보다 자세한 설명은 이부영,『분석심리학—C.G. Jung의 인간심성론』개정증보판(일조각, 1998)에서 해당되는 장을 참조할 것.

2) 무의식의 발견과정에 관한 역사적 고찰로서 흥미 있는 저서로 다음과 같은 것이 있다. H.F. Ellenberger, *The Discovery of the Unconscious*, New York : Basic Books, 1970.

3) 라이프니츠, 칸트, 셸링, 무의식을 맨처음 체계적으로 설명한 카루스 등을 들 수 있다. 융은 카루스로부터 특히 영향을 받은 듯하다. C.G. Jung, "Allgemeines zur Komplextheorie," C.G. Jung, *Die Dynamik des Unbewußten*, G.W. Bd. VIII, Zürich : Rascher Verlag, 1967, p.118 ; L. Frey, "Die Anfänge der Tiefenpsychologie von Mesmer bis Freud," C.G. Jung Institut Zürich, *Studien zur analytischen Psychologie C.G. Jungs I*, Zürich : Rascher Verlag, 1955, p.69.

4) S. Freud · J. Breuer, *Studies on Hysteria*, London : Pelican Books, 1974.

5) R. Fine, *A History of Psychoanalysis*, New York : Columbia Univ. Press, 1979, pp.294~359.

6) 이부영,「불교와 분석심리학—자기실현을 중심으로」,『불교와 제과학』, 동국대학교 개교 80주년 기념 논문집, 서울 : 동국대학교, 1987, 261~286쪽.

제2부 그림자의 원시적 관념과 분석심리학적 개념

1) J.G. Frazer, *Golden Bough*, London : McMillan Co., 1967, p.250.

2) 같은 책, p.250 ; M. Leach(ed.), *Funk & Wagnalls Standard Dictionary of Folklore, Mythology and Legend*, San Francisco : Harper & Row Publishers, 1972, p.1000, p.1001.

3) M. Leach(ed.), 같은 책, p.1000.

4) J.G. Frazer, 앞의 책, p.250.

5) M. Leach(ed.), 앞의 책, p.1000.

6) J.G. Frazer, 앞의 책, p.250.

7) M. Leach(ed.), 앞의 책, p.1001.

8) J.G. Frazer, 앞의 책, p.251.

9) Hoffmann-Krayer · Hanns Bächtold-Stäubli(hrg.), *Handwörterbuch des deutschen Aberglaubens*, Bd. IV, Berlin : Walter de Gruyter, 1938/41, p.134.

10) J.G. Frazer, 앞의 책, p.252.

11) M. Leach(ed.), 앞의 책, p.1000.

12) 같은 책, p.1000.

13) Hoffmann-Krayer · Hanns Bächtold-Stäubli(hrg.), 앞의 책, p.127.

14) M. Leach(ed.), 앞의 책, p.1001.

15) 같은 책, p.1001.

16) Hoffmann-Krayer · Hanns Bächtold-Stäubli(hrg.), 앞의 책, p.127.

17) J.G. Frazer, 앞의 책, p.128, p.129.

18) Hoffmann-Krayer · Hanns Bächtold-Stäubli(hrg.), 앞의 책, p.130.

19) 같은 책, p.131, p.132.

20) 같은 책, p.133.

21) J. Chevalier · A. Gheerbrant, *A Dictionary of Symbols*, Oxford : Blackwell, 1994, p.868.

22) 같은 책, p.868, p.869.

23) Hoffmann-Krayer · Hanns Bächtold-Stäubli(hrg.), 앞의 책, p.868, p.869.

24) J.G. Frazer, 앞의 책, p.252.

25) Hoffmann-Krayer · Hanns Bächtold-Stäubli(hrg.), 앞의 책, p.137.

26) 같은 책, p.138, p.139.

27) W. Eberhard, *Lexikon chinesischer Symbole*, Düsseldorf : Eugen Diederichs Verlag, 1987, p.250.

28) J. Chevalier · A. Gheerbrant, 앞의 책, p.868.

29) M. Leach(ed.), 앞의 책, p.1000.

30) J.G. Frazer, 앞의 책, p.253.

31) 같은 책, p.254.

32) 諸橋轍次, 『大漢和辭典』, 卷四, 東京 : 大修館書店, 1968, 805〜807쪽.

33) 中村元, 『佛敎語大辭典』, 東京 : 東京書籍, 1985, 109쪽.

34) W. Eberhard, 앞의 책, p.250 ; A. Aarne · S. Thompson, *The Types of the Folk Tale*, Helsinki : Academia Scientarum Fennica, 1973, p.393.

35) 朝倉治彦 外, 『神話傳說辭典』, 東京 : 東京堂出版, 1967, 128쪽.

36) 같은 책, 128쪽.

37) 같은 책, 129쪽.

38) 같은 책, 130쪽, 131쪽.

39) 한국문화상징사전 편찬위원회 엮음, 『한국문화상징사전』, 제1권, 동아출판사, 91쪽.

40) 이희승 감수, 『국어사전』, 서울 : 민중서림, 1986, 471쪽.

41) 『한국문화상징사전』, 제1권, 92쪽.

42) M.L. von Franz, *Shadow and Evil in Fairytales*, Zürich : Spring Publication, 1974, p.5.

43) 같은 책, p.5.

44) 같은 책, p.6.

45) C.G. Jung, *Aion*, Zürich : Rascher Verlag, 1951, pp.22〜26.

46) 같은 책, p.26.

47) C.G. Jung, *Analytical Psychology, its Theory and Practice*, New York : Vintage Books, 1970, p.21.

48) 같은 책, p.21, p.22.

49) 같은 책, p.23.

50) W. McGuire(ed.), "Dream Analysis," *Seminar of C.G. Jung, 1928~30*, Princeton : Princeton Univ. Press, 1984, p.255.

51) C.G. Jung, *Von den Wurzeln des Bewußtseins*, Zürich : Rascher Verlag, 1954, p.568 ; C.G. Jung, *Über die Psychologie des Unbewußten*, Zürich : Rascher Verlag, 1943, p.62.

52) 같은 책, 1943, p.75. 각주 참조 ; C.G. Jung, *Aion*, 1951, p.25.

53) 같은 책, 1943, p.75.

54) C.G. Jung, "Versuch einer psychologischen Deutung des Trinitäts-dogmas," C.G. Jung, G.W. Bd. XI, Zürich : Rascher Verlag, 1963, p.215.

55) W. McGuire(ed.), 앞의 책, p.48.

56) C.G. Jung, *The Structure and Dynamic of the Psyche*, London : Routledge & Kegan Paul, 1977, p.346.

57) 물론 그림자는 앞서가는 경우도 있다. "태양이 우리의 뒤에 있으면—그러나 저 오래된 시노파도스의 관념은 뒤따르는 자이며 우리와 더불어 가는 자이다. 그것은 개인적 '신령'(daemon)의 관념이다." W. McGuire, 앞의 책, p.48.

58) 같은 책, p.49.

59) 같은 책, p.51, p.52.

60) C.G. Jung, 앞의 책, 1954, p.568, p.569(Theoretische Überlegungen zum Wesen des Psychischen).

61) C.G. Jung, 앞의 책, 1970, p.22.

62) 같은 책, p.22.

63) C.G. Jung, "Psychologie und Religion," C.G. Jung, *Zur Psychologie westlicher und östlicher Religion*, G.W. Bd. XI, Zürich : Rascher Verlag, 1963, p.81.

64) 같은 책, p.81 참조. "억압은 사물의 일종의 반쯤 의식된, 결단을 내리지 못한 채 되어가는 대로 맡기는 것, 또는 너무 높은 곳에 매달린 포도를 시다고 헐뜯는 것, 또는 자기의 욕구를 대변하지 않기 위해서 다른 방향으로 시선을 돌리는 것이다." 같은 책, p.82. 프로이트는 억압(repression, Verdrängung)이 신경증의 형성에서 주된 기제라고 보았다. 억제(suppression, Unterdrückung)는 도덕적, 억압은 상당히 불쾌

한 결정을 하지 않으려는 비도덕적인 경향이다. 억제는 걱정, 갈등, 괴로움을 일으킬 수 있지만 노이로제(신경증)를 만드는 일은 없다. 노이로제는 항상 정당한 고통의 대치물이다. 억압은 무의식적으로 일어나고 억제는 의도적으로 일어나는 것도 그 차이다.

65) 같은 책, p.85. 그러나 아니마·아니무스를 비롯한 모든 원형이 좋고 나쁜 양면성을 가지고 있음도 지적하고 있다.

66) C.G. Jung, *Aion*, Zürich : Rascher Verlag, 1951, p.380.

67) 같은 책, p.23.

68) 같은 책, p.22, p.23.

69) C.G. Jung, "Psychologie und Religion," C.G. Jung, G.W. Bd. II, Zürich : Rascher Verlag, 1963, p.83.

70) 같은 책, 같은 곳.

71) C.G. Jung, *Von den Wurzeln des Bewußtseins*, Zürich : Rascher Verlag, 1954, p.27.

72) C.G. Jung, *Über die Psychologie des Unbewußten*, Zürich : Rascher Verlag, 1943, p.82.

73) 같은 책, p.62.

74) C.G. Jung , 앞의 책, 1951, p.71.

75) 같은 책, p.55.

76) 같은 책, p.70. 융의 이 말은 전체성에 관한 노자의 『도덕경』에서 도(道)의 본질에 관한 설명과 일치된다. 이 책의 제5장 3절 중 '동양종교와 그림자의 인식' 참조.

77) 같은 책, p.380.

78) 같은 책, p.336.

79) 같은 책, p.379.

제3부 그림자의 현상—그림자는 어디에서 어떻게 볼 수 있는가

1) 융 엮음, 이부영 외 옮김, 『인간과 무의식의 상징』, 서울 : 집문당, 1993, 173쪽.

2) C.G. Jung, "Blick in die Verbrecherseele," C.G. Jung, *Das symbolische Leben*, G.W. Bd. XVIII/1, Olten : Walter Verlag, 1981,

p.373.

3) 심리학적 유형에 관해서는 이부영, 『분석심리학』, 개정증보판, 일조 각, 1998, 제4장, 126~183쪽, '심리학적 유형론' 참조. 또한 M.L. von Franz, "The Inferior Function," M.L. von Franz · J. Hillman, *Lectures on Jung's Typology*, Zürich : Spring Publication, 1971, pp.1~53도 참조.

4) C.G. Jung, "Versuch einer psychologischen Deutung des Trinitätsdogmas," C.G. Jung, G.W. Bd. XI, Zürich : Rascher Verlag, 1963, p.181, p.215.

5) C.G. Jung, "The Fight with the Shadow," C.G. Jung, *Civilzation in Transition*, Collected Works Vol. X, New York : Pantheon Books, 1964, pp.218~226.

6) 반공교육이 한창 기세를 올리던 1960~70년대에 한 초등학교 학생이 '간첩'도 사람이냐고 물었다는 말이 생각난다. 그런데 짐승이나 귀신을 격멸하겠다던 일본군은 제2차 세계대전 중 전쟁터에서 스스로 짐승이 나 귀신처럼 만행을 저질렀다. 또한 일본군이 미·영을 보고 선동하던 그와 비슷한 구호나 포스터는 냉전시 국교정상화 이전 중공의 반미(反 美) 포스터에도 나타나 있다. 짐승이나 귀신은 하나의 원형상(原型像)이 다. 중세 기독교에서 마귀를 그릴 때는 꼭 꼬리 달린 짐승을 그렸고 우리 나라 옛날 이야기에도 도깨비는 짐승(대개 원숭이) 같은 형상을 하고 파 괴적인 요괴는 꼬리 아홉 달린 여우(구미호)로 나타난다. 그것은 본능적 충동을 상징하는 데 왜곡되어 파괴적 성향을 갖게 된 본능의 부정적 측 면이다.

7) C.G. Jung, "Nach der Katastrophe," C.G. Jung, *Zivilisation im Übergang*, G.W. Bd. X, Olten : Walter Veralg, 1974, pp.219~244.

8) C.G. Jung, 앞의 책, 1964, p.219.

9) 같은 책, p.219.

10) 같은 책, p.220.

11) 같은 책, p.220, p.221.

12) 같은 책, p.221.

13) 같은 책, p.221, p.222.

14) 같은 책, p.222.

15) 같은 책, p.223.

16) 같은 책, p.224.

17) 같은 책, p.224.

18) 같은 책, p.225.

19) G. Zilboorg, *A History of Medical Psychology*, New York : Norton & Co., 1941, pp.144~174, Chapter 6, The Blows of the Witches Hammers.

20) 같은 책, p.132.

21) 같은 책, p.153, p.154.

22) C.G. Jung, *Symbole der Wandlung*, Zürich : Rascher Verlag, 1952, p.304.

23) 융 엮음, 이부영 외 옮김, 『인간과 무의식의 상징』, 서울 : 집문당, 1993, 47쪽.

24) 같은 책, 61쪽.

25) 같은 책, 같은 곳.

26) 같은 책, 62쪽.

27) 같은 책, 48쪽.

28) 같은 책, 64쪽.

29) 이부영, 「한국인 피분석자의 꿈에 나타난 갈등의 양상과 그 해결」, 『신경정신의학』 14(3), 1975, 276~287쪽 ; 이부영, 「한국인 피분석자의 꿈에 나타난 '그림자'의 현상」, 『서울의대 정신의학』 10(1), 1985, 55~71쪽 ; 이부영, 「한국인의 꿈에 나타난 원형상(2)」, 『정신의학보』 9(1), 1985, 2~24쪽 등 참조.

30) 이부영, 「한국인 피분석자의 꿈에 나타난 '그림자'의 현상」, 『서울의대 정신의학』 10(1), 1985, 55~71쪽 참조.

31) 이부영, 「한국에서의 분석」, 『신경정신의학』 11(4), 1972, 209~216쪽.

32) 남만성 역주, 『도덕경』, 서울 : 을유문화사, 제77장 참조 ; 이 책의 제5장 3절 중 '도교사상과 그림자의 문제' 참조.

33) 이부영, 『분석심리학—C.G. Jung의 인간심성론』, 개정증보판, 서울 : 일조각, 1998, 204~236쪽. 제6장, 「정신병리」 참조.

34) C.G. Jung, "Über die Beziehung der Psychotherapie zur Seelsorge,"

C.G. Jung, *Zur Psychologie westlicher und östlicher Religion*, G.W. Bd. XI, Zürich : Rascher Verlag, 1963, p.358.

35) 민속에서 '성인'이나 '도인'은 그림자가 없다고 하는데 그림자를 모두 소화시켜서 없다는 뜻이다. 그러므로 융이 인용한 '그림자 없는 사람'은 그런 경우를 말하는 것이 아니라 짙은 그림자를 가지고 있으면서도 마치 성인이나 도인이 된 듯이 착각할 정도로 무의식으로부터 단절된 분열된 인격의 소유자를 말한다.

36) 이에 관한 통계적 연구는 아직 모색단계에 있다. 이부영 외, 「정신병리와 심리학적 유형간의 상호관계에 관한 연구―신경증환자 증상과 관련하여」, 『심성연구』 3(2), 1988, 63~103쪽 ; 김선아·이부영, 「신경증적 장애의 증상과 성격특성의 관계에 관한 연구―외향성, 내향성을 중심으로」, 『정신병리학』 1(1), 1992, 36~43쪽 참조.

37) 융의 정신병관에 대해서는 이부영, 앞의 책, 1998, 219~236쪽, 제6장 「정신병리」 중 '정신병의 심리학적 이해' 참조. 또한 이부영, 「정신과 환자의 체험에 나타난 원형상(I)―빛의 체험을 중심으로」, 『최신의학』 23(1), 1980, 53~64쪽 ; 이부영, 「정신과 환자의 체험에 나타난 원형상(II)―무의(巫儀)로 야기된 정신장애 증례를 중심으로」, 『정신의학보』 5(2), 1981, 26~38쪽 ; 이윤주·연병길·이부영, 「정신분열증 체험내용의 상징성에 관한 심리학적 의미분석」, 『신경정신의학』 22(1), 1983, 32~48쪽.

제4부 분석과 그림자의 인식과정

1) '분석'(Analyse)이란 각 학파에서 인정하는 분석가(Analytiker)와 시간을 정해서 자기의 내면세계(융학파의 경우는 무의식)를 성찰하는 과정을 말한다. 융학파에서는 각각 한 시간, 주당 2회 내지 3회 실시하며 꿈의 해석에 주력한다. '분석가'란 교육분석, 지도분석 등 그 학파가 정한 수련을 마쳐서 그 학파에서 자격이 인정된 사람을 말한다.

2) W. McGuire(ed.), "Dream Analysis," *Seminar of C.G. Jung, 1928~30*, Princeton : Princeton Univ. Press, 1984, p.257, p.258. 이 기록은 세미나를 들은 사람의 필기내용이므로 표현된 언어가 완벽하게 사실과 일치하는지를 장담할 수는 없고 질문자의 성격이나 질문자에 대한 융의 태

도, 토론과정의 문맥 등을 참조하여 판단해야 한다. 그러나 대체로 세미나 시간의 융의 입장을 전하고 있다는 사실에는 이론의 여지가 없을 것이다.

3) C.G. Jung, *Von den Wurzeln des Bewußtseins*, Zürich : Rascher Verlag, 1954, p.568, p.569.

4) 같은 책, p.27.

5) 같은 책, p.27.

6) 어떤 목표를 가지고 공부하던 사람이 잠시 쉬겠다고 마음먹고 있는데 마음속에서는 강력히 반발하는 또 하나의 마음이 일어났다. 그런 마음을 의지로 눌렀으나 그 충동이 도저히 누를 수 없을 만큼 커진 상황을 상상하면 이 꿈의 뜻을 이해할 수 있을 것이다.

7) 이부영, 『한국민담의 심층분석』, 서울 : 집문당, 1995, 179~183쪽 ; 성현 지음, 김화진 옮김, 『용재총화』 권4, 『한국야담전집』, 서울 : 동국출판사, 1947.

8) W. McGuire, 앞의 책, p.259.

9) C.G. Jung, "Gegenwart und Zukunft," C.G. Jung, *Zivilisation im Übergang*, G.W. Bd. X, Olten : Walter Verlag, 1974, p.332.

10) C.G. Jung, *Von den Wurzeln des Bewußtseins*, 앞의 책, 1954, p.27.

11) C.G. Jung, "Psychologie und Religion," C.G. Jung, *Zur Psychologie westlicher und östlicher Religion*, G.W. Bd. XI, Zürich : Rascher Verlag, 1963, p.91.

12) 같은 책, p.91.

13) C.G. Jung, "Psychologie der Übertragung," C.G. Jung, *Praxis der Psychotherapie*, G.W. Bd. XVI, Zürich : Rascher Verlag, 1958, pp.173~362 중 p.255.

14) C.G. Jung, *Psychologie und Religion*, 앞의 책, 1963, p.83.

15) C.G. Jung, *Psychologie der Übertragung*, 앞의 책, 1958, p.254.

16) C.G. Jung, *Von den Wurzeln des Bewußtseins*, 앞의 책, 1954, p.568, p.569.

17) M.L. von Franz, *Shadow and Evil in Fairytales*, Zürich : Spring Publication, 1974, p.6.

18) M.L. von Franz, 같은 책, p.7.

19) C.G. Jung, "Das Gewissen in psychologischer Sicht," *Das Gewissen, Studien aus dem C.G. Jung Institute Zürich*, Zürich : Rascher Verlag, 1958, pp.185~207 ; 융 지음, 이부영 옮김, 「심리학적 관점에서 본 양심」, 현대의 신화 외, 『세계사상전집』 제31권, 서울 : 삼성출판사, 1981, 157~174쪽 : C.G. Jung, *Gut und Böse in der analytischen Psychologie*, G.W. Bd. X, Olten : Walter Verlag, 1974, pp.497~510 ; 융 지음, 이부영 옮김, 「분석심리학에서의 선과 악」, 현대의 신화 외, 『세계사상전집』 제31권, 삼성출판사, 1981, 175~188쪽.

20) C.G. Jung, *Psychologie der Übertragung*, 앞의 책, 1958, p.255.

21) C.G. Jung, *Von den Wurzeln des Bewußtseins*, 앞의 책, 1954, p.587.

22) 같은 책, p.569(Theoretische Überlegung von den Unbewußten).

23) C.G. Jung, *Gut und Böse in der analytischen Psychologie*, 앞의 책, 1974, p.510 ; 융 지음, 이부영 옮김, 「분석심리학에서의 선과 악」, 앞의 책, 175~188쪽.

24) C.G. Jung, 같은 책, 1974, p.504.

25) C.G. Jung, *Aion*, Zurich : Rascher Verlag, 1951, p.380.

26) C.G. Jung, *Von den Wurzeln des Bewußtseins*, 앞의 책, 1954, p.494, p.495.

27) C.G. Jung, 앞의 책, 1951, p.54, p.55.

28) C.G. Jung, 앞의 책, 1954, p.369.

29) C.G. Jung, *Die Psychologie der Übertragung*, 앞의 책, 1958, p.254.

제5부 그림자의 문화적 대응양식

1) M.L. von Franz, *The Shadow and Evil in Fairytales*, Zürich : Spring Publication, 1974, p.10.

2) Hoffmann-Krayer · Hanns Bächtold-Stäubli(hrg.), *Handwörterbuch des deutschen Aberglaubens*, Bd.VI, pp.967~969.

3) 같은 책, p.968, p.969.

4) M. Leach(ed.), *Funk & Wagnalls Standard Dictionary of Folklore, Mythology and Legend*, San Franciso : Harper & Row Publishers, 1972, p.410, p.411.

5) A. Aarne·S. Thompson, *The Types of the Folk Tale*, Helsinki : Academia Scientarum Fennica, 1973, p.393, p.459, p.476.

6) M. Laharie, *La Folie an Moyen Age XIe-XIII e siécles*, Paris : Le Léopard d'Or, 1991.

7) Suk-Won Kong·Bou-Yong Rhi, "Considerations to the psychological meanings of some contemporary Korean humours," M. Laharie(ed.), *L'Humour, Histoire, Culture et Psychologie*, Publications de la Société international de Psychpathologie de l' Expression et d'Art-Thérapie, 1998, Biarritz.

8) 1930년대 서울 무당 배경제 구전「경성열두거리」중 '부정' ; 秋葉隆·赤松智城,『朝鮮巫俗の硏究』上卷, 京城 : 大阪屋號書店, 1937, 63~70쪽. 현대적으로 수식되지 않은 것을 보여주기 위해 이 문헌기록을 소개한다.

9) 죽은 지 얼마 안 되어 죽음의 때가 벗겨지지 않은 상태의 넋을 상문(喪門)이라 한다.

10) 이부영,「사령(死靈)의 무속적 치료에 관한 분석심리학적 연구」,『최신의학』13(1), 1970, 79~94쪽. 살아 있는 사람뿐 아니라 죽음 사람의 넋도 여러 가지 시련 끝에 서방정토로 들어가는 성인(成人)과정(Initiation)을 거친다는 믿음이 있는데 상징적으로 살아 있는 사람의 이니시에이션을 표현하고 있다. C.G. Jung, "Psychologischer Kommentar zum tibetischen Totenbuch," C.G. Jung, *Psychologie der westlichen und östlichen Religion*, G.W. Bd. XI, 1963.

11) Bou-Yong. Rhi, *Die Toten und 'Sal', das Tötende im koreanischen Schamanismus*, Diplom Thesis von C.G. Jung Institut Zürich, 1966.

12) 이부영,「한국무속자료에서 본 사령의 현상과 치료(Ⅰ)」,『신경정신의학』7(2), 1968, 37~40쪽.

13) 이부영,「한국설화에 나타난 치료자 원형상―손님굿 무가를 중심으로―」,『심성연구』1(1), 1986, 5~27쪽.

14) 분석심리학에서는 투사를 반드시 방어기제의 하나로만 보지 않고 무의 식적인 내용은 모두 투사되어 인지된다는 입장을 취하고 있다. 그것은 무의식을 의식화할 수 있는 기회를 마련한다.

15) 이부영·권택술, 「무업자들의 정신질환에 대한 반응」, 『서울의대정신의 학』 11(4), 1986, 298~314쪽 ; 이부영·이나미, 「종교인의 정신질환에 관한 견해와 반응—불교, 원불교, 천주교를 중심으로—」, 『신경정신의 학』 27(2), 1988, 333~345쪽.

16) 이부영, 「한국민간신앙과 윤리의식」, 고대민족문화연구소, 『현대사회와 전통윤리』, 1986, 541~564쪽.
   한국의 샤머니즘에 대한 총체적·심리학적 연구는 다음 문헌에 들어 있 다. 이부영, 『한국의 샤머니즘과 분석심리학—고통과 치유의 상징을 찾 아서』, 한길사, 2012.

17) 류동식, 『한국무교의 역사와 구조』, 서울 : 연세대출판부, 1985, 147쪽 ; 『고려사』 권16, 세가(世家) 16.

18) 차주환 옮김, 『논어』, 을유문화사, 1984, 95쪽, 「술이」(述而) 20.

19) 그런데 아니마, 아니무스, 자기원형에 관해서는 다음에 출간 예정으로 있는 『분석심리학의 탐구 2』에서 자세히 다루게 되므로 여기서는 우리 나라 민담에서 주로 그림자가 나타나는 대표적인 민담에 한하여 개괄적 으로 살펴보기로 하겠다. 각 민담에 관한 해석은 이부영, 『한국민담의 심 층분석』(집문당, 1995)의 해당 장을 참조하기 바란다.

20) 같은 책, 133~171쪽.

21) M.L. von Franz, 앞의 책, 1974 ; M.L. von Franz, "Das Problem des Bösen im Märchen," *das Böse*, Studien aus dem C.G. Jung Institut Zürich, Zürich : Rascher Verlag, 1961, p.99, p.101.

22) 이부영, 앞의 책, 1995, 88~107쪽.

23) M.L. von Franz, "Das Problem des Bösen im Märchen," 앞의 책, 1961, pp.91~126.

24) 이부영, 앞의 책, 1995, 158~160쪽, 278~280쪽.

25) 「누가복음」 6 : 37, 39, 41, 42 ; 「마태복음」 7 : 1~5.

26) 차주환 엮음, 『논어』, 「헌문」(憲門) 14 : 45.

27) 『논어』, 「안연」(顔淵) 12, 「위령공」(衛靈公) 15, 25.

28) C.G. Jung, "Versuch einer psychologischen Deutung des

Trinitätsdogmas," C.G. Jung, *Zur Psychologie westlicher und östlicher Religion*, G.W. Bd. XI, Rascher Verlag, 1963, pp.119~218.

29) 같은 책, p.66.

30) 같은 책, p.67.

31) 같은 책, p.83, p.84.

32) 같은 책, p.84, 주 23)의 문헌. Preuschen, Antilegomena, 1901, p.44, p.139에 재인용.

33) 같은 책, p.85.

34) 같은 책, p.85, p.86.

35) 같은 책, p.86.

36) C.G. Jung, Aion, Zürich : Rascher Verlag, 1951, p.55.

37) 같은 책, p.71.

38) R. Schärf, "Die Gestalt des Satans im Alten Testament," C.G. Jung, *Symbolik des Geistes*, Zürich : Rascher Verlag, 1951, pp.153~319.

39) C.G. Jung, "Vorwort zu Z.Werblowsky : Lucifer und Prometheus," C.G. Jung, *Zur Psychologie westlicher und östlicher Religion*, G.W. Bd. XI, Zürich : Rascher Verlag, 1963, p.342.

40) 같은 책, 같은 곳.

41) 같은 책, p.343.

42) 같은 책, 같은 곳. 벌써 사탄-그로메테우스의 병렬 자체에서 밀턴이 마귀를 인간의 개성화에 포함되는 개념으로 보았고 그로써 심리학의 대상영역에 들어섰음을 분명히 하고 있다.

43) 같은 책, p.343.

44) 같은 책, p.343, p.344.

45) 같은 책, p.344.

46) 어둠의 세계를 경시하는 경향의 한 예는 1963년 반대파가 기다리고 있는 남부 댈러스에 무개차를 타고 입성(入城)하다가 참변을 당한 존 케네디의 경우다. 당시 필자는 이 비보를 스위스 취리히에서 접했는데 나의 교육분석가의 한 사람이었던 리클린 박사는 케네디는 '악'을 너무 경시했다고 비판했다. 비행기 안에서 대통령 승계선서를 한 존슨의 태도가

그런 면에서 성숙하다고 할지 모른다는 것이었다. 그것은 마치 예수님이 '악'의 무리가 기다리는 예루살렘에 입성하여 마침내 십자가에 못 박혀 돌아가신 과정과 유사하다. 케네디가 '악'을 물리치는 신화적 영웅상과 동일시하여 자아팽창에 빠진 나머지 그림자원형의 절대악을 경시한 것인지, 그의 행동이 그에게 숙명지어진 순교자로서의 당연한 길이었는지는 그의 행동이 어느 만큼 그의 본성(Selbst)과 일치된 행동이었는지에 달렸다.

47) C.G. Jung, "Zur psychologischen Aspekte des Mutterarchetypus," C.G. Jung, *Von den Wurzeln des Bewußtseins*, Zürich : Rascher Verlag, 1954, p.124.

48) 같은 책, 같은 곳.

49) 같은 책, p.125. 칼리는 힌두교의 여신, 검은 자, 두르카(Durca), 잔인한 피에 굶주린 악마적 파괴자, 동시에 모성으로 숭배되고 있다.

50) C.G. Jung, "Zur Psychologie der östlichen Meditation," C.G. Jung, *Zur Psychologie westlicher und östlicher Religion*, G.W. Bd. II, Zürich : Rascher Verlag, 1963, pp.603~621.

51) 같은 책, p.618.

52) 같은 책, p.618.

53) 같은 책, p.619.

54) 같은 책, p.619, p.620.

55) 이부영, 「논어의 인격론 시고—분석심리학의 입장에서—」, 『심성연구』 4(2), 1989, 115~153쪽.

56) 木村英一 譯註, 『論語』, 東京 : 講談社, 1975, 143쪽.

57) Bou-Yong Rhi, "Heaven's Decree : Confucian Contribution to Individuation," M.A. Mattoon (ed.), *The Transcendent Function : Individual and Collective Aspects*, Einsiedeln : Daimon Verlag, 1993, pp.302~309.

58) 차주환 옮김, 『논어』, 「양화」(陽貨) 17 : 25, 子曰 唯女子與小人, 爲難養也. 近之則不孫 遠之則怨.

59) 『논어』, 「위령공」 15 : 38, 有敎無類.

60) 이부영, 앞의 논문, 1989, 120쪽.

61) 『논어』, 「양화」 17 : 3, 子曰 唯上知與不愚不移.

62) 차주환 옮김, 『논어』, 서울 : 을유문화사, 1984, 「옹야」(雍也) 6 : 19, 子曰中人以上, 可以語上也, 中人以下, 不可以語上也.

63) 이부영, 앞의 논문, 1989, 119쪽.

64) 차주환 옮김, 『논어』, 「술이」 7 : 20, 子不語 怪(괴)·力(력)·亂(난)·神(신)은 옮긴이에 따라 그 번역이 조금씩 다르다. 木村英一은 부정상(不正常, 怪), 폭력(力), 무질서(亂), 신령(神) 등으로 번역하면서 공자는 항상 정상, 덕(德), 치(治), 인간 등을 화제로 삼았다는 사실과 대비하고 있다(木村英一, 앞의 책, 1975, p.171). 라우(Lau)는 비범(또는 이상)한 것(Prodigies), 권력(force), 무질서(disorder) 그리고 신령들(gods)(*Confucius The Analects*(Lun yü)(trans. D.C. Lau, Middlesex : Penguin Books, 1986, p.88)로, 장기근(張基槿)은 괴는 괴이, 괴변, 비현실적, 비이성적인 것으로, 력은 무력, 폭력, 주먹다짐으로, 란은 사회질서를 파괴하는 것으로, 신은 비인간적인 귀(鬼)나 신(神)이라 번역했다(장기근 옮김, 『논어』, 명문당, 1980, 187쪽).

65) 장기근 옮김, 같은 책, 164쪽. 「옹야」 20, 務民之義, 敬鬼神而遠之, 可謂知矣.

66) 장기근 옮김, 같은 책, 187쪽, 188쪽.

67) Bou-Yong Rhi, Neo-Confucian Concept of Mind by Toegye—a Jungian Commentary, paper presented at the International Congress for Psychotherapy, Seoul, 1994(manuscript).

68) 이부영, 「일심(一心)의 분석심리학적 조명―원효 대승기신론 소·별기를 중심으로―」, 『불교연구』 11(12), 1995, 277~301쪽.

69) 이기영, 『원효사상』, 원음각, 1967, 78~81쪽.

70) 같은 책, 78쪽, 79쪽.

71) 원효·의상·지눌 지음, 이기영 옮김, 『한국의 불교사상, 원효·의상·지눌』, 삼성출판사, 1993, 79쪽.

72) 이기영, 앞의 책, 1967, 109쪽.

73) 곽암 지음, 이기영 역해, 『십우도』(十牛圖), 서울 : 한국불교연구원, 1995, 20쪽.

74) 같은 책, 19~20쪽, 見牛人少覓牛多, 山北山南見也麼, 明暗一條來去路, 箇中認取別無他.

75) 같은 책, 23쪽.

76) 같은 책, 23쪽, 24쪽.

77) 같은 책, 24쪽.

78) A. Jaffé(hrg.), *Erinnerung, Träume und Gedanken von C.G. Jung*, Zürich : Rascher Verlag, 1987, p.280 ; 야훼 지음, 이부영 옮김, 『C.G. Jung의 회상, 꿈 그리고 사상』, 집문당, 1989, 315쪽.

79) A. Jaffé, 같은 책, p.283.

80) 이원섭 옮김, 『노자·장자』, 『중국사상대계』 2, 서울 : 대양서적, 1972, 538쪽, 539쪽, 孔子愀然而歎, 再拜而起, 曰, 丘再逐於魯, 削迹於衛, 伐樹於宋, 圍於陳蔡, 丘不知所失, 而離此四謗者, 何也, 客悽然變容 曰, 甚矣, 子之難悟也, 人有畏影惡迹而去之走者, 擧足愈數, 而迹愈 多, 走愈疾, 而影不離身, 自以爲尙遲, 疾走不休, 絶力而死, 不知處陰 以休影, 處靜而息迹, 愚亦甚矣, 子審仁義之間, 察同異之際, 觀動靜 之變, 適受與之度, 理好惡之情, 和喜怒之節, 而幾於不免矣, 謹修而 身, 愼守其眞, 還而物與人, 則無所累矣, 今不修之身而求之人, 不亦 外乎.

81) 같은 책, 539쪽, 540쪽.

82) 김학주·장기근 옮김, 『열자·관자』, 『중국사상대계』 5, 서울 : 대양서적, 1972, 90쪽.

83) 같은 책, 261쪽, 262쪽, 子列子學於壺丘子林. 壺丘子林曰, 子知持後, 則 可言持身矣. 列子曰, 願聞持後. 曰, 顧若影則知之. 列子顧而觀影, 形枉則 影曲, 形直則影正. 然則枉直隨形, 而不在影, 屈伸任物, 而不在我, 此之謂 持後而處先.

84) 같은 책, 262쪽.

85) 諸橋轍次, 『大漢和辭典』, 卷四, 東京 : 大修館書店, 1968, 807쪽에서 인용.

86) 같은 책, 같은 곳.

87) 같은 책, 같은 곳.

88) 이부영, 「노자 도덕경을 중심으로 한 C.G. Jung의 도개념」, 소암 이동식 선생 화갑 기념 논문집, 『도와 인간과학』 ; C.G. Jung, Aion, Zürich : Rascher Verlag, 1951, p.92.

89) 『도덕경』의 해석은 여러 가지가 있다. 여기서는 다음 해석을 참조하

였다. Laotzu, R. Wilhelm übersetzt, *Tao Te King*, Düsseldorf : Eugen Diederichs Verlag, 1957, p.44 ; 簡野道明, 『老子解義』, 東京 : 明治書院, 1966, 26~29쪽, 推其銳 解其紛 和其光 同其塵 湛乎 以者存.

90) 고대민족문화연구소 역주, 『국역화담집, 신주도덕경』, 서울 : 고대민족문화연구소, 1971, 172쪽, 173쪽.

91) 簡野道明, 앞의 책, 28쪽, 29쪽.

92) 남만성 역주, 『도덕경』, 1971, 제56장, 知者不言 言者不知 塞其兌 閉其門 挫其銳 解其忿 和其光 同其豪 是謂玄同.

93) 簡野道明, 앞의 책, 1966, 62쪽, 63쪽.

94) 남만성 역주, 『도덕경』, 1971, 제28장, 102쪽, 103쪽 ; 簡野道明, 같은 책, 170쪽, 179쪽.

95) 簡野道明, 같은 책, 170~175쪽.

96) 남만성 역주, 앞의 책, 제41장, 145~148쪽, 明道若昧 進道若退 夷道若類 上德若谷.

97) 같은 책, 제58장, 191쪽, 光而不耀.

98) 같은 책, 제52장, 173쪽, 174쪽. 用其光 復歸其明.

99) 같은 책, 제70장, 227쪽, 是以聖人被褐懷玉.

100) 같은 책, 제21장, 79쪽, 窈兮冥兮 其中有精.

101) 같은 책, 제36장, 125쪽, 126쪽, 將慾歙之 必固張之 將慾弱之 必固强之 將慾廢之 必固興之 將慾奪之 必固與之 是謂微明.

102) 고대민족문화연구소 역주, 앞의 책, 206쪽, 207쪽.

103) 탄허 역주, 『도덕경』 1, 서울 : 교림, 457~461쪽. 장차 흡(歙)하고자 할진대 반드시 진실로 장(張)하며 장차 약하고자 할진대 반드시 진실로 강하며 장차 폐하고자 할진대 반드시 진실로 흥하며 장차 탈(奪)하고자 할진대 반드시 진실로 여(與)하나니 이것을 미명(微明)이라 이르느니라.

104) 같은 책, 460쪽.

105) Laotzu, R. Wilhelm übersetzt, *Tao Te King*, 1957, p.76.

106) 남만성 역주, 앞의 책, 제8장, 36쪽, 37쪽, 上善若水 水善利萬物而不爭 處衆人之所惡 故幾於道.

107) 초월적 기능은 형이상학적 개념이 아니라 심리학적 용어로 융이 1913

년부터 쓴 말인데, 의식과 무의식의 대극이 하나로 통합하여 새로운 제3의 삶, 존재의 새로운 단계에 이르는 기능을 말한다. 의식이 무의식과의 대면을 외면하지 않고 대극의 긴장을 받아들일 때 대극의 접근을 통해 나타난다. C.G. Jung, *Die transzendente Funktion*, G.W. Bd. VIII, Zürich : Rascher Verlag, pp.79~104 참조. 특히 p.100, p.102.

108) 남만성 역주, 앞의 책, 제39장, 139쪽, 故貴以賤爲本 高以下爲基.

109) 같은 책, 98쪽, 99쪽 ; 簡野道明, 앞의 책, 162~169쪽, 善行無轍迹, 善言無瑕讁. 善計不用籌策. 善閉無關鍵而不可開. 善結無繩約而不可解, 是以聖人常善救人. 故無棄人. 常善救物. 故無棄物. 是謂襲明. 故善人者, 不善人之師. 不善人者, 善人之資. 不貴其師, 不愛其資, 雖智大迷. 是謂要妙.

110) 簡野道明, 같은 책, 165쪽.

111) 남만성 역주, 앞의 책, 제77장, 241~243쪽, 天之道 其猶張弓與 高者抑之 下者擧之 有餘者損之 不足者補之 天之道 損有餘而補不足 人之道 則不然 損不足以奉有餘 孰能有餘 以奉天下.
대극합일 상징으로서의 도에 대하여, 그밖에 노자『도덕경』의 분석심리학적 해석에 관련된 것은 다음 문헌 참조. 이부영,『노자와 융―『도덕경』의 분석심리학적 해석』, 한길사, 2012, 60쪽 이하.

112) 같은 책, 120쪽.

113) 같은 책, 제20장. 75쪽, 絶學無憂 唯之與阿 相去幾何 善之與惡 相去何若 人之所畏 不可不畏 荒兮其未央哉 衆人熙熙 如亨太牢 如春登臺 我獨泊兮其未兆 始嬰兒之未孩 儽儽兮若無所歸 衆人皆有餘 而我獨若遺 我愚人之心也哉 沌沌兮 俗人昭昭 我獨昏昏 俗人察察 我獨悶悶 澹兮其若海 飂兮若無止 衆人皆有以 而我獨頑似鄙 我獨異於人 而貴食母.

114) Bou-Yong Rhi, "Discussion to U. Langendorf : Where there is danger, salvation is also on the increase," M. Mattoon(ed.), *The Archetype of Shadow in a Split World*, Einsiedeln : Daimon-Verlag, 1986, pp.40~43.

참고문헌

국내문헌

1. 단행본

이부영(1998),『분석심리학―C.G. Jung의 인간심성론』, 개정증보판, 일조각
   (제3판 2011).
───(1995),『한국민담의 심층분석』, 집문당.
───(2012),『노자와 융―『도덕경』의 분석심리학적 해석』, 한길사.
───(2012),『한국의 샤머니즘과 분석심리학―고통과 치유의 상징을 찾아
   서』, 한길사.
이기영(1967),『원효사상』, 원음각.
이기영 옮김(1993),『한국의 불교사상, 원효·의상·지눌』, 삼성출판사.
곽암 지음, 이기영 역해(1995),『십우도』, 한국불교연구원.
이희승 감수(1986),『국어사전』, 민중서림.
한국문화상징사전 편찬위원회(1992),『한국문화상징사전』, 제1권, 동아출
   판사.
류동식(1985),『한국무교의 역사와 구조』, 연세대 출판부.
성현 지음, 김화진 옮김(1947),『용제총화』권4,『한국야담전집』, 동국.
『고려사 상(上)』, 아세아문화사, 1972.
이민수 옮김(1985),『논어』, 일조각.
차주환 옮김(1984),『논어』, 을유문화사.
장기근 옮김(1980),『논어』, 명문당.
이원섭 옮김(1972),『노자·장자』,『중국사상대계』2, 대양서적.

김학주 · 장기근 옮김(1972),『열자 · 관자』,『중국사상대계』5, 대양서적.

고대민족문화연구소 역주(1971), 국역『화담집』(花潭集), 신주(新註)『도덕경』, 고대민족문화연구소.

김탄허 역주(1983),『도덕경』1 · 2, 교림.

노자 지음, 남만성 역주(1971),『도덕경』, 을유문화사.

융 지음, 이부영 외 옮김(1993),『인간과 무의식의 상징』, 집문당.

융 지음, 이부영 옮김(2004),「심리학적 관점에서 본 양심」,『C.G.융 기본 저작집』한국융연구원 역, 제9권, 솔출판사, 109～133쪽.

융 지음, 이부영 옮김(2004),「분석심리학에서의 선과 악」,『C.G.융 기본 저작집』한국융연구원 역, 제9권, 솔출판사, 134～153쪽.

야훼 발행, 이부영 옮김(1989)『C.G. Jung의 회상, 꿈 그리고 사상』, 집문당.

2. 논문

이부영(1975),「한국인 피분석자의 꿈에 나타난 갈등의 양상과 그 해결」,『신경정신의학』14(3), 276～287쪽.

──── (1985),「한국인 피분석자의 꿈에 나타난‘그림자’의 현상」,『서울의대 정신의학』10(1), 55～71쪽.

──── (1985),「한국인의 꿈에 나타난 원형상」(2),『정신의학보』9(1), 2～24쪽.

──── (1972),「한국에서의 분석」,『신경정신의학』11(4), 209～216쪽.

이부영 외(1988),「정신병리와 심리학적 유형간의 상호관계에 관한 연구── 신경증환자 증상과 관련하여」,『심성연구』3(2), 63～103쪽.

이부영(1980),「정신과 환자의 체험에 나타난 원형상(I)──빛의 체험을 중심으로」,『최신의학』23(1), 53～64쪽.

김선아 · 이부영(1992),「신경증적 장애의 증상과 성격특성의 관계에 관한 연구──외향성, 내향성을 중심으로──」,『정신병리학』1(1), 36～43쪽.

이윤주 · 연병길 · 이부영(1983),「정신분열증 체험내용의 상징성에 관한 심리학적 의미분석」,『대한신경정신의학회지』22(1), 32～48쪽.

이부영(1981),「정신과 환자의 체험에 나타난 원형상(II)──무의(巫儀)로 야기된 정신장애 증례를 중심으로──」,『정신의학보』5(2), 26～38쪽.

──── (1968),「한국무속자료에서 본 사령의 현상과 치료」(I),『신경정신의

학』7(2), 37~40쪽.

──(1970),「사령(死靈)의 무속적 치료에 관한 분석심리학적 연구」,『최신의학』13(1), 79~94쪽.

──(1986),「한국민간신앙과 윤리의식」, 고대민족문화연구소,『현대사회와 전통윤리』, 541~564쪽.

이부영 · 권택술(1986),「무업자들의 정신질환에 대한 반응」,『서울의대정신의학』11(4), 298~314쪽.

이부영 · 이나미(1988),「종교인의 정신질환에 관한 견해와 반응─불교, 원불교, 천주교를 중심으로─」,『신경정신의학』27(2), 333~345쪽.

이부영(1986),「한국설화에 나타난 치료자원형상─손님굿 무가를 중심으로─」,『심성연구』1(1), 5~27쪽, (2011) 한국민담의 심층분석, 집문당, 259~282쪽.

──(1987),「불교와 분석심리학─자기실현을 중심으로─」,『불교와 제과학』, 동국대학교 개교 80주년 기념 논문집, 동국대학교, 261~286쪽.

──(1989),「논어의 인격론 시고(試考)─분석심리학의 입장에서─」,『심성연구』4(2), 115~153쪽.

──(1995),「일심(一心)의 분석심리학적 조명─원효 대승기신론 소 · 별기를 중심으로─」,『불교연구』11(12), 277~301쪽.

──(1981),「노자 도덕경을 중심으로 한 C.G. Jung의 도(道)개념」, 소암 이동식선생 화갑기념논문집,『도와 인간과학』, 223~ 241쪽.

──(2012),『노자와 융』, 한길사.

국외문헌

諸橋轍次(1968),『大漢和辭典』, 卷四, 東京：大修館書店.

中村元(1985),『佛敎語大辭典』, 東京：東京書籍.

朝倉治彦 外(1967),『神話傳說辭典』, 東京：東京堂出版.

秋葉隆 · 赤松智城(1937),『朝鮮巫俗の研究 上卷』, 京城：大阪屋號書店.

木村英一 譯註(1975),『論語』, 東京：講談社.

A. Aarne · S. Thompson(1973), *The Types of the Folk Tale*, Helsinki：

Academia Scientarum Fennica.

A. Jaffé(hegb.)(1987), *Erinnerung, Träume und Gedanken von C.G. Jung*, Zürich : Rascher Verlag.

B.Y. Rhi(1966), *Die Toten und 'Sal', das Tötende im koreanischen Schamanismus*, Diplom Thesis von C.G. Jung Institut Zürich.

―― (1994), Neo-Confucian Concept of Mind by Toegye ― a Jungian Commentary, paper presented at the 16th International Congress for Psychotherapy, Seoul(manuscript).

―― (1986), "Discussion to U, Langendorf : Where there is danger, salvation is also on the increase, M. Matoon (ed.)(1986), *The Archetype of Shadow in a Split World*, Zürich : Daimon Verlag, pp.40~43.

―― (1993), "Heaven's Decree : Confucian Contribution to Individuation," M.A. Mattoon(ed.), *The Transcendent Function : Individual and Collective Aspects*, Einsiedeln : Daimon Verlag, pp.302~309.

C.G. Jung(1967), *Die Dynamik des Unbewußten*, G.W. Bd.8, Zürich : Rascher Verlag.

―― (1951), *Aion*, Zürich : Rascher Verlag.

―― (1970), *Analytical Psychology its Theory and Practice*, New York : Vintage Books.

―― (1954), *Von den Wurzeln des Bewußtseins*, Zürich : Rascher Verlag.

―― (1943), *Über die Psychologie des Unbewußten*, Zürich : Rascher Paperback.

―― (1963), *Zur Psychologie westlicher und östlicher Religion*, G.W. Bd. 11, Zürich : Rascher Verlag.

―― (1981), "Blick in die Verbrecherseele," C.G. Jung, *Das symbolische Leben*, G.W. Bd. 18/1, Olten : Walter Verlag, pp.371~374.

―― (1952), *Symbole der Wandlung*, Zürich : Rascher Verlag.

―― (1963), "Versuch einer psychologischen Deutung des Trinitätsdogmas," C.G. Jung, G.W. Bd. 11, Zürich : Rascher Verlag, pp.119~218.

—— (1963), "Psychologie und Religion," C.G. Jung, G.W. Bd. 11, Zürich : Rascher Verlag, pp.1~118.

—— (1946), "The Fight with the Shadow," C.G. Jung(1964), *Civilzation in Transition*, Collected Works Vol.10, New York : Pantheon Books, pp.218~226.

—— (1945), "Nach der Katastrophe," C.G. Jung(1974), *Zivilisation im bergang*, G.W. Bd.10, Olten : Walter Veralg, pp.219~244.

—— (1958), "Psychologie der Übertragung," C.G. Jung, *Praxis der Psychotherapie*, G.W. Bd.16, Zürich : Rascher Verlag, pp.173~362.

—— (1958), "Das Gewissen in psychologischer Sicht," *Das Gewissen, Studien aus dem C.G. Jung Institut Zürich*, Zürich : Rascher Verlag, pp.185~207.

—— (1974), *Gut und Böse in der analytischen Psychologie*, G.W. Bd.10, Olten : Walter Verlag, pp.497~510.

—— (1954), "Die psychologischen Aspekte des Mutterarche-typus," C.G. Jung(1954), *Von den Wurzeln des Bewußtseins*, pp.87~136.

G. Zilboorg(1941), *A History of Medical Psychology*, New York : Norton & Co.

H.F. Ellenberger(1970), *The Discovery of the Unconscious*, New York : Basic Books.

Hoffmann-Krayer · Hanns Bächtold-Stäubli(hrg.)(1938/41), *Handwörterbuch des deutschen Aberglaubens*, Bd. IV, Berlin : Walter de Gruyter.

J. Chevalier · A. Gheerbrant(1994), *A Dictionary of Symbols*, Oxford : Blackwell.

J. G. Frazer(1967), *Golden Bough*, London : McMillan Co.

L. Frey(1955), "Die Anfänge der Tiefenpsychologie von Mesmer bis Freud," *Studien zur analytischen Psychologie C.G. Jungs I*, Zürich : Rascher Verlag, pp.1~79.

M.L. von Franz · J. Hillman(1971), *Lectures on Jung's Typology*, Zürich : Spring Publication.

M.L. von Franz(1974), *Shadow and Evil in Fairytales*, Zürich : Spring Publication.

—— (1961), "Das Problem des Bösen im Märchen," *Das Böse*, Studien aus dem C.G. Jung Institut Zürich, Zürich : Rascher Verlag, pp.91~126.

M. Leach(ed.)(1972), *Funk & Wagnalls Standard Dictionary of Folklore, Mythology and Legend*, San Francisco : Harper & Row Publishers.

M. Laharie(1991), *La Folie au Moyen Agee-XIII e siécles*, Paris : Le Léopard d'Or.

R. Fine(1979), *A History of Psychoanalysis*, New York : Columbia Univ. Press.

R. Schärf(1951), "Die Gestalt des Satans im Alten Testament," C.G. Jung, *Symbolik des Geistes*, Zürich : Rascher Verlag, pp.153~319.

R. Wilhelm(übersetzt)(1957), Laotzu, *Tao Te King*, Düsseldorf-Köln : Eugen Diederichs Verlag.

S. Freud · J. Breuer(1974), *Studies on Hysteria*, London : Pelican Books.

Suk-Won Kong · Bou-Yong Rhi(1998), "Considerations to the psychological meanings of some contemporary Korea humours," M. Laharie(ed.), *L'Humour, Histoire, Culture et Psychologie*, Publications de la Société international de Psychpathologie de l' Expression et d'Art-Thérapie, Biarritz, pp.112~117.

W. Eberhard(1987), *Lexikon chinesischer Symbole*, Düsseldorf : Eugen Diederichs Verlag.

W. McGuire(ed.)(1984), "Dream Analysis," *Seminar of C.G. Jung, 1928~1930*, Princeton : Princeton Univ. Press.

찾아보기

그림자

우리 마음속의 어두운 반려자

지은이 이부영
펴낸이 김언호

펴낸곳 (주)도서출판 한길사
등록 1976년 12월 24일 제74호
주소 10881 경기도 파주시 광인사길 37
홈페이지 www.hangilsa.co.kr
전자우편 hangilsa@hangilsa.co.kr
전화 031-955-2000~3 팩스 031-955-2005

부사장 박관순 총괄이사 김서영 관리이사 곽명호
영업이사 이경호 경영이사 김관영 편집주간 백은숙
편집 박희진 노유연 이한민 박홍민 배소현 임진영
관리 이주환 문주상 이희문 원선아 이진아 마케팅 정아린 이영은
디자인 창포 031-955-2097
인쇄 예림 제책 경일제책사

제1판 제 1 쇄 1999년 10월 15일
제1판 제29쇄 2019년 9월 16일
제2판 제 1 쇄 2021년 2월 10일
제2판 제 4 쇄 2024년 5월 10일

값 22,000원
ISBN 978-89-356-6358-3 04180
ISBN 978-89-356-6357-6 (세트)